들뢰즈와 가타리를 통해

유아교육 읽기

운동과 실험

들뢰즈와 가타리를 통해
유아교육 읽기
운동과 실험

초판 1쇄 발행 2017년 2월 24일
초판 4쇄 발행 2022년 1월 11일

지은이 리세롯 마리엣 올슨
옮긴이 이연선·이경화·손유진·김영연
펴낸이 김승희
펴낸곳 도서출판 살림터

기획 정광일
편집 조현주·송승호
북디자인 꼬리별

인쇄·제본 (주)신화프린팅
종이 (주)명동지류

주소 서울시 양천구 목동동로 293, 2215-1호
전화 02-3141-6553
팩스 02-3141-6555
출판등록 2008년 3월 18일 제313-1990-12호
이메일 gwang80@hanmail.net
블로그 http://blog.naver.com/dkffk1020

ISBN 979-11-5930-030-1 93370

*가격은 뒤표지에 있습니다.
*잘못된 책은 바꾸어 드립니다.

들뢰즈와 가타리를 통해

유아교육 읽기

운동과 실험

리세롯 마리엣 올슨 지음
이연선·이경화·손유진·김영연 옮김

살림터

유아 학습에서의 운동과 실험 —————————

리세롯 마리엣 올슨Liselott Mariett Olsson

오늘날 우리는 미리 정해놓은 기준에 맞추어 유아를 그리고 유아의 학습을 길들이면서 예측, 감독, 통제, 평가하고 있다. 이 책은 유아의 학습을 과도하게 통제하는 것에 이의를 제기하면서, 유아의 주체성과 학습에서 운동movement과 실험experimentation이 되살아나는 데 필요한 연구와 실천을 강조한다.

스웨덴의 유아학교에서 얻은 생생한 사례들은(아이들, 교사들, 석·박사과정 교사들, 교사교육자들과 연구자들이 함께한 사례들) 질 들뢰즈Gilles Deleuze와 펠릭스 가타리Félix Guattari의 철학 그리고 유아교육 분야에 등장한 새로운 개념이나 실제를 보여준다. 이 책에서 다룰 핵심 내용은 다음 세 가지이다.

- 학습 목표나 발달 단계와 같은 '위치position'보다는 '과정process' 에 초점을 맞추기: '학습 목표'나 '발달 단계'와 같이 아이들을 위치시키고 고정시키는 언어와 행동이 학습의 운동성을 방해한다.
- 창의적이고 생산적인 과학적 방법을 활용하기: 과학적인 방법을 통해 유아들의 학습에서 열려 있는 사건들과 운동을 볼 수 있다.

• 개인과 사회를 '원인과 결과'로 보는 이분법에 대해 다시 생각해 보기: 이분법적 시각은 주체성과 학습을 고정시키고 실험을 방해한다.

이 책 『들뢰즈와 가타리를 통해 유아교육 읽기Movement and Experimentation in Young Children's Learning』는 유아교육 분야를 지배하고 있는 사고에 대한 일종의 도전이다. 미리 정해둔 결과와 위치를 강요하는 교육을 재평가하면서 새로운 가능성을 제안하려는 것이다.

필자가 제시하는 운동과 실험의 새로운 개념은 전·현직 유아교사나 유아교육 연구자들에게 유아의 운동과 실험을 이해하는 데 도움을 줄 것이다. 또한 이 책에서 소개하는 실천 사례들은 독자들에게 충분한 자극과 유용한 자료가 될 것으로 기대된다.

이 책의 저자 리세롯 마리엣 올슨은 스웨덴 스톡홀름 대학교의 과학교육/유아교육학부에서 학생들을 가르치고 있다.

• ⟨유아교육 다시 읽기Contesting early childhood⟩ 시리즈

새 시리즈를 통해 유아기를 둘러싼 최근의 지배 담론들에 의문을 제기하는 한편, 다양한 관점들과 논쟁들로 구성된 대안적인 내러티브를 유아교육 분야에 소개하고자 한다.

이 시리즈는 유아교육과 관련된 정책들이 급속히 발전하는 과정에서 나타난 가능성과 위험 요소들을 검토하며, 그러한 것들이 어떻게 규제와 통제의 모습으로 변질되었는지 밝힌다. 또한 유아교육이 윤리적이고 민주적인 실천에 실제로 기여할 수 있음을 통찰한다. 시리즈의 각 저자들은 서구와 개발도상국의 진보적인 연구와 대안적인 실천 사례들, 그리고 발달심리학 등 다른 학문 분야에서 취한 새로운 아이디어들을 탐구했고, 이를 바탕으로 유아교육을 다른 시각으로 들여다본다. 유아교육의 최근 이론과 실천 사례들을 오늘날 세계의 정치, 사회, 경제, 문화 그리고 기술공학의 변화와 연결하는 작업이 될 것이다.

감사의 글

  스웨덴의 오래된 마을 트랑선드Trångsund, 끊임없이 욕망이 배치되던 그곳의 아이들과 선생님들께 감사의 마음을 전합니다. 뿐만 아니라 현직 연수과정과 '교육과 이론이 함께하는 공간' 작업에 기꺼이 참여해주었던 아이들, 교사들, 교사교육자들에게도 감사를 전하고 싶습니다. 연구 기간 동안 자료들을 아낌없이 제공해준 산나Sanna, 수사Sussa 그리고 로티Lottie에게도 감사를 전합니다. 지도교수인 달버그Dahlberg는 긍정과 창조의 논리를 구현해내는 데 항상 지지해주었고 즐겁게 연구할 수 있도록 도와주었습니다. 이론과 실제를 함께 엮어나가야 함을 주장하며 많은 경험을 나누어준 모제르Liane Mozère, 유익한 논평과 함께 영문 편집에 도움을 준 피터 모스Peter Moss, 유머와 웃음이 넘쳐나며 권위적이지 않고 창의적인 연구 환경을 만들어준 페다고지 실천학 교육연구소Research School in Pedagogical Work 사람들, '학습의 윤리와 미학' 연구팀에게도 감사를 전합니다. 잉겔라Ingela, 에바Eva, 보딜Bodil을 포함한 신구 구성원들 덕분에 즐겁고, 유익하고 깊이 있는 세미나에 참여할 수 있었습니다. 여러 세미나에서 연구에 기여했던 모든 구성원들, 영감을 준 레지오 에밀리아 교육기관과 연구소, 안 아베르크Ann Åberg

의 유머와 총명함, 스텔라 노나Stella Nona가 예술작업으로 침입할 수 있도록 장을 열어준 토르 욘손Thor Jonsson, 동시에 많은 일을 하기 힘들어하는, 그래서 한 가지 일에 더 몰두할 수 있었던 모니카 상드Monica Sand에게도 진심으로 감사하다고 말하고 싶습니다. 마지막으로, 스웨덴과 프랑스에 살고 있는 가족에게 고마움을 전합니다. 그들이 있어 이 작업이 가능했습니다.

차례

3부 분석과 결론

머리글

구닐라 달버그Gunilla Dahlberg · 피터 모스Peter Moss

사회는 하나의 실험이자 복잡하게 얽혀 있는 구조물이다. 명확한 하나의 '방식'이
존재하지 않기 때문에 우리는 다양한 방법으로 그 속에 들어가고 다양한 방식으
로 존재해야 한다. _라크만Rajchman

이 책의 배경

〈유아교육 다시 읽기〉 시리즈는 유아교육의 지배 담론에 의문을 던
지는 한편, 그 대안적 이론과 관점을 지닌 현장의 실천을 보여줌으로
써 토론의 장을 연다는 취지로 기획되었다. 이 시리즈에는 새로운 아
이디어, 새로운 관점, 새로운 지식과 새로운 방식의 교육 활동과 실천
들이 소개되어 있다. 스웨덴 대학에서 공부를 한 이 책의 저자는 여러
유아교육기관에서 유아교사로 근무하면서 교사들뿐 아니라 예비교사
들과도 함께 연구를 해왔다. 저자는 이 책에서 들뢰즈와 가타리의 철
학이 유아교육에 기여할 수 있는 가능성을 탐색한다. 들뢰즈와 가타리
의 철학은 유아교육에서는 거의 주목받지 못했으며, 유아들의 일상이
나 유아기와는 거리가 먼 것으로 여겨졌다. 이 책을 통해 들뢰즈와 가
타리의 철학과 사유, 그리고 그들의 핵심 개념들이 어떻게 유아교육에
대한 새로운 관점과 연결될 수 있는지 보게 될 것이다.

들뢰즈와 가타리의 철학에 근거하여, 올슨은 아이들을 길들이고, 예
측하고, 준비시키고, 감독하고, 학습을 평가하려고 오늘날 사회가 쏟아

붓는 노력을 강렬히 비판한다. 이 책에서 올슨이 통찰력 있게 제시하고 있는 유아교육의 문제들은 〈유아교육 다시 읽기〉 시리즈를 통해 출판된 다른 책들과 지속적으로 공명하고 있으며, 이 시리즈 이후 출판될 책들과도 같은 맥락에 있다.MacNaughton, 2005; Dahlberg & Moss, 2005; Rinaldi, 2006, Dalhberg, Moss & Pence, 2007; Lenz-Taguchi, 2009 이 책은 현대 교육개혁 속에 만연한 담론들에 대한 비판적 시각을 담고 있다. 즉 표준화/시험과 같은 절차들을 비판한다. 지식을 안정적이며 규정되어 있고 전수해야 할 것으로 간주하면서, 이러한 지식을 평가하는 방법으로 결과물을 우위에 두는 도구적 합리성을 비판한다. '유아', '지식', '학습', '평가'와 같은 복잡하고 논의할 부분이 많은 개념들이 정상화, 배제, 사회적 소외를 만들어내는 '질,' '수월성,' '최고의 수업,' '벤치마킹,' '위험에 처한 아동,' '특별한 요구를 가진 아동'과 같은 단순화된 기술적 담론으로 환원되고 있다. 전문성, 기술, 경영과 같은 용어 사용을 강요받는 한편, 교육 주체들의 문제에 대해서는 침묵하고 있다. 이 책은 교육을 기술적인 것으로 환원시키는 담론들을 해체하고, 교육개혁의 한계를 넘어 유아교육의 새로운 대화를 열어준다.

이 책은 교육적 관계의 본질에 대해 비판적으로 탐구하고 있다. 들뢰즈와 가타리의 철학에 근거하여, 저자는 욕구need와 욕망desire을 (우리가 의지will라고 말하는) 재현represent과 재인recognize에 대해 의문을 던지고 있다. 이것이 바로 니체가 말한 권력에의 의지이다. 그것은 차이를 동일하거나 부정적인 것으로 축소시켜 보고, 신성을 도덕으로 설명하고, 들뢰즈가 말한 '타인에 대해 말하는 무례'와 같이 판단하고 통제하려는 의지이다.Rajchman, 2001: 97

올슨은 학습과 사고의 본질적 의미를 축약시키고 환원시키는 재인과 재현 대신, 이 책을 통해 교육을 예측 불가능한 것으로 보고 새로운 방향으로 나아갈 수 있게 하는 긍정적이고 실험적인 태도를 제안한다. 교육 현장에 존재하는 복잡성을 확인함으로써 올슨은 유아교육의 조건과 지평이 감소되거나 축약되는 것이 아니라 어떻게 확장될 수 있을지, 어떻게 해야 길들여진 것이 아닌 야생적인wild 학습이 이루어질 수 있을지 이론과 실제를 통해 보여준다. 올슨은 강화intensification와 생성becoming 과정을 통해 아이들의 잠재성을 보여줌으로써 학습뿐 아니라 그들의 존재론적 상황과 삶의 확장 가능성을 이야기한다.

근대 학교교육

이 책은 전근대pre-modern, 근대modern, 후기근대post-modern에 걸친 교육의 개념화와 재개념화를 소개하고 있다. 학교교육이 발전해온 역사를 되돌아보면, 지난 50년간의 유아교육을 포함하여 근대 학교교육은 들뢰즈식으로 표현하자면 재현의 논리에 사로잡혀 아이들의 생명성 길들이기라는 결과를 낳았다. 이러한 논리로 지식과 학습을 이해하면서 아이들을 의존적인 존재로 여겨왔다. 어떻게 근대 학교교육이 형성되었고 그 과정에서 재현의 논리가 교육 전 영역을 지배하게 되었는지 간략히 살펴볼 필요가 있다.

스웨덴의 연구자이자 교육과정 이론가인 우프 P. 룬드그렌Ulf P. Lundgren은 이 문제에 관해 다각도로 글을 써왔다. 그는 학교교육의 역사를 무엇이 지식인지, 학습해야 할 가치가 있다고 여겨져온 것이 무엇인지, 다양한 집단이나 개인들이 배울 수 있는 것은 무엇인지에 관한 끊임없는 투쟁이라고 주장한다.Lundgren, 1979, 1991(Dahlberg, 1982; Dahlberg & Lenz-Taguchi, 1994 참조) 룬드그렌은 근대 학교교육을 근대 국가와 사회의 발전과 연결 지어 설명한다. 오늘날 학교제도는 사회가 조직되고 정부 기관이 생겨나고 발전하면서 시작되었다.

사회가 존속하고 발전하려면 두 가지의 기본 과정, 즉 생산과 재생산의 과정을 반드시 거치게 된다. 사회적 생산이란 삶의 필수요건을 생산하는 일뿐 아니라 삶의 필수요건이 무엇인지를 결정하고 그것을 발전시키는 지식이나 상징을 만들어내고 그 속에서 생산이 일어날 수 있도록 환경을 만들어내는 작업 전체를 함축적으로 의미한다. 사회적 재생산이란 물질적 기저뿐 아니라 문화를 재생산해내는 과정, 지식, 기술, 그리고 가치의 재생산, 더 큰 범위에서 볼 때 사회적 구조의 재생산을 포함한다. 노동의 사회적 분배가 협소한 차원에서 이루어지는 문화적 동질성이 높은 사회에서는 마을공동체나 가족과 같은 일차 집단 속에서 아이를 키우고 교육하는 것만으로도 문화적 재생산이 충분히 이루어진다. 일차 집단 속에서 아이들은 가치와 의미를 배우고 도덕과 윤리를 배울 뿐 아니라 직업에 필요한 여러 다양한 기술들도 배운다. 이렇게 사회적 생산과 재생산은 밀접한 관계를 갖고 있다.

유아교육early childhood service을 의무화하는 과정은 학교교육 의무화 과정과 역사적으로 서로 다른 경로를 밟아왔으나 유사한 사회적 요구와 목적에 의해 두 기관 모두 제도권 속에 포함되어왔다. 생산이 점차 지식과 기술의 재생산과 분리되어감에 따라 이른바 아이를 키우고 가르치는 일이 '자연적인' 맥락을 벗어나게 된 것이다.Dahlberg & Lenz-Taguchi, 1994 이와 같은 생산과 재생산의 분리는 사회의 여러 계층에서 그리고 다양한 시점에서 이루어졌다. 초기근대사회는 국가 기관에서 근무할 사람들을 교육하는 일에 관심이 있었다. 공무원들은 법을 제정하고, 변호하고, 통치하고, 입법화하는 등의 행정업무를 담당해야 하므로 기존 법 체제를 잘 알고 그 의미를 해석할 수 있어야 했다. 따라서 이들은 글로 쓰인 언어, 즉 문서를 읽을 수 있어야 했다. 이와 같은 환경에서는 조직적인 형태의 교육이 필요했었고 필요한 내용들을 재현하고 생산하는 것뿐만 아니라 법과 사회의 근본이 바로 서고 그것이 지속될 수 있도록, 즉 재생산을 목적으로 하는 교육이 중시되었다.

　사회적 재생산이라는 과업이 가정이라는 일차적 집단에서 양육을 목적으로 설립된 학교와 같은 특수기관들로 옮겨 갔을 때, 교육에 필요한 텍스트들이 만들어지게 되었다. 아이들이 배워야 할 사물과 과정은 글과 그림으로 재현되었다. 이 과정에서 아이들이 배워야 할 지식을 선택, 조직, 평가하는 작업이 이루어졌다. 룬드그렌1979은 이 작업을 *재현representation과 전수transmission의 문제*라고 지적했다.

　19세기 초반까지는 양육과 교육을 국가가 책임지는 것이 보편적이지 않았다. 룬드그렌의 주장에 따르면 근대의 학교교육은 교육이 하나의 분리된 분야로 구성되면서부터이다. 이때부터 교육과정에 관한 많은 고민들이 논의되기 시작했다.

　학교교육이 제도권 속에 자리 잡게 된 배경을 공부함으로써 우리가 알 수 있는 것은 학교제도가 재현의 논리라는 긴 역사를 갖고 있다는 것이며, 학교의 전통은 재현적 지식 혹은 과거의 지식들을 재생산해내고 있었다는 점이다. 재현의 논리 이면에는 재생산과 생산이 분리될 때 가장 정확한 방법으로 세상을 재현해야 하고 과거의 세상을 재현하고 있는 그 '지식'을 아이들에게 전수해야 한다는 생각이 내포되어 있다. 그러나 그 지식은 사회가 변화하면서 사실상 사라지게 된다. 19세기 초에는 존 듀이John Dewey와 같은 진보적인 교육자마저도 교육의 재생산 기능을 강조했고 그것을 필수 과정이라고 보았다. 그는 『민주주의와 교육Democracy and Education』에서 사회는 생물학적 삶과 유사하게 전수의 과정을 통해 존재한다고 했다. 듀이의 말처럼 행동하는 방식, 생각하는 방식, 그리고 감정을 느끼는 습관적 방식들은 소통이라는 수단을 통해 어른 세대에서 젊은 세대로 전달되는 과정인 전수transmission를 통해 이루어진다. 그는 젊은 세대와의 소통 없이는 이상, 희망, 기대, 표준, 의견들을 전달할 수 없고 사회적 삶은 존재하기 힘들다고 말한다. 그러나 듀이는 "한 사회를 구성하고 있는 시민들이 함께 삶을 유지하기 위해서는 새로 태어나는 구성원을 교육시켜야 하지만, 학습 과제는 사회적 요구가 아닌 개인의 관심에 의해 결정되어야 할 것이다. 개인의 흥미가 학교교육에 반드시 포함되어야 한다"라고 했다.Dewey, 1916: 3-4

룬드그렌이 이야기했던 것처럼, 학교교육이라는 아이디어가 나온 19세기 초 이후 강력한 변화가 있었다. 시간이 지날수록 학교가 과거 지식을 재생산하는 기관일 뿐이라는 인식이 강해졌고, 학교는 미래 지향적인 방향성을 갖고 사회뿐 아니라 개개인에게 유용한 지식을 제공해야 할 책임을 갖게 되었다. 교과는 실용성으로 평가되는 교육 내용에 초점이 맞추어졌다. 학습은 이제 아동으로부터, 과학적 지식에 바탕을 두어야 하는 것으로 인식이 전환되었다.

룬드그렌은 이와 같은 흐름을 급진적 사고로 보았지만 또 다른 의문이 생겼다. 스웨덴 작가 엘렌 케이Ellen Key가 1900년에 출판한 책에서 말한 것처럼 한 세기의 마지막이 정말 '아동의 세기'였을까? 사실, 앞서 기술한 학교교육의 역사적 발전에서 드러나는 핵심은 지식이 과학공동체 내에서 생산된 것이지, 학교에 있는 아이들로부터 생산된 것이 '아니라는' 점이다. 독일의 훔볼트 대학 설립에 영향을 미쳤던 '교양Bildung'과 같은 중요한 생각에서조차도 과학연구소는 지식을 생산하는 기관으로, 학교는 과학 분야에서 생산된 지식을 사용하고 재생산하는 기관으로 간주되었으며, 이로 인해 이론과 실제가 이분화되었다.

학교교육 발전과정의 역사를 살펴보면, 교육을 통해 무엇이 추구되었으며 현대 학교교육 속에 깊숙이 녹아 있는 것이 무엇인지를 볼 수 있다. 그것은 오늘날 유아교육 분야에서 두드러지게 나타나는 모델이며, 특히 '학교화(schoolification: 의무교육 모델의 요구와 기대가 유아교육 분야에까지 영향력을 행사하는)'과정을 통해 점점 더 만연하고 있다.Dahlberg, Lundgren and Åsén, 1991: OECD, 2001

이와 같이 지식을 명명하고naming 그것을 말하는speaking 과정들이 '진짜'를 재현하고 있지 않음을 인식하는 사람들이 많아지고 있으나, 재현의 논리는 여전히 그 영향력이 막강하다. 재현의 논리는 서구사상과 연구방식을 지배하고 있다. 서구사상과 연구의 특징인 재현의 논리는 경험에 앞서 또는 경험과는 독립적으로, 이미 존재하고 있고, '그 자체'를 재현할 수 있다고 전제한다. 이러한 사고는 "독립적으로 존재하는 우주universe가 있으며, 그러한 세계를 반영해줄 수 있거나 또는 그에 상응하는 지식이 존재"하기 때문에,Steier, 1991 세계를 물리적으로나 사회적으로 거리를 두고 바라보게 한다.

들뢰즈나 가타리를 포함한 후기구조주의자들은 '안다to know'는 것의 의미가 '진짜' 실체와 실체에 대한 객관적인 재현을 의미하는 것이라는 생각에 강력히 반대한다. 실체에 대한 객관적 사유를 반대하는 철학자들은 이들만이 아니다. 인지과학 분야의 바렐라Varela, 톰슨 Thompson과 로쉬Rosch1993는 인지는 선조들의 마음과 사고에 의해 만들어진 이전에 주어진 세상의 재현이 아니라 우리가 만들어가고 있는 세상과 마음의 상연enactment이라고 주장한다. 지식의 맥락적 특징을 입증했던 다른 학자들도 '명명화 과정'은 한 맥락에서 존재했던 것들이 다른 맥락에서도 사용되고 이해되어야 일어나며, 맥락을 벗어나면 그 의미를 잃어버리게 된다고 주장한다. 그와 마찬가지로 '유아child' 또한

'자연스러운' 맥락에서 벗어나 탈맥락화될 수 있는 것이다.Dahlberg, 1985;
Lave & Wenger, 1991

좀 더 의미 있는 교육을 만드는 일에 관심 있었던 몇몇 학자들은 최근 몇십 년간 지식과 세상의 구성이 우리가 경험하는 것과 분리되어 존재하며 독립적이고 객관적인 실체를 재현하고 있다는 점에 문제를 제기하며 구성주의 입장을 취했다. '삶과 떨어진, 먼 곳에 있는' 실체를 직접적으로 대변하는 단어들이나 언어들을 사용하는 대신, 구성주의자들은 개개인이 자신이 속한 사회와 바로 그 맥락 속에서 의미를 만들고 구성해간다는, 즉 '의미 만들기'에 대해 언급했다. 급진적 구성주의자로 불리는 대표적인 학자인 글레이저즈펠트Von Glasersfeld[1991]는 학습을 구성되는 것으로 본다.

구성주의 수업을 하는 교사들은 관찰 가능한 결과에 관심을 두기보다는 학생들이 행동을 할 때 무엇을 생각하는지, 문제를 스스로 해결해가는 과정에서 왜 그런 방식을 사용하는지에 관심이 있다. (중략) 아이들이 스스로 인정할 만한 결과를 만들어냈는지를 아는 것은 중요하지 않다. 아이들의 개념 발달 단계를 나타내는 중요한 지표는 결과가 아니라 특정한 사고방식과 인지적 조작의 이유다. (중략) 구성주의라는 단순한 원리를 통해 얻을 수 있는 결과는 유아들이 무엇을 생산해내든 그것은 그들에게는 의미가 있는 어떤 것에 대한 분명한 표현이라는 점이다.p. 24

최근 '이차 인공지능학second-order cybernetics'이라 불리는 학문들, 이를테면 생물물리학,von Foerster, 1991 신경생리학과 생물학,Bateson, 1972; Maturana & Varela, 1987 급진적 구성주의Von Glasersfeld, 1991와 같은 분야에서

들뢰즈와 가타리의 철학을 연결시키는 시도가 이루어지고 있다. 클라우스 크리펜도르프Klaus Krippendorff[1991]는 인공지능학적 인식론에 대한 논의에서 주체중심주의자들처럼 지식을 인간의 머릿속에 있는 것으로 보지 않았으며, 객관주의자나 자연과학자들이 주장하듯 지식이 관찰자와 독립적인 외부 세계에 있다고도 믿지 않았고, 현상학자들이나 담론분석가가 주장하듯 지식이 텍스트에 있다고도 믿지 않았다. 대신 크리펜도르프는 지식이란 지각하고, 생각하고, 행동(언어행위 포함)하는 존재들이 있는 순환적인 사회 실제 속에 있다고 주장한다.

인공지능학에서는 앎의 과정에서 학습자의 자기반성과 참여를 중요하게 인식하면서 학습을 현실을 구성하는 순환적 과정으로 본다. 이처럼 우리는 근대 학교의 재생산적 역할이나 재현의 논리로부터 상당히 벗어나 있다.

사유에 대한 새로운 이미지

손가락은 항상 재인recognition이라는 인지작용을 동반하지만 손가락 그 이상은 아니다. 그러나 단단함은 부드러움 없이는 존재하지 않는다. 단단함과 부드러움이란 그 내면적 속성에 상반됨을 서로 갖고 있기 때문에 생성이나 관계 속에서 분리 불가능하다(크다와 작다 그리고 많다와 유일하다 또한 분리 불가능하다). 사고를 만들어내는 출발점의 기호나 시점은 상반성의 공존 상태 혹은 끝없는 생성becoming 속에서 공존 상태에 놓여 있다. 이와 달리 재인은 우리가 본 것을 어떤 다른 것에 연관시킴으로써 무궁무진한 생성의 가능성을 방해하며 원래 갖고 있는 속성을 평가하고 제한하게 된다.Deleuze, 1994: 141

이 책의 저자 올슨은 사유를 재현에 종속시키는 고전적인 이미지는 진정한 사유의 의미를 기만하는 것이라고 한 들뢰즈에게 영향을 받았다. 들뢰즈는 이러한 사유에 대한 고전적인 이미지를 나무로 묘사했다. 즉 모든 것이 뿌리를 출발점으로 해서 이항분리의 원칙에 따라 선형적으로 발전한다는 것이다. 수목형적 생각은 우리의 사고방식 속에 깊숙이 내장되어 있다.-삶의 나무, 지식의 나무, 가계도. 식물학자 린네Linnaeus의 생명체 위계체계와 유사하게 식목의 도식 속에는 이미 질서가 조직되어 있다.

들뢰즈는 이러한 사유에 대한 이미지가 사고 행위를 억압한다고 보았다.Deleuze & Parnet, 1987: 13 이렇게 되면 교육은 학습의 장場이 아니라 무엇인가를 길들이는 기구가 된다. 들뢰즈는 사유를 하나의 다른 활동으로 설명하고자 했다. 니체로부터 영감을 받은 들뢰즈는 사유를 창조되는 것이라고 보았다. 미지의 것 또는 익숙하지 않은 것과 마주칠 때 마음속에서 발생하는 그 무언가가 우리로 하여금 사유하게 한다는 것이다.

지식에는 안전하고 안정적인 기초라는 것이 없기 때문에 우리는 발명하고, 창조하고, 실험하는 것이다. 이것은 사고를 비재현적이고 유목적으로 이해하는 방식, 즉 리좀적 사고를 뜻한다. 리좀적 사고는 교육분야에서 자주 쓰이는 은유적 표현인 나무와 다른 것으로, 한 단계씩 올라가야 하는 계단식 사고가 아니다. 리좀적 사고란 마치 엉켜 있는 스파게티와 같다. 철학자이자 이탈리아의 레지오 에밀리아의 교육감이었던 로리스 말라구치Loris Malaguzzi는 레지오 에밀리아 교육에서의 지식을 다음과 같이 이야기하고 있다.

리좀rhizome은 시작도 끝도 없다. 리좀은 항상 중간에, 사이에, 간주 중에, 중간적 존재로 머문다. 나무는 계열적이지만 리좀은 매우 독특한 형태의 상호 연계적인 성격을 지닌다. 나무는 동사형의 '~이기' 또는 '~임(to be)'에 해당하지만 리좀의 구조는 '그리고and, 그리고… 그리고'로 이어지는 접속사이다. 이러한 접속사는 동사 '임'을 흔들어 뿌리째 뽑을 만큼 충분히 강한 힘을 갖고 있다.Deleuze & Guattari, 1999: 25

이와 같은 사유에 대한 이미지에는 잠재계로 진입해가는 유목적 주체nomadic subject가 내재되어 있다. 잠재성들의 연결, 예측 불가능한 생성들의 연결, 그리고 이 연결들의 해체는 자연발생적이고 필연적이다. '중요한 것은 지금-되기present-becoming이다.Deleuze & Parnet, 1987: 23 유목적이라는 이 새로운 개념은 사유와 교육이 무엇인가에 대한 다른 생각을 제시한다. 우리는 재현과 재인 그리고 동일성 대신, 학습과정이 어떻게 만들어지고 기능하며, 사회에 어떠한 영향을 미치는지에 초점을 맞추어야 한다. 우리의 관심을 과정, 즉 '되기'로 돌린다. 이러한 '되기'는 일련의 결과들이 아니라 진행과 지속에 의해 판단되는 것이다.

들뢰즈는 어렵고 불가능해 보이더라도 재현을 벗어나려는 노력, 즉 그의 표현대로라면 홈 패인 공간the striated을 탈주해야 한다고 주장한다. 우리는 유아를 하나의 개인으로 보고 유아가 누구인지를 탐색하기보다는 무언가를 새롭게 생각할 수 있도록 해주는 수많은 연결체들 또는 마주침들의 '접속and'을 탐구해야 한다. 우리는 궤적, 힘, 탈주선, 그리고 그것들이 어떻게 교차하는지를 탐구해야 한다.

스웨덴 철학자 프레드리카 스핀들러Fredrika Spindler[2006]의 관점을 토대로, 올슨은 이와 같은 방식의 사유가 정주적인 사고의 반대 개념은 아니라고 강조한다. 때로는 틈이 있어 새어 나가고 있음을 인정하라는 것이다. 우리는 욕망의 열려 있고 불안정한 집합적 배치assemblage 속에서 새어 나가고, 달아나고, 그리고 더해가는 것들에 주의를 기울일 필요가 있다. 우리는 어떤 방식으로든 재현을 받아들일 수밖에 없지만 재현이 결코 안정적인 구성물이 아니라 일시적인 것임을 인식해야 한다. 그래야만 열려 있고 불안정한 집합적인 욕망의 배치라는 상황에서 틈을 만들고 탈주하고 더해가는 것에 주목할 수 있다. 이와 유사하게 들뢰즈와 가타리는 말하는 것과 사유하는 것은 사고의 근원인 주체에 속해 있는 것이 아니라고 주장한다. 그들은 공동 저서인 『천 개의 고원 A Thousand Plateaus』에서 "주체의 내부성 혹은 의식과 무의식의 내적 공간에 앞서, 배치와 되기라는 행위 그리고 무의식적이고 집합적인 생산을 창조해내는 발화가 존재한다"라고 기술한다.Deleuze & Guattari, 1987: 38

이 책에서 제시하는 작업은 들뢰즈와 가타리의 사유에 기반을 두고 있다. 연구자이자 스웨덴에 살고 있는 유아학교 교사인 저자는 자기 자신을 두 가지 측면에서 투쟁을 하고 있는 사람이라고 기술했다. 첫째, 지식을 재현이나 전수로 보는 관점으로부터 벗어나고자 했다. 둘째, 아이를 어떤 부류로 재현하는 데서 벗어나 하나의 사람으로 그리고 하나의 개체로 아이를 보려고 했다. 주체를 모든 것의 근원으로 인식하지는 않았으나 유아와 학습에 대한 이해를 돕기 위해 지금까지 우리가 해왔던 유아 '읽기'는 그대로 진행했다. 그 대신에 저자와 교사들은 지금-여기에서 일어나는 사태 속에 자리하면서 교육 기록 작업을 수행하고 유아에게 귀 기울이는 방향으로 나아갔다.

주체로부터 벗어나기! 유아교육 분야에서 주체인 유아로부터 벗어나자는 것은 위험한 말이 아닌가? 우리는 '유능한 유아a competent and rich child'와 같은 아이디어를 통해 그리고 아동 권리에 관한 UN 협약을 통해 보다 더 강력해진 정체성identity을 유아에게 부여해왔다. 그러나 푸코Foucault와 마찬가지로 들뢰즈와 가타리는 주체를 부정한 것이 아니라, 주체를 본질적이고 안정적인 것으로 보는 주체의 구성 방식을 부정했다. 주체를 본질적이고 안정적으로 보는 개념은 우리가 할 수 있는 것에 한계를 만든다. 푸코와 같이 들뢰즈와 가타리는 보다 더 생명력 있는 비전을 가진 자아를 열어줄 수 있는 말과 행동으로 나아가기를 원한다. 즉 운동과 변형이 능동적으로 일어나는 생성의 과정들로 나아갈 것을 바라는 것이다. 삶과 세계를 지속적으로 접속하고, 분리되고, 결합하고, 변형되는 복잡한 배치로 본다. 삶을 발현과 잠재성이란 관점에서 보게 되면 보다 더 발현적인 교육으로 나아갈 수 있는 것이다.

아이들은 이미 세상 속에 있다

이 책에서 소개하는 유아학교의 실제에서도 볼 수 있듯이, 아직 아무것도 정해진 것이 없는 아주 어린 유아들에게 들뢰즈와 가타리의 사유를 적용하는 것이 특히 중요하다. 들뢰즈에 따르면, 유아기는 "지나칠 정도로 힘이 넘쳐나고, 유연하고 탄력적이며 언제든지 변형이 가능하지만, 가족과 사회의 요구에 따라서 점점 건조해지고 가라앉게 될 운명에 놓여 있는"Zourabichvili, 1996: 211 시기이다. 들뢰즈는 에세이 「아이들이 말하는 것What children say」에서 "아이들은 이미 다양한 특징, 물질, 힘과 사건들로 가득한 실제 세상milieu 속에 있다"라고 언급했다.

올슨과 교사들은 이미 사회 속에서 살아가고 있는 아이들의 힘과 생명력, 그리고 아이들만의 '되기' 방식에 관심을 가짐으로써 유아교육의 지평을 넓히고자 했다. 그들은 결과물에 관심을 갖지 않았다. 아이들의 학습과정을 따라가면서 아이들의 힘이 학습과정을 어떻게 지속시키는지에 주의를 기울였다. 학습이라는 여정에서 만나는 교사와 다른 아이들을 비롯해, 그림, 문서, 놀이도구, 교실에 배치된 가구, OHP, 빛과 냄새, 이야기를 나누고 노래하고 걷고 극놀이를 할 때 내는 소리와 소음을 비롯한 모든 자료들은 유아의 주체성을 통합하는 통로가 될 뿐 아니라 세상 그 자체의 주체성을 통합하는 통로의 역할을 했다. 아이들에게 다른 또래들과 교육적인 것들은 하나의 세상이며, 아이는 나름의 속성과 힘을 지닌 그 세상을 여행하게 되는 것이다. 속성과 힘을 지닌 세상 속에서 아이들, 교육자 그리고 사물들은 문을 열고 닫거나 지키는 역할을 하며, 여러 영역을 연결하거나 분리시키기도 한다. 그들은 모두 여행자들인 것이다.

관계의 장이 되는 주체성과 학습

이 책의 저자는 학습이라는 여정에서 교사의 역할이 무엇인지를 상기시킨다. 교사는 이 모든 과정을 묘사하고, 해설하고, 해석하고, 반성하는 동안 자신을 외부에 위치시키는 것이 아니라 학습이 일어나고 있는 그 시점에 자신을 놓아두어야 한다. 교사가 해야 할 일은 미리 계획된 프로그램(예를 들어, 발달 연령이나 학습 목표들)에 맞추어 아이들을 기술하거나 유아교육기관에서 일어나는 여러 흥미로운 사건들의 의미를 해석하기보다는 새로운 것들이 만들어지고 있는 상황에 주의를 기울여야 한다. 실험이 발생할 수 있는 과정에서 예측하지 못했던 복잡한 연결들이 만들어질 수 있는 환경을 조성해주는 것이 진정한 교사의 역할이다.

교사가 이러한 역할을 할 때 페다고지의 실천은 아이들의 의도와 아이들이 의미를 만들어가는 과정이 담긴 내러티브가 된다. 또한 교육은 강도, 운동, 에너지가 된다. 저자는 학습 여정을 따라가면서 교사들 스스로도 생명력과 강도에 영향을 받아야 한다고 말한다. 이와 같은 맥락에서 올슨은 스피노자Spinoza의 '감응affectus'이란 개념에 관한 들뢰즈의 탐구에서 영감을 얻었다. 스피노자에 따르면, 몸은 그 자체로 능력을 가지고 있으며, 감응이란 몸이 감지하거나 감지되는 능력을 의미한다. 우리가 무언가를 감지할 때, 동시에 무언가에 의해 감지되도록 열리게 되는데 그 순간은 감지할 때와는 아주 조금 다른 방식을 취한다.Massumi, 2006: 4 이처럼 서로가 서로에게 영향을 미치고 반복해서 연결을 만들어내는 능력은 서로 다른 상황에서 서로 다른 방식으로 '몸'에 의해 실현된다. 우리는 이것을 존재의 충만함 혹은 존재의 강도를 가늠하는 것으로 간주한다.

들뢰즈나 스피노자가 언급하는 '감응'이란 일상에서 우리가 갖는 '느낌feeling'이나 '정서emotion'로 환원되어 사용될 수 없다. 느낌과 정서는 감응의 극히 일부분이다. 감응은 전이transition가 발생하는 바로 그 순간이며, 그 순간 몸(인간의 몸이든 아니든 간에)은 역치에 이르러 스스로 조절하게 된다. 즉 잠재성의 가상적 공존 상태로, 실제가 아닌 가상적인 것이다. 그것은 마치 벌떼와 같이 우리의 삶을 따라다니는 잠재성이다. 감응이 많을수록 우리의 삶은 보다 강렬해진다. 전이가 일어나면 능력과 잠재성에도 변화가 일어난다. 그러나 수많은 복잡한 경험들 중에 우리가 느낄 수 있는 것은 극히 일부분이다. 인간의 정서 상태나 의식적 사고는 우리가 겪는 경험들의 깊이와 너비를 모두 다 아우르지 못한다. 감응의 논리가 활성화될 때 집단적 실험, 강도 그리고 예측 불가능성을 발생시킬 수 있다. 그것은 마치 일종의 전염병과도 같아서 완전히 '걸려버린' 상태가 된다.Massumi, 2006

감응은 어떤 것에 기반을 두고 점진적으로 지식이 형성되는 것처럼 되지 않는다. 그것은 특이성singular과 관련 있다. 어떤 하나의 방법에 의해 나타나는 것이 아니라 비자발적으로 얻어진다. 감지될 수 있다는 점, 그것만이 감응의 중요한 특징이다.

감응에 대한 글에서 올슨은 들뢰즈와 가타리가 제시한 '욕망의 집단적 배치'라는 개념을 정교하게 만들었다. 들뢰즈와 가타리는 욕망을 결핍이 아닌 새로운 조합을 만들어내는 긍정적인 힘으로 보았다. 욕망의 집단적 배치는 항상 집단화된다는 점에서 일종의 '비인격적 개체화'를 의미하며, 사람들 '사이'에서 발생하는 사태를 개인의 느낌들이라고 환원시킬 수 없다고 본다. 올슨에 따르면 욕망과 그것이 만들어내는 운동은 사람들 사이에서 지속적으로 발생하며 다채롭게 변화하는 독특한 방식을 지닌다. 사람들 사이에서 발생하는 운동은 우리가 계획하거나 통제할 수 있는 것이 아니며, 의식적이지 않다. 그것은 마치 네트워크 모델에서 볼 수 있는 기계와도 같다. 즉 움직임을 감지하면 작동하고, 작동은 다시 우리로 하여금 '차이를 감지'하게 하여 새로운 자기-조직화와 자기-생산의 과정을 불러일으키는 것이다. 이와 같은 점에서 볼 때 감응은 언어를 벗어나며 실제와 삶의 수준 그 이상에서 기능한다. 감응은 내재적인 것이다.

마수미Massumi[1996: 226]는 스피노자와 들뢰즈의 철학을 복잡성과 혼돈에 대한 최근 이론들과 함께 읽을 것을 권한다. 이들은 모두 자기-조직화(예를 들어, 특정의 형성 규칙과 연결 순서에 따라 실제 수준에서 자발적 생산이 일어난다는 것)에 관한 과학적 이론들이 주장하는 발현emergence에 관심을 두고 있다. 감응과 강도는 혼돈이론이나 소산구조론theory of dissipative structures에서 이야기하는 결정적 지점, 분기점, 혹은 한 지점과 유사하다. 자기-조직화 과정에서는 새로운 사건이 새로이 생산된다.

시스템은 개방된 네트워크 모델식으로 자기-조직화와 자기-생산을 하고 있다는 것이다. 물리학에서의 복잡계와 같은 시스템들은 내적 복잡성과 외적 조직 요소를 결합시키지만, 그 어떤 것도 더 상위의 조직 원리에 의해 기능하지는 않는다. 이러한 관점은 삶과 세상을 발현, 잠재성, 연결의 관점에서 바라보는 것이다. 삶과 세상은 욕망의 복잡한 배치로 끊임없이 연결, 분리, 결합, 변화한다.

프로젝트와 리좀

이 책에서 소개하는 프로젝트는 유아교육 분야에서 이루어지는 일반적인 프로젝트와는 다르다. 대부분의 프로젝트는 미리 계획하고 또 질문과 답변을 미리 만들어놓고 진행된다. 심지어 발현적 교육과정이라고 불리는 교육에서도 이와 같은 형태의 프로젝트 접근을 취하는 것이 일반적이다.

이러한 '질문과 대답'의 패턴에서는 질문들이 대부분 과거와 미래에 대한 것이기 때문에 아이들을 어느 한곳에만 머물러 있게 한다. 부모나 교사들은 그런 상황에서 가만히 앉아 있는 아이들의 모습을 종종 지켜봤을 것이다. 그러나 그 가운데서도 거의 알아채기 어려울 정도로 조용히 생성은 이루어지고 있다. "운동은 항상 생각하는 사람의 등 뒤에서 나타나거나 눈을 깜빡이는 순간에도 나타나기 때문"이다.Deleuze & Parnet, 1987: 1

이러한 질문과 대답의 패턴에서 벗어나기 위해, 이 책에 등장하는 교사들은 유아학교에서 열린 공간을 구성하고자 노력했다. 여기서 말하는 열린 공간이란 해결책을 찾기에 앞서 아이들과 교사가 함께 문제를 고안해내는 공간을 말한다. 실험과 운동이 일어나는, 예상치 못한 공간을 만들고자 했다. 이러한 노력은 마주침encountering을 무언가를 조절하고 재인하고 판단하는 과정이 아니라 발견하고 무엇인가를 가져다주는 것으로 여겼던 들뢰즈의 생각과 같다. 프로젝트를 하기 위해 오랫동안 준비를 할 필요는 없다. 무언가 새로운 것을 발견하고 훔치는 데는 오랜 준비가 필요하지 않으며 어떤 정해진 방법이나 규칙, 순서도 없다. 도용하거나, 그대로 베끼거나, 혹은 따라 하는 것과는 다르다. 그것은 아이들이 실제로 함께 모여 있는 그 시간, 그 공간이 아니다. 이 때 훔친다는 것은 사람과 사람 사이에서 일어나는 것이 아니라, 아이디어와 아이디어 사이에서 일어나는 일이며 이때 사유의 탈영토화가 이루어지게 된다. 따라서 상호적인 무언가가 만들어지는 것이 아니라, 비대칭적이고 비평형적인 진화가 발생하며 그것은 언제나 외부와 사이에서 일어난다. 그러한 과정이 아이로부터 또는 교사로부터, 아니면 찰흙이나 OHP에서 비롯되는지 어떤지 그리고 언제 탈주선들이 서로 마주치고 서로 반응하는지에 대해 말하기는 어렵다.

이 책에서 언급하고 있는 배치는 이분법적 논리와 대비된다. 오히려 리좀이나 땅속 깊은 곳에서 나오는 새싹과 더 유사하다. 배치는 흡사 물건으로 꽉 찬 창고에서 아이들이 무언가를 가져와서 놀이를 시작할 때 막혀 있던 블록을 옮기면서 생성이 시작되며 시작 후 어떤 것도 특정 누군가에게 속하지 않고 모든 사람들 속에 있게 될 때 일어난다. 그리고 그것은 "아이들이 놓아버려서 떠내려간 작은 보트를 다른 사람이 가져가는 것처럼"Deleuze & Parnet, 1987: 9 특정한 누구에게 속한 것이 아니라 모두의 사이에 놓여 있다.

올슨은 교사든 연구자든 욕망을 발견하고 이용하려면 어떠한 실험에 관심을 갖고 또 무엇에 귀 기울일지에 대한 윤리적이고 정치적인 선택을 해야 한다고 말한다. 귀를 기울인다는 것은 타자에 대해 말하고 설명하고 정의를 내리고 평가하려는 욕구를 뛰어넘어야 하며 일어나고 있는 것에 대한 다양한 해석을 받아들여야만 가능하다.

올슨은 아무리 견고한 지배체계 내에 있다 하더라도 신뢰와 욕망의 흐름 속에서 이미 운동과 변형이 발생하고 있음을 상기시켜준다. 교사와 연구자들은 유아교육기관에 내재된 고유의 잠재성을 통해 탐구할 준비를 해야 한다. 저자의 주장은 라비노Rabinow[1994: xix]가 열정적인 지성인 푸코를 이해하는 방식과 유사하다.

> 푸코는 존재(의 의미)는 그가 투쟁하고 있는 문제들에서 분명하게 드러난다고 기술한다. 푸코는 여러 가지 문제들에 개입하는 것이 아니라 문제와 함께 경험하는 것이라고 말하면서 개입보다는 경험에 더 가치를 두었다. 이렇게 볼 때 완전히 나와 일치하는 상태로 남아 있는 것은 매우 어렵다. 아이덴티티는 (경험의) 여정들 속에서 정의되는 것이지 차지하고 있는 위치에 의해 정의되는 것이 아니다. 푸코는 수동적인 기다림이 아니라 윤리(도덕과는 다른)와 실천 그리고 능동적 경험을 지향한다.

라비노에 따르면, 푸코는 하나의 확실성을 다른 것으로 대체하기를 원하지 않았다. 푸코는 "우리가 미처 주의를 기울이지 못한 사이에, 대상화되고, 변화되기 어려워진 상황이나 사건에 집중하지 말고, 상황이나 사건이 '명료해질 때' 그 조건에 집중"할 것을 권했다.

그러나 올슨은 사유가 새로운 감각과 힘에 대해 개방적이기 때문에 이런 종류의 미시정치학은 내재적 위험성을 갖고 있다고 한다. 미시정치학은 상투적인 것, 규칙들, 관습들과 같은 독단적이고 원칙적인 사고에서 벗어나 새로운 감각과 힘을 가질 수 있도록 우리를 밖으로 밀어 낸다. 살아 있는 체험, 즉 아이들이 보여주는 비인칭적, 단수적 생성들은 전통적인 사고방식과 달라서 그러한 것을 참아내기 어려울 때도 있다. 바로 이럴 때는 폭력적이다. 그 위험성에 소름이 돋을지도 모른다. 만약 아이들의 잠재성을 인정하고 교실에서 생성이 일어나도록 하고자 한다면 어려움에 직면해야 하고 폭력에 민감해져야 한다. 푸코가 이야 기했듯이 모든 것이 위험할 수 있다. 하지만 항상 나쁜 것은 아니다. 이 와 같은 방식으로 실험을 시작했던 많은 교사들은 시작한 이상 되돌아갈 수 없다고 말한다.

그런데 우리는 진정으로 아이들에게 귀를 기울이고 있을까?Dahlberg & Moss, 2005 들뢰즈는 이 질문에 사로잡혔다. 들뢰즈는 우리가 빈번하게 타자의 이야기를 대변하고 있다는 근본적인 사실을 가르쳐주고자 했던 푸코의 노력을 높이 평가했다.Deleuze, 1980 타자를 대신해서 말하는 것은 무례한 것이다. 아이들의 연령이 어릴수록 우리는 아이들을 대변한다. 어린아이들이 미성숙하고 부족한 존재라는 이미지를 만들어내고 그렇게 표현하고 다룬다. 들뢰즈에 따르면 아이들은 우리가 생각하는 것보다 훨씬 더 스스로 생각하고 말하고, 행동할 수 있음에도 학교 체제 내에서 아이들은 젖먹이처럼 여겨진다. 교사들이 좋은 의도를 가지고 행동할 때조차도 학교 체제 내에서는 아이들이 자신을 잃어버리는 경우가 많다. 들뢰즈는 유아교육기관에서 아이들의 저항의 목소리가 들려온다면, 아이들이 하는 질문들에 어른들이 주의 깊게 반응한다면, 전체 교육제도가 붕괴될 것이라고 풍자했다.

어느 진보 신문에 모제르Liane Mozère2008는 성인의 시각에서 아동기를 바라보아서는 안 된다는 스피노자의 글을 인용했다. 성인들은 아이들의 발에 자신의 눈높이를 맞추고 뒤에서 아이들을 올려보아야 한다.

이와 같은 주장은 레지오 에밀리아 교육의 주창자인 말라구치Malaguzzi 의 이야기와 흡사하다. 그는 한 연설에서 모든 아이들은 다양한 잠재력을 갖고 있으며 실제 아이들은 태어나면서부터 걸을 수 있지만 부모들을 두렵게 하지 않으려고 걷지 않는다고 말했다. 이 정도로 아이들을 '유능한 유아'로 보는 레지오 에밀리아 교육자들은 귀 기울임과 연구, 실험의 윤리에 바탕을 둔 교육을 실천해왔다.

들뢰즈의 생각을 바탕으로 프랑수아 주라비쉬빌리Francois Zourabich -vili[1996: 211]는 아이들은 늘 무엇인가를 주어야 할 대상이며 아무것도 돌려받지 못한다는 이야기를 성인들로부터 심심찮게 듣는다고 했다. 이 책에 소개된 작업을 따라가다 보면 오히려 그 반대가 아닌지 의심하게 될 것이다. 만약 그 반대가 사실이라면, 아이들이 우리에게 줄 것이 너무나 많다면, 유아교육기관은 실제 변할 것이다. 재현과 재생산의 전통 그리고 일방적인 전수에 대해 우리는 의문을 제기해야 할 것이다. 더 나아가 교사의 역할, 교육과정의 역할 그리고 교육제도 전체의 역할에 변화가 필요함을 알게 될 것이다.

바로 이것이 이 책의 저자인 올슨과 함께 작업했던 유아교육기관들에서 실제로 일어났던 일이 아닐까?

문제에 들어가기

걸음마와 서핑

나는 어린 조카 스텔라 노나Stella Nona가 걸음마를 시도했던 그때를 기억한다.[1] 배를 바닥에 대고 엎드려서 팔과 손을 겨드랑이 높이에 놓아두었다가 갑자기 웅크리는 자세를 취하면서 다리를 서서히 올리고 팔을 몸체와 평평하게 균형을 맞추면서 일어서려고 했다. 노나가 일어서는 모습을 보는 순간 갑자기 2년 전 서부 해안에서 받았던 서핑 수업이 생각났다. 노나의 움직임은 2년 전 내가 서핑 수업을 들을 때 내몸의 움직임과 유사한 부분이 상당히 많았다. 그때 나는 보드에 엎드려 겨드랑이와 손을 수평으로 맞추고, 재빨리 웅크리는 자세를 취하면서 뛰어올라 손과 발을 같은 높이에 맞추고 다리를 서서히 올려 세우고, 팔은 몸체와 평평하게 균형을 맞추었다[사진 0.1].

노나는 몸을 다양하게 움직여가며 걸음마를 배워갔다. 두 팔을 이용해서 마룻바닥에서 몸을 끌고 가고, 앉아서 팔과 다리를 이용해 점프하기도 했다. 두 팔과 두 다리를 이용해서 기어가고, 장난감, 자동차, 바퀴 달린 마차를 이용해서 몸을 거기에 싣고 팔과 다리를 이용해서

[사진 0.1] 스텔라 노나와 서퍼

몸을 밀기도 했다. 주변 가구를 이용하고 사람의 도움을 받기도 했다. 볼 때마다 조금씩 걷는 모습이 달랐다. 더 빨리 혹은 더 늦게 걷기도 하고, 가구의 도움이 필요 없어졌을 때에도 가구의 도움을 받아서 걸어가거나 가구를 끌고 갔다. 옆으로도 걷고 뒤로도 걷고 잠시 서서 쉬기도 하고 앉기도 했다. 걷다가 평평하지 않은 땅을 만나면 걸음을 걷는 방법을 바꾸었고 머뭇거리다가 넘어지기도 했다. 노나는 다양한 속도를 즐기고, 계단을 오르내리며 도전감을 맛보았고 여러 가지 목적으로 걸음을 시도했다. 또한 자신의 몸을 공간의 여러 곳에 맞추기 위해 여러 가지 방법으로 집 안팎을 걸어 다녔다.

　그 누구도 아이들에게 걷기의 시작 방법을 알려주지 않지만 어찌 되었든 아이들은 걷는다. 아이들에게는 걷기를 배우고자 하는 강력한 동기가 있는 것처럼 보인다. 누가 이 영아에게 지치지 않으며 자신의 몸을 사용해 걷도록 하는 '걷기 도구'를 준 적이 있는가? 이 강력한 동기는 무엇인가? 무엇이 어린아이로 하여금 걸음에 대한 강한 열망을 갖도록 만들었는가? 아이들은 주변에 있는 모든 사물들과 관계를 맺으며 몸을 사용해서 움직인다. 이와 같이 걸음을 배운다는 것은 자신의 몸을 다른 신체들이나 힘들과 결합함으로써 움직일 수 있는 몸의 능력이 증가되는 기쁨인 것이다.

서핑을 배우는 것은 다른 이야기일 수 있다. 누군가가 서핑하는 방법을 가르쳐주어야 할 것이다. 누군가로부터 서핑을 배워야 하는 이유는 우리가 어릴 적 갖고 있었던 열망, 신체 능력을 확장시키고자 하는 그 열망을 잃어버렸기 때문일지도 모른다. 우리가 아이였을 때 가졌던 그 열망을 잃어버리지 않았더라면 누구라도 서퍼가 되었을 것이다. 서핑을 배운다는 것은 결국 바다의 움직임, 즉 파도의 흐름에 몸을 잘 맡기고 타는 것이다. 누군가 보드 위에서 몸을 어떻게 움직여야 하는지 가르쳐준다 하더라도, 보드를 가지고 물속으로 들어가기 전에 해변에서 수없이 연습을 해야만 한다. 그러나 일단 물속에 들어가면 남겨진 것은 실험, 그것밖에 없다. 아무도 파도의 움직임을 정확하게 예측해서 알려줄 수 없다. 바다의 움직임에 신체를 맡기고 흐름을 타는 능력을 갖고 있지 않는 한, 바다가 아닌 해변에 놓여 있는 보드에서 서핑을 배웠던 것은 실제로 서핑을 하는 데 거의 영향을 미치지 못한다. 서핑을 한다는 것은 결코 예측할 수도 통제할 수도 없는 것임을 알게 될 것이다. 따라서 서핑을 배운다는 것은 말 그대로 뒤에서 파도가 당신을 때린다는 것이며, 그것이 어떻게 진행될지 모르는 당신은 단지 돌발적으로 대처할 뿐이다.

걸음마나 서핑에 성공했을 때에는 굉장한 기쁨과 희열이 따른다. 이 과정에서 우리는 몸의 능력을 증가시키고 다른 힘들과 몸을 연결시켜 몸이 무언가 더 많은 일을 할 수 있도록 한 것이다. 걸음은 아이와 땅 '사이에서', 서핑은 서퍼와 바다 '사이에서' 일어난다. 바다가 예측 불가능한 것처럼, 땅도 끊임없이 움직인다. 땅은 아이들과 함께 걷고 바다는 서퍼와 함께 서핑을 한다.

땅이 아이와 함께 걷고 바다가 서퍼와 함께 서핑을 함으로써 아이와 서퍼의 몸은 변한다. 이렇게 땅과 바다, 아이와 서퍼는 모두 탄력적이고 유연해진다. 몸체physical bodies가 확장되어 바다와 땅의 움직임과 공명하게 된 것이다. 걷고 있는 아이와 서핑을 하고 있는 서퍼는 이처럼 신체를 바다와 땅이라는 다른 형태의 힘에 연결시켜 몸을 확장하고 있는 것이다. 서핑만큼 걷기와 유사한 운동 형태는 찾기 어렵다. 영아와 서퍼는 걸음을 배우고 서핑을 할 때, 다시 말해 집중적인 실험을 지속하고 있을 때, 바다와 땅이 그러하듯 끊임없이 움직이고 있는 자신을 발견하게 된다.

걸음마와 서핑 학습을 유아와 땅 그리고 서퍼와 바다 사이의 관계로 연결 지었다고 해서 은유나 비유를 쓴 것이 아니다.[2] 서핑과 많은 부분 관련이 있는 걷기를 통해 주체성과 학습에서의 운동과 실험을 이야기하고자 했다. 유아를 서퍼로, 서퍼를 유아로 대입시키지 말자. 아이가 어른이 되는 것은 이미 정해져 있는 경로이지만, 성장의 과정에서 실제 어떤 일이 일어날까? 우리는 위치position라는 관점에서 성인과 유아를 바라보기 때문에 성인과 유아가 다르다는 명확한 개념을 갖게 되었다. 사실 관심 있게 바라보아야 할 부분은 학습이 일어나는 바로 그 순간, 유아와 땅 사이에서 혹은 서퍼와 바다 사이에서 실제로 무엇이 발생하는가이다. 우리는 아이들이 걷지 못하다가 걷게 되는 그 순간에 많은 관심을 보이는 경향이 있으며, 즉 반사행동하기, 기어가기, 일어서기 등의 익숙한 용어들로 걷기의 과정을 단계화하고 있다. 이렇게 미리 정해놓은 단계들 사이에는 어떤 일이 벌어질까? 아이가 걷기를 배우거나 서퍼가 서핑을 배울 때 가장 필요한 것이 무엇인가?

우리는 일반적으로 학습이나 발달을 주체의 관점에서 이야기하기 시작한다. 그러나 학습 주체와 연관시켜 생각하는 의식적 사고 외에 분명 어떤 다른 것이 있을 것이다. 그것은 바로 몸의 논리이다. 우리는 몸의 논리를 의식할 수 있다. 우리는 몸이 다른 힘과 결합하여 운동능력이 향상될 때 즐거움을 느끼지만, 외부의 힘과 결합하여 나타나는 실제 움직임은 훨씬 더 흥미롭다. 이때가 바로 학습이 무의식적으로, 몸으로 일어나는 때다. 아이가 걸을 때 뇌가 아무런 역할을 하지 않는다는 말이 아니다. 뇌도 역할을 한다. 뇌는 몸의 상부나 외부에 있는 것이 아니라, 몸을 설명하는 역할을 한다. 앞서 이야기한 몸과 바다와 땅의 관계처럼 뇌는 몸과 분리되어 있지 않다.

서퍼나 아이의 몸이 탄력적이고 유연해지는 사실을 상상적인 이미지와 혼동해서는 안 된다. 몸은 실체이며 환상 속에 있지 않다. 서퍼와 아이의 몸을 바다와 땅의 연속적인 관계 속에서 바라볼 때 몸은 늘 여기에 있다. 이 관계는 다른 두 독립체의 결합도, 교배도 아니다. 관계 그 자체로 변화하며 '되기becoming'의 상태에 있는 것이다. 땅과 아이의 변화, 서퍼와 바다의 변화는 동시에 일어난다. 이러한 점에서 이 모든 것은 자연적이고 생물학적인 신체로 온전히 존재하는 것도 아니다. 그들의 능력에 한계가 있고 그들을 둘러싼 문화에서 이들을 명확하게 구분하고 있다. 아이와 서퍼의 탄력적이고 유연한 몸은 자연이기도 하고 문화이기도 하다.

유연성과 탄력성을 서핑보드와 관련해서 생각해보자. 서핑보드는 서퍼의 몸의 능력을 증가시킬 수 있는 기술적 속성을 갖고 있다. 모든 기술적 속성들이 몸의 능력을 증가시켜 우리에게 즐거움을 주는가? 반드시 그렇지는 않다. 몸의 능력을 증가시키는 데에는 컴퓨터, 혁신적인 기술, 외과 수술, 약 등 여러 가지 다양한 기술들이 있다. 그러나 중요한 것은 이와 같은 혁신 기술들은 그 자체로 흥미를 끌지 못한다는 사실이다. 신체의 능력을 기르고 싶고 그것을 통해 즐거움을 얻고자 한다면, 기술에만 의존할 수 없다. 몸에서 어느 하나의 능력이 증가하면 다른 능력은 감소할 수도 있고, 처음에는 새로웠던 것이 원래 알고 있던 것과 같은 것임을 알게 되기도 한다. 기술은 그 자체로는 잠재력이 없으며, 때로는 몸에 재앙을 불러올 수도 있다. 하여간 증가하는 몸의 능력이 놀랍지 않은가? 지금까지 탄력성과 유연성을 증진시키는 것에 대해 이야기할 때, 땅과 바다와 연관시켜 아동과 서퍼의 몸의 관점을 통해 논했다. 이와 같은 관점이 독자에게는 어쩌면 경직된 철학처럼 들릴 수도 있다. 그러나 이러한 시각에는 일상적 삶과 일상적인 몸의 잠재성에 대해 진지하게 생각해보자는 실천적이고 윤리적인 측면이 담겨 있다. 이를테면 '약을 먹고, 수술을 하고, 인위적인 삶을 살고, 혁신 기술을 사용하자'라고 말하기보다는 '우리는 어떻게 하면 몸의 잠재력을 기를 수 있을까?'라는 표현으로 바뀔 수 있다는 것이다. 모든 아이들이 걷기를 배울 수 있는 것은 아니다. 몇몇은 여러 이유로 걷기를 배우지 못한다. 이러한 아이들에게 신체가 어떤 잠재력을 갖고 있는가라는 의문은 더욱 절실해질 수밖에 없다. 예를 들어, 두 다리 없이 몸은 무엇을 할 수 있을까? 몸은 어떤 독특한 잠재력을 가지고 있을까? 우리가 자연과 문화를 이분법적으로 바라보는 한 몸의 행위 능력은 축소될 수밖에 없다. 그러나 몸이 다른 몸과 연결된다는 관점에서 보게 되면, '모든 사람everybody'의 관계가 아니라 '모든 몸every body'과의 관계나 상황 속에서 몸의 잠재성을 찾는 것이 더 중요해진다.

걷기는 우리가 삶 속에서 어디론가 향하고 있다는 착각에 빠지게 하는 기능 중 하나이다. 우리는 걸을 때 실제로 앞을 향해 걷고 있는가? 모든 것들이 더 나은 방향으로 가고 있는 것일까? 걷고 또 걸어도 어디든 도달하지 못한다면 어떻게 되는가? 아이들은 걸을 때 앞으로 나가려는 목적으로 걷지 않을 경우가 많다. 걷는 동안 많은 재미있는 일들이 일어난다. 아이들은 걷다가 길에서 달팽이, 나뭇가지와 같은 흥미로운 것을 발견하기도 한다. 걷는 동안 아이들은 뒤로 걷기, 제자리 걷기, 한 다리로 뛰기 등 다양한 방법들을 발견해낸다. 아이들이 걸어가는 모습은 앞으로 가는 것이라기보다는 걸음을 통해 리듬을 탐험하고 있는 것 같다.[3] 서퍼는 어느 곳에 도달하기 위해서가 아니라 파도를 타는 그 순간을 위해 서핑을 한다. 서퍼에게 서핑이란 자신의 몸이 갖고 있는 능력 전체를 완전히 다 발휘하는, 아니 잠재성을 넘어서는 그 순간들을 살아가는 것과 같다.

걸음마를 배우고 서핑을 배울 때, 아이들과 서퍼들은 몸의 잠재성을 탐험하고 몸과 힘의 만남을 탐험한다. 이때 탐험은 걷기와 서핑을 배우는 것 그 이상으로 진행될 수 있다. 아이들은 몸의 논리와 잠재성, 힘의 결합에 의해 그들이 무언가를 할 수 있다는 것을 배운다. 아이들이 학습할 때 모든 것이 바다와 땅이 된다. 모든 것이 운동이고 실험이다. 글자, 빛, 수, 색, 모든 것이 허공에 떠 있는 것과 같으며 어느 것 하나 잘못된 것도 없으며 그 모든 것이 잠재적인 것들이다. 감각과 무감각은 늘 함께 있다. 해답과 해결책은 결코 흥미로운 것이 아니며, 목표는 바로 지금 도달하지 않으면 아무런 의미가 없다. 중요한 것은 문제를 '구성하는' 것이다. 아이들은 원을 그리며 뒤로 옆으로 걸어가면서 걷기라는 문제를 구성하고 있는 것이다. 이것이 바로 세상이 우리에게 제시한 문제들 중 걷기라는 하나의 문제에 대한 '창의적인' 반응인 것이다. 창의적 반응은 모방이나 이미 주어진 해결책을 필사적으로 찾는 것이 아니다. 창의적 반응은 문제들을 구성해나가는 과정 속에 있으며, 아이들이 세상과 함께 진동하고 공명하는 방식 속에 있다.

서퍼나 아이들은 걷기와 서핑을 배울 때 저마다 독특한 스타일을 갖고 있다. 사실, 우리 모두는 무엇이든 간에 자신만의 독특한 스타일에 따라 배운다. 하지만 우리는 그러한 다양한 스타일에 대해서는 거의 관심을 기울이지 않는다. 일단 걷는 방법을 배우고 나면, 걷기는 어떤 것들에 의해 길들여지고, 길들여진 걷기는 어떤 특정의 목적을 위해 행해진다. 걷기의 운동성과 과정은 중재자가 되어버리고, 그 자체로서의 중요성을 잃게 된다. 이제 걷기는 자동화된, 운동성을 잃어버린 걷기다. 이때 걷기가 갖는 실제 운동은 다른 신체활동을 위한 준비의 역할을 하는 것이 되며, 걷기 그 자체가 아니라 걷는 사람이 목표가 되어버린다.

이와 같은 방식으로, 우리는 학습과정뿐 아니라 주체성을 길들이는데 많은 노력을 기울인다. 미리 정해진 표준에 따라 예측하고, 통제하고, 감독하고, 평가하고 있다. 이것이 바로 오늘날의 주체성과 학습 주변을 맴돌고 있는 것이다. 주체성과 학습에서 일어나고 있는 운동은 자동화되고 기억에서 지워졌으며, 실험은 길들여지고 생명력을 잃고 예측 가능한 것이 되어버렸다. 주체성과 학습에서 일어나는 운동과 실험은 이제 이론과 실천 분야 전체를 살펴볼 때 아무도 접근하지 않는 황무지로 내던져졌다. 운동과 실험을 목표를 향해 가는 중간 단계가 아니라 훨씬 더 중요한 과정이자 학습의 원리로 볼 수 있도록, 우리를 이끌어주는 이론과 실천은 찾아보기 어렵다. 목표나 위치가 중요해졌고 운동과 실험은 중재 역할을 하는 것으로 환원되어 이해되고 있다. 변화를 평가하려고 한다면, 우리는 또다시 운동성을 잃어버리고 말 것이다. 평가는 늘 위치로부터, 위치에서 시작된다. 위치 짓기는 늘 운동성을 부정하면서 시작된다. 아이덴티티와 학습과정 간에 경계를 넘나들고 이들의 혼종화hybridization를 주장하면서 변화를 시도하더라도, 위치라는 관점에서 평가한다면 또다시 운동을 잃어버리게 될 것이다. 내가 있던 위치에서 다른 위치로의 이동은 그림자의 움직임일 뿐이다. 그것은 위치의 변동일 뿐이지 지속적인 운동이 아니다. 여전히 주체성과 학습에서의 운동과 실험은 결과와 위치에 종속되어 있다.

스타일로 돌아가보자. 스타일이야말로 가장 중요하며 흥미로운 것이다. 스타일은 운동성에서 주체성과 학습을 찾아내는 방법을 보여준다. 스타일은 생명력 있고, 강렬하며, 예측 불가능한 실험을 향해 열려 있고 지속적으로 변화하는 과정을 보여준다. 실험과 운동이 일어나고 있는 바로 그 순간과 그 공간에서 변화와 희망을 찾을 수 있다. 그 희망은 다른 어떤 곳을 향해 있는 것이 아니라 바로 그 순간을 가리키고 있다. 다양한 스타일에 관심을 기울이는 것, 그것이야말로 지금에 대한 믿음이 가장 중요하다는 희망에 다가갈 수 있는 길이다. 여기에서 믿음이란 '이미' 존재하고 있는 스타일들을 운동 안에서 발견할 수 있다는 확신과 신념을 말한다. 그러나 스타일이 이미 존재하고 있기 때문에 아무것도 할 필요가 없다는 뜻은 아니다. 만약 모든 것이 이미 운동하고 있다는 것이 사실이라면, 운동은 항상 일어나고 있다는 의미이며 계속해서 일어날 것이라는 뜻이므로 그것이야말로 가장 좋은 소식이다.

연구의 목적: 문제의 구성

걸음을 배우는 아이와 파도타기를 배우는 서퍼에 관한 이야기는 운동과 실험에 관한 예로, 이는 주체성과 학습의 특징들이다. 스웨덴의 몇몇 유아학교에서 경험한 것이 있었기에 이야기를 꺼낼 수 있었다.[4] 스웨덴의 유아학교는 만 1세에서 만 5세 연령 사이의 영유아들이 다니는 유아교육기관이다. 이 책에 등장하는 유아학교는 1990년대 말부터 주체성과 학습에 관심을 갖고 아이들, 교사, 예비교사들, 교사교육자와 연구자들이 함께 실험을 했던 곳이다.

1993년 스톡홀름의 작은 자치구인 스카프넥Skarpnäck의 일부 유아학교에서는 정부 기금을 받아 프로젝트가 시작되었다. 이곳에서는 아이, 교사, 유아학교 환경, 교육 내용과 교육 방식에 대한 문제와 관련해 실험이 이루어졌다.Barsotti, Dahlberg, Göthson & Åsén, 1993 스톡홀름 사범대학의 달버그 교수가 이끄는 '학습의 윤리와 미학' 연구팀은 프랑스 철학자 푸코(1926~1984)에 영감을 받아, 후기구조주의 담론 분석 연구를 유아학교에서 진행하고 있었다. 연구팀의 이러한 노력들이 발달심리학[5]의 지배적인 담론인 "아동은 발달 단계와 위치, 그 특성이 이미 정해져 있고, 학습은 전수와 재생산적인 모방에 의해 일어난다"라는 관점에 문제를 제기할 수 있게 했다. 이탈리아의 레지오 에밀리아 시에 있는 유치원은 '유아가 지식을 스스로 구성할 수 있는 유능한 연구자'라는 이미지를 전파시켰고 스웨덴의 유아학교에서는 유아에 대한 대안적 이미지를 받아들이게 되었다.Rinaldi, 2005

영감과 노력에 힘입어, 유아교육 현장이 바뀌는 과정을 경험했고 연구팀은 그 역할을 잘 해냈다.Dahlberg & Moss, 2005 스카프넥의 사례는 스톡홀름 서부지역인 브로마와 남부지역인 트랑선드를 포함하여 다른 많은 지역으로 확산되었다. 연구팀은 연구와 실천의 만남을 위한 장場으로서 그 역할을 해오고 있다. 1990년대 중반, '페다고지와 이론의 공간'이라는 이름으로 연합 네트워크가 구성되었다. 네트워크를 통해 연구자, 교사교육자, 연구하고 공부하는 교사들이 모여 유아학교 현장에 대해 문제를 제기하고 변화를 위한 공간을 찾기 위해 노력했다. 여기에 참여한 스웨덴 지역의 유아학교들은 자신들의 교육 현장이 지닌 문제를 직시하고, 해체하고, 유아와 교사, 교육 환경과 교육 내용과 형식 등에 대해 대안적인 사고를 생산해내는 경험을 축적해나갔다.

그러나 최근 몇 년간 교사들과 연구자들이 협력적 연구를 하는 상황에서 문제들이 드러났다. 그들의 작업은 새로운 변화를 가져왔지만, 유아와 학습에 관해서 다소 엄격한 '지도 그리기mapping'를 한 것이 아닌가 하는 점이었다. 협력적 연구 변화와 혁신에 대한 아이디어와 실천은 새로 등장한 이미 결정된 계획처럼 현장에서 기능하는 듯했고, 교사와 유아에 대한 오래된 지도가 새로운 지도로 대체된 것 같은 느낌을 받았다. 이로 인해 교사와 연구자들은 주체성과 학습이 또다시 정형화되고 고정되어가는 것을 체험했다. 생명력 넘치고, 예측 불가능하고, 강렬했던 실험들은 예상되는 결과를 포함한 모든 모수들이 통제되는 생명력이 없는 실험으로 변질되는 듯했다. 최근 연구팀과 연합 네트워크는 주체성과 학습에 관련된 변화의 개념들을 이론과 실천 속에서 다시 생산해내고자 노력하고 있다. 교사와 교수들이 다 함께 이론을 나누고, 현장에서 핵심이 되어야 할 철학을 공고화하고, 실천을 해나가는 과정에서 연구팀이 찾고자 하는 것은 변화와 혁신이 어떻게 하면 지속되고 다음 단계로 나아갈 수 있도록 하느냐이다. 모든 것이 정착되었을 때쯤 다시 새로운 패턴으로 변해버리는 상황이 되기 전에 이론과 실천을 통해 어떻게 변화와 혁신의 추진력을 유지시키고 이끌어내느냐가 연구팀의 핵심 주제였다. 간략히 말해, 최근 연구 과제는 주체성과 학습에서 운동과 실험을 다시 얻어내는 방법을 찾는 것이다.

본 연구는 지속이라는 연구 과제를 안고 출발했다. 유아교육을 진정으로 실천하고 연구하고 있는 혹은 연구하려는 사람들에게 기여하고 싶다. 따라서 주체성과 학습에서 운동과 실험이 이루어지고 유지될 수 있는 방법에 대한 문제를 구성하는 데 본 연구의 목적이 있다.

책의 1부에서는 문제의 맥락을 소개한다. 1장과 2장은 본 연구의 사례와 이론의 배경을 구체적으로 기술한다. 즉, 실천 사례와 특정 이론들이 선정된 이유와 본 연구에서 그 자원들이 얼마나 중요한 역할을 하는지를 기술한다. 이론 자원을 소개하는 끝부분에서는 문제를 이끌어내는 연구 질문들로서 세 가지 핵심 사항을 기술한다. 3장에서는 정치적 관점에서 본 연구를 현대사회의 윤리학과 정치학의 특징과 관련지어 기술한다.

2부에서는 방법론적 질문을 다룬다. 4장에서는 강렬했던 실험이 이론 및 실천과 어떻게 밀접하게 연결되는지에 관해 설명한다. 5장에서는 교육적이고 과학적인 방법론을 소개하는 한편, 유아교육기관에서 기록화를 통해 운동을 어떻게 설명해줄 수 있는지를 기술한다.

3부는 연구 결과의 분석과 결론을 담고 있다. 6장은 만 2세 유아들의 교실에서 2년에 걸쳐 진행한 OHP 프로젝트에 관한 기록물과 프로젝트 분석을 소개한다. 7장에서는 연구를 요약하고 결론을 기술한다.

1부

맥락 속에서 문제 읽기

1장

실천 사례:
스톡홀름의 유아학교에서 만난 주체성과 학습

개요

스톡홀름 사범대학[1]과 스톡홀름 시, 그리고 그 주변에 위치한 유아학교에서는 '하루하루가 마법의 순간'이다. 이곳의 아이들, 교수와 연구자들은 주체성과 학습을 실험하려는 욕망에 사로잡혀 있다. 현장에서는 실험과 강렬하고 예측 불가능한 사건들이 계속 발생한다. 실험 내용은 유아는 무엇인가, 교사는 무엇을 어떻게 해야 하나, 교육 환경은 어떻게 조직해야 하나, 교육 내용과 형식은 어떠해야 하나에 대한 생각들이 주를 이룬다.

앞서 언급했듯이, 연구모임 '페다고지와 이론의 공간'은 연구와 실천이 만나는 장소의 역할을 하고 있다. 연구모임에서는 레지오 에밀리아 유치원과의 연계를 중요하게 생각하며 이론과 실천을 교환하고 있다. 레지오 에밀리아 유치원은 유아, 교사, 그리고 유치원에 대한 이미지를 다시 생각하고 도전함으로써 스웨덴에 있는 많은 유아학교에 영감을 주었다. 레지오 에밀리아 교육에서는 아이들을 풍부하고 유능한 지식 구성자로 본다. 교사는 유능한 유아라는 이미지를 바탕으로 아이들이 스스로 문제를 제기하고 해결해나갈 수 있는 환경을 마련해주고 아이들의 말을 경청하는 역할을 하고 있다. 유치원은 아이들이 또래들 혹은 교사와 함께 협력적으로 지식과 가치관을 구성하는 데 참여하는 공간으로 여겨진다.

구성주의 교육관에 따라 수업을 할 때 중요한 것은 프로젝트팀마다 다른 지식의 내용을 다루고 있고, 아이들과 교사는 함께 문제를 구성해나가면서 강도 높은 학습과정에 지속적으로 참여한다는 것이다. 교사가 지식의 내용을 전수하고 아이들이 재생산하고 모방하는 것이 아니라 교사와 아이들은 지식을 함께 구성하고 협상한다. 프로젝트에서 초점은 모든 참여자들의 다양한 관점에 있고 지식내용에 접근하는 방식 또한 다양하게 사용된다. 이때 지식에 접근하는 방식은 심미적, 윤리적, 정치적일 수도 있으며 과학적이다. 아이들의 다양한 관점의 사고, 대화, 행동은 가치 있는 것이다. 아이들의 생각은 문화 혹은 역사로부터 이미 규정되어 전수된 지식의 내용만큼 중요하다.

프로젝트 과정의 관찰 자료, 사진, 비디오, 학습과정에서 나오는 모든 결과물들이 기록된다. 학습과정을 시각적으로 기록화하는 것은 참여자들을 위한 만남의 공간 역할을 하며 강도 높은 학습과정에서도 중요한 역할을 한다.Lenz-Taguchi, 2000; Giudici, Rinaldi & Krechevsky, 2001; Dahlberg, Moss & Pence, 2007 앞서 언급했듯이, 유아학교 교사들과 대학원생들, 교수와 연구자들로 이루어진 네트워크는 레지오 에밀리아 유아교육에서 상당한 영감을 얻었고, 정기적 만남을 통해 유아교육기관의 정치적 행위를 실험하고 그 영역을 확장시켜왔다. 수업 자료와 문서를 함께 구성하면서 협력이 이루어졌다.

협력 작업은 복잡한 과정이며 많은 단계에서 동시에 발생한다. 그 과정을 살펴보면, 우선 정체성과 지식에 대한 서로 다른 이론적 패러다임 내에서 '아이들이 어떻게 여겨지고 있는가'에 관한 역사적이고 문화적인 문제들에 대해 토론했다. 이와 함께 유아교육에서의 정치학과 윤리적 관점에 대한 문제도 토론의 핵심 주제가 되었다. 다음으로 아이들의 학습과정에 어떻게 참여해야 할지에 대한 방법을 논의하고, 질문하고, 실험하는 과정이 이어졌다. 대안적 방식에 대한 토론과 시도 또한 함께 이루어졌다. 다양한 아이들에 적합한 새로운 교육 환경을 지속적으로 구성하면서 교사들은 이 실험에 참여했다. 프로젝트를 진행하면서 지식의 내용을 기록하고 관찰과 기록화를 위한 새로운 기법들도 만들었다.

최근 스웨덴의 유아학교, 교사와 연구자들은 아이들에 대한 새롭고 중요한 시각으로부터 시작된 것이 가끔은 너무 빠르게 새로운 표준화된 지도(개념)가 되어버리는 문제에 봉착하게 되었다. 우리는 너무 쉽게 '유능한 아이'라는 말을 사용하고 그 말을 당연시하게 되었다. 이는 우리가 처음 연구를 시작할 때 바꾸고자 했던 재인과 재현에 대한 고정적 사고와 별반 다르지 않다. 마찬가지로 우리는 의문 없이 교사를 '공동연구자'로, 교사와 유아교육기관의 역할을 '실천'으로, 학습을 단순히 아이들의 흥미에 따르는 것으로 간주한다. 유아교육기관은 모두 다 다르고 그곳에 다니는 교사, 부모와 아이들은 다르지만, 교육 환경은 이제 매우 비슷해진 듯하다. 사실, 프로젝트 시도 자체가 점점 어려워지고 있는 것 같다. 프로젝트를 진행하는 기관에서도 대부분의 시간에 똑같은 지식내용을 다루고 있고, 결과적으로 표준화된 형태가 되고 있으며, 교사들은 학습을 지식 전달과 모방적 재생산의 다소 단순화된 논리로 간주한다. 프로젝트에서 말하는 통합이란 다른 지식내용을 바탕으로 구축된 교과의 경계를 넘나들 수 있음을 말하는 반면, 지금의 유아교육기관에서는 통합의 의미를 잘못 이해하거나 얕은 수준에서의 통합이 진행되고 있다. 교육 기록 또한 점점 난해해지고 있는데, 아이들에 대해 기록할 때 명확히 보이는 것이나 새로운 사실을 기록하는 논리에 쉽게 갇혀버리는 듯하다. 이와 같은 문제에 봉착한 많은 기관들은 대안적인 실제의 필요성을 느끼고 있으며 실제에서의 활력을 되찾기 위해 많은 노력을 하고 있다.

최근 복잡하게 얽힌 문제들을 해결하기 위해 여러 지역의 유아학교에서 교사와 연구자들이 함께 노력하고 있다. 다양한 프로젝트를 통해 아동의 이미지, 교사의 역할, 유아교육기관의 과제, 프로젝트 작업, 교육 환경과 교육 기록물과 관련해 운동과 실험을 재활성화하기 위한 노력들이 시도되고 있으며 그 결과물들은 곧 출판될 예정이다. -Children's Dialogue with Nature-The Challenges of the Knowledge Society and the Possibilities for Learning,[Dahlberg & Theorell] Transculturalism and Communication,[Barsotti 외] The Magic of Language-Young Children's Relations to Language, Reading and Writing.[Dahlberg & Olsson] 이와 관련된 내용들을 간략하게 기술하고자 한다.

유아의 이미지

최근 교사와 연구자들은 '유능한 유아'라는 개념을 단순하게 이해하고, 말하고 행동하는 덫에 빠지지 않기 위해 유아를 좀 더 열린, 더 복잡한 방식으로 상상해보려고 노력하고 있다. 유아를 떠올릴 때 많은 다른 표현들을 열어두고 있다. 즉, 능력에 근거해 아이를 규정하는 것이 아니라 더 다양하고, 잘 알려지지 않은 방식으로 존재를 표현하게 되었다. '유능한 유아'라는 개념은 발달심리학 연구를 통해 초기에 정의가 내려졌던 아동에 대한 이미지만큼이나 강력하게 규제된, 이미 결정되어버린 지도라는 사실을 인정하게 되었다. 최근 교사와 연구자들은 아동을 발달심리학이나 아동의 능력에 근거해 직접적으로 혹은 미리 아동을 규정해버리는 사고에서 벗어나고자 부단히 노력하고 있다.

교사와 연구자의 노력의 핵심은 아동을 한순간에 규정지어버리고 그것이 전부인 양 해석하는 것이 아니라 지속적으로 되어가는 존재로 보고자 하는 데 있다. 이 같은 관점에서 현장으로 들어간다면, 개별 아동에게 초점을 맞추기보다는 아이들 간에 어떤 일들이 발생하는지-어떤 생각, 말, 행동, 흥미, 질문, 욕망이 지금 이 순간 아이들을 사로잡고 있는가?-에 초점을 맞추게 된다. 교실 환경의 어느 부분을 실제로 아이들이 사용하고 있으며 어떤 방식으로 아이들은 환경을 활용하고 있는가? 아이들은 대중문화 속의 어떤 제품에 열광하며 어떤 텔레비전 프로그램, 장난감, 피규어를 갖고 놀며 어떻게 사용하고 있는가? 일부 제품을 또래 집단이 선택하기도 하는가? 아이들 사이에서 또래 집단 문화가 만들어져 특정 장난감들이 전파되고 있는가? 유행은 어디서 발생하며 어떻게 진행되는가?

교사의 역할

지금까지 우리는 교사의 역할을 단순히 아동의 흥미에 따르는 것으로 이해했으나 본 연구에서는 공동연구자라는 개념을 좀 더 복잡하게 보고자 했다. 교사들에게 이것은 쉽지 않은 시도였는데, 무엇보다도 아이들이 실제로 어떤 것에 흥미를 느끼고 있는지를 감지하는 것이 매우 어려운 일이었기 때문이다. 이미 규정된 사고의 틀에 따르지 않고 아이들이 지금 하고 있는 것을 보는 것은 쉽지 않다. 늘 그래왔듯이 아이들이 무엇을 하고 있는지를 대충 보아서는 아이들의 생각, 말 그리고 행동을 실제로 듣기가 어렵다. 활동이 발생할 상황을 준비하고, 활동을 시작하고, 이를 지속시키는 데 필요할 자료들을 준비하고, 아이들과 접속하면서 활동하는 과정에서 어려움에 부딪혔다. 교사와 연구자들이 가장 힘들었던 부분은 아이들이 다른 또래들과 함께 실제로 무엇을 하고 있는지 이해하는 것, 언제 어떤 방식으로 아이들을 참여시켜야 할지를 결정하는 것, 교사와 아이들이 하나의 집단이 되어 공동으로 참여하는 학습과정이 발생하도록 하는 것이었다.

이와 같은 어려움으로 인해 교사와 연구자들은 아이들을 만나기 전에 더 세심하게 준비하게 되었다. 예를 들어 실제 내용지식을 다양한 관점을 통해 연구하고 준비할 필요가 있었는데, 아이들이 빛의 물리적 현상에 특히 관심을 갖고 OHP 주변에 몰려들자 교사는 다양한 관점에서 이와 같은 특성을 연구해야 했다. 다양한 관점이란 물리학에서 빛에 관련된 이론을 읽는 것, 건축과 설계를 할 때 건축가들과 빛의 기능에 대해 토론하는 것, 빛이 우리의 일상과 환경에 어떻게 영향을 주는지를 읽고 토론하는 것 등이 포함된다. 이와 동시에 교사들은 아이들마다 어떻게 각자의 스타일로 빛에 대한 다양한 관점들을 다루는지를 관찰하기 시작해야 했다. 교사가 이와 같이 준비를 하면 아이마다의 독특하고 특이한 학습 스타일을 더 잘 이해할 수 있을 것이다.

최근 교사들은 아이들의 언어적 표현뿐 아니라 성인들이 사용하는 언어와 다른 형태의 표현들까지도 주의 깊게 들으려고 노력하고 있다. 이는 아이들이 자신들의 생각을 표현할 때 사용하는 다양한 표현 방식들을 이해하기 위해서이다. 물리학자, 건축설계사와 건축가와 같이 다른 분야에서 활동하는 사람들과 협력하면서 아이들의 사고를 보다 더 이해하게 되었고, 많은 다른 생각들을 모으는 것을 허용하게 되었으며, 아이들이 내용지식을 토대로 활동을 지속할 수 있도록 더 많은 자료들을 이용할 수 있게 했다. 많은 활동들이 아이들에게서 시작되지 않았다는 사실을 인정하게 되면서 학습을 단순히 아동의 흥미에 따르는 문제로 여겨왔던 것이 잘못된 개념임을 알게 된다. 우리는 아이들이 지금 하고 있는 활동에 내용지식을 제안할 수 있다. 그러나 언제 어떻게 지식내용에 접근하도록 하느냐가 관건이다.

유아교육기관의 역할

본 연구에 참여한 유아학교들은 유아교육기관이 지식과 가치들을 공동으로 구성할 수 있는 장소라는 개념에서 출발하려고 노력했다. 교사와 연구자들은 지금 아이들이 하고 있는 바로 그 지식내용에 몰두하고 투자할 때 공동 구성이 의미가 있다는 사실을 인정하기 시작했다. 또한 유아교육기관을 세상으로부터 떨어진, 보호받아야 하는 작은 세계로 간주하지 않으려고 노력했다. 세상에서 일어나는 모든 일들은 유아교육기관에 영향을 미치며, 그와 반대로 기관 또한 세상에 영향을 준다. 교사와 연구자들은 기관에서 하고 있는 프로젝트 과정들을 사회와 연결시키고, 아이들의 생각과 말, 행동들이 사회 속에서 드러나 보일 수 있도록 많은 노력들을 해왔다. 이처럼 아이들과 교사가 정치적 중재 대상이 아니라 적극적인 정치적 활동가 역할을 할 때 유아교육기관은 정치적 기관으로서 풍부함을 갖게 된다.

교육 환경

교육 환경에 대해서도 문제를 제기했다. 전형적인 형태의 교육 환경에 문제를 제기하며, 교육 환경을 변형 가능하고 서로 접속이 일어나도록 하려는 노력들이 이어졌다. 다시 말해, 아이들이 다양한 방식으로 서로 영향을 주고받고 연합이 가능하도록 하고, 사회에서 발생하는 사건들이나 다른 지식과 연결될 수 있도록 하는 것이다. 유아학교에서 진행하는 프로젝트뿐 아니라 기관 밖에서 일어나는 일들을 고려해 환경을 구성하는 것을 중요하게 생각했다. 예를 들어, 만약 유아교육기관 건물 옆에서 지하철이나 터널 혹은 집을 짓고 있다면, 한 곳에 건설 영역을 마련하여 건설과정에서 흥미로운 부분, 특징들에 관심을 갖고 학습할 수 있도록 하는 것이다. 이미 몇몇 기관에서는 그 지역의 건축설계사, 건축가와 협력을 통해 환경 구성을 바꾸었을 뿐 아니라, 교실 환경 구성을 통해 서로 영향을 주고받는 것이 가능해지고 새로운 접속이 발생할 수 있도록 새 가구와 자료들을 마련했다.

프로젝트 작업

우리는 먼저, 지식 전달과 모방 재현의 논리에서 벗어나려고 노력했다. 다음으로 최근 프로젝트가 융합 학습에 목표를 두고 진행됨에 따라 오히려 혼란스럽고 피상적 수준으로 끝나게 되는 현상에서 벗어나고자 했다. 교사와 연구자들은 문제의 구성에 초점을 맞춤으로써 이 문제를 해결했다.

어떤 지식내용이든 서로 다른 문제들을 많이 갖고 있다. 수학의 경우에는 패턴, 리듬, 수의 개념과 상징적 기능, 순서, 덧셈, 뺄셈 등의 과제가 있다. 이러한 과제들은 수학의 내용지식 체계 내에서 매우 구체적인 문제들이다(예를 들어 수학에서 일련의 다른 문제들, 패턴, 리듬, 개념과 숫자의 상징적 기능, 숫자의 순서, 덧셈, 뺄셈, 곱하기 등등). 교사들은 일반적인 방법으로 수학을 가르치는 것이 아니라 수업준비, 연구, 관찰과 다른 학문과의 협력을 통해 주어진 시간 내에 아이들과 함께 문제가 무엇인지 규정하고자 노력한다. 이 과정에서 지식내용에 대해 주의 깊게 연구할 필요가 있으며, 다른 학문과의 협력을 통해 지식내용에 대한 관점을 넓혀갈 수 있다.

교사들은 더 이상 아이들이 도달해야 할 학습 목표를 미리 정해놓지 않는다. 그러나 프로젝트 초기에 아이들은 특정 주제의 지식내용을 공부해야 하고, 아이들과 함께 지식내용이나 선정된 과제를 학습해나가면서 필요한 이론적 관점을 결정하는 것은 여전히 교사가 해야 할 중요한 일이다. 이를 위해서는 프로젝트 초기에 존재론적이고, 윤리적이며 정치적인 특징이 포함된 문제를 우선 선정해야 한다. 교사들은 가치 기반 관점에서 지식내용을 어떻게 다룰 것인지를 결정해야 한다. 어떤 학습에 대해 이야기하고자 하는가? 이 주제에서 지식을 어떻게 이해할까? 이 부분을 학습하는 것이 왜 중요한가? 언어와 관련된 프로젝트의 사례를 보자. 아이들이 언어를 탐구하고 다시 탐구하는 과정을 주의 깊게 관찰하고, 듣고, 격려하면서 아이들이 언어를 가지고 리듬을 만들고, 노래를 부르고, 글자와 단어들을 만들어내는 다양한 교환이 일어날 수 있도록 언어의 창조적 차원에서의 학습을 이끌고자 했다. 다문화적 교류, 커뮤니케이션 테크놀로지 발전과 아이들의 창조적 언어 사용이 증가함에 따라 현대사회의 언어가 어떻게 변화되고 있는지를 고려해볼 때, 언어의 창조적이고 활용적인 측면을 인정하는 것이 중요하다. 지식내용을 선정할 때, 우선 내용이 아이들과 관련이 있어야 하며, 다음으로 사회적 역할과 가치에 부합되어야 한다. 이와 같은 과정을 통해 선정된 프로젝트는 지속적인 수업 도구의 역할뿐 아니라 출발점의 역할을 해준다.

프로젝트 과정에서 교사와 연구자들이 수집해놓은 다양한 관점들이 고려되어야 하지만, 더 중요한 것은 아이들이 어떤 문제에 '가장 가까이 있느냐'이다. 그것은 교사들이 중요하다고 선정해놓은 것이 아닐 수도 있다. 몇 년간 프로젝트 과정에 참여하면서, 교사와 연구자들은 아이들이 다른 지식내용 속에 이미 선정되어 있는 문제를 통해 학습하기를 원하기도 한다는 것을 알 수 있었다. 아이들은 선정된 문제를 넘어 스스로를 끝없는 탐색 속에 놓아두고, 문제를 재발견하고, 새로운 방식으로 문제를 이해하는 유능한 학습자였다. 아이들은 이미 답이 있는 문제에는 좀처럼 관심을 두지 않는다. 언어 사용과 관련된 위의 예에서처럼, 아이들은 언어를 가지고 리듬을 만들고, 노래를 부르고, 새로운 단어를 발명하고, 낱말을 바꾸고, 낱말을 만들어낸다. 아이들은 이미 규정된 하나의 체계로 언어를 간주하고 모방하기보다는 언어의 창조적 잠재성을 이용하는 것처럼 보인다. 또한 아이들은 종종 주어진 문제의 답이 무엇인지 알고 있음에도 불구하고 오랜 시간 동안 한 문제에만 매달린다. 아이들은 문제를 바로 받아들이지 않으려는 듯하다. 아이들은 마치 구성과 생산의 과정을 즐기는 듯하며 주어진 답을 받아들이게 되면 과정이 끝남을 아는 것 같다.

아이들은 또한 다양한 관점을 통해 지식내용에 접근하면서 문제들을 구성해나가기도 한다. 예를 들어, 유아들은 수학에 접근할 때 심미적 특징들로부터 출발하곤 하는데 수학체계의 심미적 아름다움에 사로잡히기도 했다. 교사가 특정 문제에 초점을 맞추어 프로젝트를 더 깊어지게 하거나 한 부분으로 제한시키고자 하더라도, 문제에 접근하는 다양한 방식들(심미적, 기술적, 윤리적, 시적 혹은 다른 관점을 포함)이 사용될 수 있음을 시사한다. 그러나 프로젝트의 이러한 특성이 서로 다른 학문 영역을 피상적으로 다루어 오히려 혼돈을 초래하는 방식으로 다루는 융합적 성격을 의미하는 것은 아니다. 즉, 문제를 '구성'하는 데 초점이 있다. 처음부터 문제를 정하는 것이 아니라 다른 학문 영역에서 나오는 다양한 관점들의 도움을 받아 문제를 구성해나가고, 이를 통해 문제에 접근하는 방법이 더 깊어지게 되는 것이다. 이것이 바로 시시하고 보편적인 학습 방식에서 벗어나 더 복잡하면서 깊고, 창의적으로 학습에 접근하는 예이다.

몇 년에 걸친 프로젝트 경험으로 아이들은 수학뿐 아니라 다른 지식내용들도 아주 실용적 관점에서 접근할 수 있음을 알게 되었다. 아이들이 학습할 내용은 목적에 맞게 사용될 수 있어야 한다. 아이들에게 의미 있는 맥락이 무엇이며, 어디에서 더 확장할 수 있는지를 고려하며 문제를 구성하고 탐색하도록 도와야 한다. 즉, 아이들이 학습을 지속하도록 동기를 부여받을 수 있는 환경을 준비하는 것까지도 교사의 몫이다.

한 예로, 한 집단의 아이들이 글자를 읽고 쓰는 것에 관심을 가졌다. 아이들은 언어영역에서 글자를 읽고 쓰는 데 시간을 보냈다. 교사는 아이들이 언어의 여러 측면을 학습할 수 있도록 읽고 쓸 수 있는 환경을 구성해두었다. 그리고 몇 시간 동안 아이들을 주의 깊게 관찰했다. 아이들은 자신에게 가장 가까운 문제를 발견했다. 다른 친구들이 쓴 글을 읽고 이해하는 것을 어려워했다. 이 경우 읽기와 쓰기의 의사소통 측면이 문제로 간주할 수 있다. 교사는 다른 친구들이 쓴 글을 읽으려는 아이들의 노력이 계속될 수 있도록 환경을 조성하기 위해 단어상자를 만들기로 했고, 단어를 만들 수 있는 많은 재료들을 준비해두 었다. 아이들은 의사소통이라는 문제를 다양하고 복잡하고 흥미로운 방식으로 장기간 동안 구성해나갔다.

교육적 기록

교육적 기록에도 많은 노력을 기울였다. 지금까지의 교육적 기록은 아이들을 기록할 때 진리나 명확한 사실만을 기록하는 데 갇혀 있었 다. 교사와 연구자들은 아이들이 지금 참여하고 있는 프로젝트를 살펴 보았고, 교육적 기록에서 문제를 읽고자 했다. 교육적 기록은 기록되 어 있는 단어의 재인과 재현의 측면을 의미하는 것이 아니다. 사진 자 료, 관찰기록과 녹음된 자료들을 재인적이고 재현적 측면으로 보는 것 에 문제를 제기한다. '무엇이 실제로 일어났는가'에 초점을 맞추는 것 이 아니라 문제를 구성해나가는 지속적 과정에서 아이들과 함께 교육 적 기록을 함께 '사용'하는 것이다. 교사와 연구자들은 아이들과 문제 를 구성해나가는 동안 교육적 기록을 함께 이용했다. 아이들과 그 기 록들을 다시 방문했고 질문을 던졌다. 시간의 흐름에 따라 학습과정을 나열하는, 즉 지난번에 아이들이 무엇을 했는지를 기억하도록 돕는 질 문이 아니었다. 그것은 우리가 어디에 초점을 두었었는지를 묻는 질문 이었다. 교육적 기록을 통해 프로젝트를 진행하는 과정에서 어떤 질문 들이 만들어지고 있으며, 지금까지 어떤 질문들이 생겨났고, 어떤 도구 와 자료들을 시도했었는지, 문제 구성 과정에 필요한 여러 가능성들이 어디에 있는지를 발견하기 위한 질문들을 찾으려고 했다.

관계적 장으로서의 주관성과 학습

교사와 연구자들은 실천을 하면서 '관계적 장으로서의 주관성과 학습subjectivity and learning as a relational field'에 대한 생각들을 나누기 시작했다. 이 관점에서 볼 때, 아이들, 교사와 연구자, 그리고 학습과정의 내용과 형식은 모두 관계하고 있으며 지속적으로 움직이고 있는 장 속에 존재하고 있다. 인간 주체뿐 아니라 우리가 알고 있는 것으로 나타나는 다른 주체들의 지식내용, 그리고 우리를 둘러싸고 있는 세계milieu 전체 모든 것이 관계적 장 속에 있다. 모든 것이 관계 속에 있으며, 고정된 실체로 다른 실체들을 만나는 것이 아니라 운동 속에 있는 관계 그 자체이다. 우리는 문제를 정해져 있지 않은, 고정적이지 않은 것으로 이해해야 한다. 관계의 장 속에 있는 인간 주체들 역시 한번 정해지면 끝까지 변하지 않는 고정된 실체로 보아서는 안 된다. 학습 내용과 실제 배우는 과정이 뒤엉켜 있고 계속 움직이는 것만큼 인간 주체도 그러하다. 완전히 관계의 맥락 속에 있는 것이다.

아이들, 교사와 연구자들은 저마다 생각하고 말하고, 행동하고 느끼는 독특한 양식들을 갖고 있지만, 지식과 가치가 포함된 공동의 문화를 형성해나가는 과정에 기여한다. 예를 들어 그림을 탐구하는 동안, 어떤 아동은 원급법이나 인물 중 하나를 통해 그림을 그리는 방식을 택할 것이다. 아무도 어떤 방식이 옳은지를 이야기하지 않는 한, 앞에 앉아 있는 다른 아이가 사용하는 그림 방식을 보게 되고, 그림을 그리고 있는 전체 집단의 아이들은 하나를 선택하게 되면 결국 집단 전체가 개별 전략들을 사용하게 된다. 바로, 여기, 그림을 그리고 있는 모든 아이들 간에 학습이 발생한다.

갈등이 일어날 수도 있다. 집단 속에서 일어나는 갈등을 해결하는 하나하나의 방법들이 집단의 문화적 가치의 일부분이 될 수 있다. 한 영아반 교실에서, 낮잠을 자고 있던 영아가 옆 반에서 놀고 있던 언니 오빠들의 소리에 잠에서 깨어났다. 유아반 아이들은 문제를 해결하는 방법을 서로 물었고, 한 아이가 영아반을 지날 때 동생들을 깨우지 않고 어떻게 그 교실을 지나갈 것인지 방법을 제안했고 지도를 그려보자고 했다. 아이들의 제안과 아이들이 만든 지도는 유아학교 전체의 문화적 가치의 일부가 되었다. 유아학교의 모든 사람들이 참여한 가운데 만들어졌기 때문에 문화적 가치가 될 수 있었다.

주체성과 학습에 대한 이와 같은 생각은 형식적인 학교 체제와 미리 정해진 목표에 따라 주체성과 학습과정을 예측, 통제, 관리, 평가하려는 시도에도 시사하는 바가 크다. 학습과 주관성을 관계의 장으로 보자는 생각이 지식내용을 무시하는 것을 의미하지 않는다. 오히려 이와 반대로 앞서 본 것처럼 교사들이 주의를 기울여야 할 부분은 지식내용이다. 그러나 지식내용은 많은 구체적이고 다양한 문제들로 이루어져 있으므로 '문제들을 구성'해나가는 과정을 통해 접근되어야 하며, 좀 더 깊이 있고 더 창의적이고 복잡한 방식으로 지식내용에 접근하자는 의미이다. 지식내용은 관계적 장 속에서 스스로 발견되며 아이들과 교사가 만나는 문제 주변에 있다. 중요한 것은 지식내용과 문제가 지속적으로 운동할 수 있도록 해주어야 한다는 점이다.

'무엇이든 페다고지가 될 수 있다'는 의미가 아니다. 교사들에게 상당한 준비를 요구하는 엄격한 접근이지만 지식내용을 관계적 장의 일부로 생각하기 때문에, 명시되어 있는 학습 목표를 학습과정의 출발점으로 규정하고 개별 아동을 평가하는 데 사용하는 것을 피한다. 대신 교사들은 구체적인 문제를 가지고 접근하는 것이 왜 중요한지를 존재론적, 정치적, 그리고 윤리적인 특징들과 관련시켜 신중하게 정한다. 그러나 철저히 준비해놓았다 하더라도 아이들과 만나면 오로지 실험만 남게 된다.

진행 중인 프로젝트의 첫 번째 결과는 실로 놀라웠다. 기록된 자료를 보면, 아이들은 각각의 특이성으로부터 출발하여 협력적인 방식으로 서로 접속하고, 창의적으로 말하고, 행동하고, 느꼈으며, 우리가 알고 있는 지식내용에다 새로운 것들을 점점 더해나갔다. 아이들은 기존 사실과 규칙들을 배웠으나 학습하는 방식은 기존과 달랐다. 프로젝트 속에서 아이들은 놀라울 정도로 길들여지지 않은 방식으로 행동했지만, 전달과 재현 모방의 논리에 따른 전통적인 교육 관점에서 규정된 지식내용들을 여전히 학습하고 있었다. 아이들이 가져오는 지식내용에 새로운 특징들이 만들어지고 있을 뿐 아니라 아이들 간에 새로운 관계 또한 만들어지고 있었다. 그 관계는 매우 독특했고, 점점 더 특이한 관계로 나아갔다. 그것은 통합의 새로운 방식이었다. 아이들은 각기 독특하고, 절대적으로 특이한 방식으로 프로젝트 과정에 기여했다. 아이들 각각은 집단의 과정 속에서 기여하고 있었기 때문에 집단 속에서 지식과 가치가 협상되고, 구성되고, 지속적으로 운동하는 아주 특별한 문화가 만들어지고 있었다.

이 연구에 참여했던 유아학교들은 아주 흥미로운 과정들을 보여주었다. 주관성과 학습을 관계의 장으로 보며, 실제practice에 활기를 되찾기 위해 교사들은 노력했다. 때로는 다소 예측하기 힘든 실험을 하며 생명력과 강렬함을 잃어버린 환경 속에서 운동과 실험을 되찾고자 했다. 유아교육에서 운동과 실험이 어떻게 나타나는지를 보여준 교사들의 노력은 매우 의미 있다.

2장

이론적 배경:
들뢰즈와 가타리의 관계와 창조, 실험적 경험론

개요

질 들뢰즈Gilles Deleuze(1925~1995)와 펠릭스 가타리Félix Guattari (1930~1992)의 철학은 교육 분야에 상당한 기여를 할 수 있다. 특히, 유아교육 현장에 이론적으로 접근하면서 실제를 통해 운동과 실험이 다시 일어날 수 있도록 하는 데 많은 도움이 된다. 이 두 사상가는 프랑스에서 1970년대와 1980년대에 가장 왕성한 활동을 했다. 들뢰즈는 훌륭한 철학자였고 1968년 박사논문 『차이와 반복Différence et Répétition』을 발표했다.Deleuze, 1968a 그의 박사논문은 데이비드 흄David Hume(1717~1776)(1953, 프리드리히 니체Friedrich Nietzsche(1844~1900)1962, 앙리 베르그송Henri Bergson(1895~1941)1966, 바뤼흐 데 스피노자Baruch de Spinoza(1632~1677)1968b와 같은 철학자들에 관한 저서들이 발간된 후에 출판되었다. 가타리는 파리 근교에 있는 보르드La Borde 병원에서 정신분석학자로 일했고 1960~1970년대에 무장 정치 투쟁에 참가했다.Sauvagnargues, 2005 들뢰즈는 가타리와의 만남이 많은 변화를 가져왔다고 말한다. 가타리의 정신의학 분야에서의 경험과 정치 참여는 그들이 함께 만든 철학이 정치적 실천으로 향하게 했고 더 깊이 관여하게 했다. 각 텍스트의 원저자를 각각 밝힐 필요도 없이, 두 사람의 저술 과정은 공동 작업의 지속이었다.Deleuze & Parnet, 1987

들뢰즈와 가타리는 미셸 푸코Michel Foucault(1926~1984), 자크 데리다 Jacques Derrida(1930~2004), 루이 알튀세르Louis Althusser(1918~1990)와 장 프랑수아 리오타르Jean-François Lyotard(1924~1998)와 동시대 사상가였으 며 이들의 사상은 2차 세계대전과 프랑스혁명 이후에 모두 형성되었다. 1960년대 프랑스는 철학과 사회과학에서 구조주의 사상이 지배했으나 들뢰즈와 가타리의 작업은 분명 처음부터 다른 방향을 가리켰다. 언어 학, 인류학 그리고 정신분석학에서 구조주의는 들뢰즈와 가타리가 구 조를 개방적이고 불안정한 배치로 재규정함으로써 도전을 받게 되었 다.Patton & Protevi, 2003)

들뢰즈와 가타리의 구조에 대한 중요한 생각은 어떤 구조든 첫 번째 조건은 틈이 생긴다는 것으로, 구조나 체제로부터 벗어나거나 탈출하 려는 것이 있다는 것이다. 이는 언어구조뿐 아니라 사회 전체, 심지어 철학사에도 해당된다.Deleuze & Guattari, 1984, 2004 들뢰즈는 이미 그의 초 기 철학서에서부터 구조 내에 있지 않고 구조를 탈출한다는 비담론적 non-discursive 철학을 제시하려고 노력했다. 들뢰즈의 철학적 투쟁은 가 타리를 만나면서 더 구체화되고 정점에 이르게 되었는데, 해석이 갖고 있던 지위에 대한 강렬한 비판과 함께 기호체계를 해체하려는 후기구 조주의 시도에 대안을 제시하기에 이른다. 비담론적 철학은 기호sign 를 언어적 감금으로부터 분리시켰고 불안정하고 개방적 배치라는 개 념을 통해 기호에 '의미작용signifying'의 지위를 주는 것이 가능해졌다. 이제 의미meaning와 의미작용signification의 운반자라는 기호의 지위는 기능으로 대치되었고 기호 존재의 중요성은 그것이 어떻게 기능하느냐에 달려 있다. 기호는 해석에 열려 있는 것이 아니라 실험에 열려 있다. 즉, 언어의 창조적 특성과 화용론적 특성은 언어 그 자체 내부의 풍부성과 생산하는 힘으로부터 나온다.Sauvagnargues, 2005; Deleuze & Guattari, 1984, 2004

이와 같이 들뢰즈와 가타리는 사회 여러 영역의 아직 알려지지 않은 것들에 지속적으로 관심을 가졌다. 그것은 지금까지 당연한 것, 이미 규정되어 있는 것, 정해진 위치가 있는 것으로 여겼던 우리의 사고를 넘어서며, 습관적으로 생각하고 말하고 행동하는 삶의 방식을 뛰어넘는 시도들이다. 그것은 틈의 창조에 초점을 맞추고 있으며 그 틈을 구조나 체제 속에 내재된 비담론, 비해석적 잠재성으로 보는 철학이다. 따라서 구조나 체제는 해체되어야 할 것이 아니라 오히려 활성화되어야 한다.

들뢰즈와 가타리는 첫째, 아이들에게 이미 고정된 위치가 있고 예정된 발달 순서와 과정이 있다고 보는 재인과 재현에 근간을 둔 관점과 둘째, 학습을 지식 전달과 재생산적 모방의 문제로 보는 관점에 도전했다.Deleuze, 1994a; Dahlberg & Moss, 2005 이들의 철학적 관점은 유아교육에서 활기찬 운동과 실험을 가능하게 해준다. 들뢰즈와 가타리의 철학은 정말 독창적이다. 특별히 신비로울 것도 없지만 많은 분야에서 사용될 수 있으며, 우리의 일상과 삶의 실제와 사건에 직접적인 영향을 줄 수 있는 철학 중 하나이다.

들뢰즈와 가타리의 철학은 대단히 복잡하고 쉽게 접근하기 힘들다. 주체성과 학습뿐 아니라 영화, 지구, 뇌와 같은 다양한 분야에 관해서도 저술을 했으며, 글들이 대부분 난해하다.Deleuze, 1989, 1992a, 1994a; Deleuze & Guattari, 1994, 2004 들뢰즈와 가타리는 구조적 폐쇄성에 갇혀서 철학과 주체를 사장시킨 철학자와 연구자들이 언어구조와 같이 중요하게 여겼던 문제에는 관심이 없었다.

들뢰즈와 가타리는 구조나 체제의 첫 번째 조건을 틈으로 보았다. 따라서 지금의 형이상학이 마음에 들지 않는다면 다른 철학을 생산해 내야 하고, 철학자들의 과제는 새로운 개념들을 창조하는 것이 된다. 창조와 생산은 철학사에서 도구상자와도 같다. 즉 오래된 개념들을 다시 불러일으키고, 현 사회에 접속시키며, 지금 상황에 적합한 문제들과 연결시키는 작업들이 바로 창조와 생산이다.Deleuze & Guattari, 1994

마주침과 사유

들뢰즈와 가타리의 철학은 사고가 사고를 창조해낸다는 독특한 사유를 제공한다. 이것은 기존의 철학사가 사고를 다루던 방식과 다르다. 스핀들러Spindler 2006는 지금까지의 모든 위대한 철학적 체계는 '사고에 대한 기초 원리를 규정하는 것이 필수적이다'라는 발상에서 시작했다고 보았다. 철학자들이 사고를 비물질적이고 내재적으로 보았다 하더라도 기초 원리들은 공간적 용어로(토대를 내리고, 짓고, 건설하고, 드러내는 등) 기술되어왔다. 이와 같이 철학자들은 체계적 사고를 위한 지반을 마련하는 일에 줄곧 몰두해왔다. 바로 이 지반이 앞서 말했던 인간의 사고를 정박시키는 고정된 장소이다. 이 조건에서 사고란 안정성, 체계적 구성, 선형성과 범주화에 의해 표기된다. 이러한 사고는 습관에 의해 조직되고, 체계화되고 표기되는 삶을 만들어낸다.

이러한 사고에 반대하며, 들뢰즈와 가타리는 정착하지 않고 안정된 장소가 없이 활동을 수행하는, 유목적 사고nomadic thinking를 제안했다. 유목적 사고는 규칙과 관습을 해체시킬 뿐 아니라 예상할 수 없는 새로운 방식으로 서로를 연결시킨다. 유목적 사고를 단순히 정착적 사고와 반대 개념으로 이해해서는 안 된다. 유목적 사고는 사고가 가능하기 위해 토대를 마련하고 그 장소를 조직하는 행위가 불가피함을 인정하지만 그 행위를 멈추지 않는 대담하고 위험한 창조 행위로 본다. 여기서 위험하다는 말은 그 과정에서 사고가 고유한 기반과 조건을 끊임없이 잃어버리기 때문이다. 사고를 가능하게 하는 기반과 조건, 그리고 사고 행위는 부서지기 쉽고, 일시적이며 지속적으로 운동하는 특징을 갖고 있다. 유목적 사고는 사고와 동시에 사고의 조건을 매 순간 만들어가는 용기를 필요로 한다.^{Spindler, 2006}

사고가 스스로를 창조한다는 말이 이상하게 들릴 수 있으나, 이것은 아무것도 없는 진공 상태에서의 자기창조의 수행을 의미하는 것이 아니다. 들뢰즈는 철학사가 말하는 내재성의 사고와 달리, 사고는 마주침과 관계를 통해 구성된다고 보았다.

> 세상 속의 무엇이 우리를 사유하게 한다. 이 무엇은 재인의 대상이 아니라 근원적인 마주침encounter이다.^{Deleuze, 1994a: 139}

마주침은 사고를 혼돈의 힘 속으로 몰아넣기 때문에 폭력적 특성을 갖고 있다. 당신이 진정으로 사유한다는 것은 그것에 푹 빠져든다는 것을 의미한다. 우리가 그 속에 푹 빠져 있을 때 사고는 더 이상 존재하지 않는다. 자신의 참조 체계reference를 잃어버린 것과 같은 어지러운 기분이 들게 한다. 그러나 마주침은 우리가 전혀 몰랐던 우주에 접근할 수 있게 하므로 아주 즐겁고 긍정적인 일이다.

실험적 경험론

들뢰즈와 가타리가 말하는 사고는 관계와 마주침 속에서 항상 창조되는 것으로서 재인이나 재현의 사고와는 달리 실험적 특성을 띤다. 여기서 말하는 실험이란 모든 변수를 통제하여 기대되는 결과를 얻으려는 생명성 없는 그런 실험과 완전히 다른 의미이다.[Deleuze, 1994a] 실험이란 아직 발견되지 않은 것에 대한 관심으로, 발생하는 것, 새로운 것, 그리고 진리를 재현하고 재인하는 것 그 이상이다. 실험으로서의 사고는 새롭고, 재미있고 독창적인 것이다.

> 사고한다는 것은 실험하는 것이다. 그러나 실험은 늘 발생과정 속에 있다. 그것은 새롭고, 놀랍고, 재미있는 것으로 진리의 외현을 대체시키고 그 이상을 요구한다.[Deleuze & Guattari, 1994: 111]

들뢰즈와 가타리 철학의 가장 큰 장점은 다양한 분야에서 활용될 수 있다는 점이다. 웬저Wenzer[2007]는 스웨덴의 도시 예테보리에서 음악과 독립영화를 만들 때 이 이론을 토대로 작업을 했었고, 담키에르Damkjaer[2005]는 머스 커닝햄Merce Cummingham의 안무와 들뢰즈의 글에서 운동의 미학을 다루며 학제 간 연구를 진행했다. 들뢰즈와 가타리의 철학이 무척 까다로움에도 광범위하고 다양하게 이용될 수 있는 이유는 그들의 사유가 지니는 정밀한 추상성과 복잡성에 있다. 추상성 그 자체를 목표로 추상화하는 것이 아니라 구체적인 일상생활을 새롭고 다른 방식으로 바라볼 수 있도록 추상화한다. 유목적 사고란 매우 추상적이고 복잡하지만, 한편으로는 일상적 삶의 법칙과 관습에 더 이상 의존하지 않고 사유를 펼칠 수 있는 조건을 창조할 정도로 정교하다.

사고를 가능하게 하는 조건들이 이렇게 변할 때, 우리가 아직 알지 못하는 방식으로 사유하고, 말하고, 살아가는 것이 가능해질 것이다. 우리가 삶의 실제를 협소하게 보거나 체계화시키려고 할 때 들뢰즈와 가타리의 철학은 복잡하게 느껴진다. 삶의 모순을 설명하기에 적합한 철학처럼 보이지만, 사실, 우리의 삶은 모든 단계마다 복잡하며 변화를 반복하고 지속하는 관계의 일부분들이다.Deleuze & Guattari, 2004

들뢰즈와 가타리는 철학이 우리의 일상에서 일어나는 실제와 매우 가까이 있음을 보여준다. 철학이란 세계나 사람들에 대한 지식을 담고 있는 이론(인식론)도 아니고 이론을 적용해보고 틀리면 비판하는 철학적 체계도 아니다. 한마디로, 인식론이 아니다.Deleuze, 2001; Deleuze & Guattari, 2004 실재reality의 생산과 생산 그 자체가 지속된다고 보는 존재론적 접근이다. 그것은 여러 사례들과 사유가 만나면서 만들어진다. 그 마주침은 바로 기능하고 있는 우리의 일상에서 발생한다.

따라서 들뢰즈의 경험론은 철학의 인식론적 전통에서 말하는 경험론과 다른, 특별한 형태로 이해해야 한다. 그것은 사고와 실제practice의 불안정성과 끊임없는 생산을 설명해주는 길들여지지 않은 경험론이다. 들뢰즈2001에 따르면 경험론은 지금까지 철학사에서 설명한 것보다 훨씬 흥미로운 특징들을 많이 갖고 있다. 따라서 추상적 사고를 통해 조직하고 체계화하려는 노력은 중요하지 않다. 지금까지 추상적이고 논리적인 사고를 통해 체계화시키고 조직화할 필요가 있다고 간주해온 원자론적 감각들은 우리 삶의 산물로 이미 실재한다. 생각하기 전에 삶은 거기there에 있으므로 결코 전체로부터 구분되거나 체계화될 수 없다. 우리의 사고는 여기, 지금here의 삶의 경험을 더 높은 수준으로 조직하고 체계화시키는 원리에 따라 기능하지 않는다.

따라서 들뢰즈와 가타리의 철학적 사유에서 경험론은 마주침을 통해 창조되는 사고를 설명하는 다원적 경험론으로 볼 수 있다. 실제로부터 나오는 사례들과 이와 관련된 이론적 개념들을 통해 철학에 접근하기 때문에 어떤 실제라도 흥미롭다. 그것은 새롭고, 흥미롭고, 놀랄 만한 무엇인가를 제기할 수 있게 하는 철학적 개념과 실제 삶 속의 사례들과의 마주침이다.Deleuze, 1989, 2001

마주침과 관계 속에서 사고가 서서히 스스로를 창조해나간다는 들뢰즈와 가타리의 철학적 관점은 실험적이고 경험적인 특징을 갖고 있다. 실제에 활기를 되찾고 운동과 실험이 일어날 수 있도록 하려는 유아학교들이 이들의 철학적 관점에 관심을 가졌다. 운동을 실제에 도입하려는 유아학교들에게 특히 유용했다. 들뢰즈와 가타리는 사고가 마주침과 관계를 통해 창조된다고 보았고, 주체성과 학습을 관계적 장을 통해 설명하고 있다. 뿐만 아니라 실험이라는 동일한 용어를 사용하지만, 변수를 통제하고 예측되는 결과를 상정하는 것이 아니라 새롭고, 재미있고, 놀랄 만한 것에 초점을 맞춘다는 점이 강렬하고 예측 불가능한 실험을 하려는 유아학교들의 욕구와 잘 맞았다. 마지막으로, 들뢰즈와 가타리의 철학은 유아교육 환경에서 발생하는 실제와 연구의 밀접한 관계 형성이 왜 이토록 중요한지를 설명하기 위한 이론적 관점으로도 적합하다. 들뢰즈와 가타리의 철학은 유아교육의 실제와 연구에서 운동과 실험이 어떻게 작용할 것인지에 관한 문제를 구성할 때 상당한 가치가 있을 것이다.

들뢰즈와 가타리의 주요 글과 개념들

들뢰즈와 가타리의 공동 저서에 기술된 글과 개념들이 본 연구의 이론적 핵심 토대가 된다. 이들의 사유는 니체, 베르그송과 스피노자와 같은 철학자들로부터 영향을 받았으나 본 연구에서는 그들의 공동연구에서 사용했던 방식으로만 언급한다.

들뢰즈의 단독 저서인 『의미의 논리The Logic of Sense』2004b와 『차이와 반복Difference and Repetition』1994a은 5장 방법론적 접근에서 '사건event'의 개념을 사용하는 데 도움이 되었다. 『순수 내재성: 삶에 대한 에세이Pure Immanence: Essays on A Life』2001는 4장 이론과 실제 사이의 강렬하고 예측 불가능한 공동 실험에 의해 표시되는 관계에 대한 발상의 근원이 되었다. 가타리의 단독 저서인 『카오스모시스: 윤리-심미적 패러다임Chaosmosis: An Ethico-Aesthetic Paradigm』1995과 『안티 오이디푸스에 대하여Ecrits pour L'Anti-Oedipe』2004 역시 본 연구에서 유용한 이론적 토대가 되었다. 두 권 모두 그렇지만, 특히 첫 번째 책은 윤리적 문제에 대한 정치적 관점을 이끌어냈으며, 본 연구에서 심미-윤리적 토대를 마련하는 데 도움을 주었다.

들뢰즈와 가타리는 함께 출간했던 저서들에 대한 기여를 구분하지 않았다. 저작권에 대해 난해하게 설명한 부분을 찾아보면 흥미롭다. 먼저 『천 개의 고원』에서는 "우리 둘 중 두 명이 『안티 오이디푸스Anti-Oedipus』를 함께 썼다. 우리 각각은 여러 명이기 때문에, 이미 꽤 큰 집단이었다"p. 3라고 말했다. 이처럼 들뢰즈와 가타리는 서로 아주 긴밀하게 협력했기 때문에, 단독 저서에 나온 글들을 제외하고는 대부분을 '그들의 철학'으로 명명할 것이다.

본 연구의 목적은 유아교육의 실제와 연구에서 운동과 실험이 어떻게 작용하는가의 문제를 구성하는 데 있으며, 이를 위해 들뢰즈와 가타리의 방대한 철학으로부터 몇 가지 핵심 개념들을 선별했다.

핵심 개념들은 다음과 같다.

- 미시정치학micro-politics과 분할성segmentarity
- 초험적 경험론transcendental empiricism
- 사건event
- 욕망의 배치들assemblages of desire

이들에 대해서는 다음 장에서 더욱 자세히 논의할 것이다.

들뢰즈와 가타리의 철학을 토대로 운동과 실험에 대한 이론을 구성하고자 한다면, 시간과 공간에 대한 그들만의 사유를 먼저 만날 수밖에 없다. 이로 인해 이론으로 다가가는 길의 출발점이 달라졌다. 실제에서 나온 사례들과 이론적 개념들 '사이in between'[1]의 마주침을 토대로 연구가 이루어졌기 때문에, 개념을 실제에 적용시키는 것은 본 연구의 목적이 아니었다. 오히려 실제와 함께 기능하는지를 기준으로 이론적 개념들이 선택되었다. 본 연구에서는 앞서 언급했던 네 가지의 개념을 중요하게 다룬다. 왜냐하면 그 개념들이 유아교육 실제를 통해 운동과 실험을 회복하고자 하는 노력과 가장 잘 부합되기 때문이다. 본 논문을 쓸 때 들뢰즈와 가타리의 다른 여러 저서들도 보았으나, 특히 네 가지 핵심 개념을 설명하는 유용한 글들이 많이 포함된 『안티 오이디푸스: 자본주의와 정신 분열증Anti-Oedipus: Capitalism and Schizophrenia』,[1984] 『천 개의 고원: 자본주의와 정신 분열증 2 A Thousand Plateaus: Capitalism and Schizophrenia 2』,[2004] 『의미의 논리』,[2004] 『순수 내재성: 삶에 대한 에세이』[2001]와 『철학이란 무엇인가?What is philosophy?』[1994]를 참고했다.

다음으로 본 연구와 관련된 선행 연구들을 고찰하고, 유아교육 분야와 들뢰즈와 가타리의 관련성에 대해 기술하고자 한다. 실제와 이론적 자원에서는 세 가지 핵심 사항들을 제시할 것이다. 이 핵심 사항들은 연구 질문들로서 본 연구 전반에 걸쳐 문제의 구성을 안내할 것이다. 그리고 들뢰즈와 가타리의 저서와 개념이 본 연구에서 어떻게 사용되었는지를 보다 자세히 기술할 것이다.

들뢰즈와 가타리의 관련 연구들

본 연구는 가능한 들뢰즈와 가타리의 원저에 충실하고자 했으나 이론적 배경에서는 들뢰즈와 가타리와 관련 있는 연구나 그들에게 영감을 받은 유아교육 분야의 연구들이 일부 포함되었다. 앞서 언급했듯이, 다른 여러 분야에서도 많은 학자들이 들뢰즈와 가타리의 글을 가지고 와서 다양한 방식으로 사용했다. 들뢰즈와 가타리의 원저뿐 아니라 브라이언 마수미Brian Massumi[2002, 2003]의 최근 연구도 본 연구에서 부분적으로 사용되었다. 마수미는 문화연구 분야에서 운동의 문제를 다루기 위해 이들의 저서들을 사용했다. 문화연구는 유아교육과 완전히 다른 분야이다. 그러나 마수미는 유아교육에서 하려고 하는 것과 매우 유사하게 들뢰즈와 가타리의 목소리를 통해 문화연구 분야의 문제를 잘 드러내고 핵심 사항을 찾아내고 이를 통해 운동을 설명했다. 마수미가 문화연구 분야를 다루는 방식은 본 연구에서 유용하게 쓰였다. 마수미가 찾아낸 핵심 사항 중 하나인 현대사회의 정치·윤리적 특성에 대한 그의 의견은 본 연구에서 유아교육 분야가 직면한 현재의 특수한 상황들과 관련시켜서 연구문제를 이론적이고 정치적으로 놓고 보는 데 매우 유용했다.

마수미 연구의 핵심 사항을 살펴보면 그는 위치, 과학에서의 비판적 사고, 개인/사회의 이원론을 다르게 개념 짓고 있다. 운동성과 실험성을 설명하려면 위치보다는 과정에 초점을 맞추어야 한다. 또한 과학을 비판적 의제로만 국한시키는 것이 아니라 과학이 발명과 생산에 참여하고 있음을 인정해야 한다. 끝으로, 개인/사회의 이원론을 인과관계로 설명하는 것이 아니라 개인들과 사회들이라는 구성되고 상상되는 실체들 '사이'에서 발생하는 것을 어떻게 다룰 것인가를 설명하기 위해 다른 논리를 찾아야 한다.

마수미는 위의 핵심 사항을 현대사회와 연결 지어 해석한다. 그는 현대사회에서 지배가 몸과 삶의 방식을 확장시키는 우리의 욕망을 조절함으로써 어떻게 우리의 얼굴과 하는 일들을 바꾸어놓았는지를 보여준다. 스피노자에 영감을 받아, 마수미는 새로운 형태의 지배를 설명하기 위해 '감응affect'이라는 용어를 사용했다. 스피노자는 감응을 몸의 잠재성을 설명하기 위해 사용했다. '몸은 무엇을 할 수 있을까?'라는 스피노자의 이 질문은 오늘날 이전보다 훨씬 더 중요하게 우리 삶의 한 부분이 되었다. 오늘날 지배governing란 우리의 욕망을 조절하여 우리 몸과 삶의 방식을 확장시키도록 작용한다. 즉, 우리의 감응적인 잠재성affective potential을 확장시키는 것이다. 이와 같은 방식으로 스피노자는 지배가 외부로부터 우리에게 규율을 부과하는 것이 아니라 감응의 특질 내에서 지배가 스스로 자리를 잡게 됨을 설명했다. 이것에 비추어 마수미는 감응을 조절하려는 이와 같은 지배적 힘에 맞서 싸우는 것이 아니라, 소속의 윤리학과 정치학 내에서 스스로 욕망을 생산하고 감응을 조절하는 데 참여하는 것과 관련된 연구가 필요하다고 한다. 즉, 삶의 독자적 순간마다 잠재성을 공동으로 실험하는 데 참여하라는 것이다.

이와 같이 핵심 사항과 윤리학과 정치학의 특질은 유아교육 실제와 연구 분야에서 운동성과 실험성의 문제를 풀어내는 데 유용하다. 그래서 마수미의 최근 연구들이 들뢰즈와 가타리의 원저와 별개로 본 연구에서 가장 중요한 이론적 자원으로 사용되었다.

들뢰즈와 가타리의 철학에 입문하는 데 있어, 프랑수아 주라비쉬빌리François Zourabichvili 2003의 역할이 컸다. 그는 들뢰즈의 개념을 설명하기 위해 적합한 논리가 필요하다고 생각했고, 알파벳순으로 된 '들뢰즈 개념 사전Deleuzian vocabulary'을 만들었다. 이 책은 은유로 표현된 들뢰즈의 많은 개념들이 잘못 이해되는 것을 방지하고 들뢰즈가 창조해낸 새로운 개념들 속에 일관되게 녹아 있는 내재성immanence이라는 주제에 논리적 일관성을 부여하는 것이었다. 주라비쉬빌리2003는 들뢰즈가 했던 완전히 다른 형이상학을 만들어내려는 시도를 지금까지의 철학사가 수용해왔던 방식과 다른 논리로 이해해야 한다고 주장한다. 들뢰즈는 새롭고 전혀 다른 사고의 조건을 보여주면서 분명하면서도 엄격한 논리를 기반으로 하고 있다.

안 소바냐르그Anne Sauvagnargues 2005는 주라비쉬빌리와 마찬가지로 들뢰즈의 사유에 쉽게 다가갈 수 있도록 하는 매우 믿을 만한 자원을 제공했다. 그녀의 연구는 들뢰즈와 가타리가 제시한 복잡한 개념들과 그 기원, 예를 들어 니체가 제안한 영원 회귀의 개념, 베르그송이 다룬 시간 개념, 스피노자의 더 깊은 수준에서의 감응과 내재성의 평면이라는 개념들을 이끌어내는 방식을 통해 영감을 주었다.

마누엘 데 란다Manuel de Landa 2002의 과학과 철학의 융합적 시도 역시 본 연구에 영향을 주었다. 그는 들뢰즈의 복잡한 개념들에 다른 각도로 접근하면서 들뢰즈 사유의 수학적 원천에 초점을 맞추었다.

본타Bonta와 프로테비Protevi 2004는 사회과학의 복잡성 이론complexity theory을 토대로 정치적 설명을 한 들뢰즈와 가타리의 사유를 지질철학과 연결시켰다. 복잡성 이론은 서로 다른 종류의 체계들이(유기적, 무기적 체계와 사회적 체계) 외부 요인이나 조직적 개체에 의존하지 않고 어떻게 내부 복잡성과 체계적 행동 수준으로 동시에 구성되는지를 연구할 때 이를 설명해준다. 복잡성 이론에 따르면, 체계는 자기-조직적이고 자기-생산적이다. 그러나 항상성의 규칙에 따르지 않으며 일정한 질서에 따라서 움직이지 않는다. 체계는 자유롭게 열린 채로 임의로 생산하고 조직한다. 본타와 프로테비2004는 들뢰즈와 가타리가 복잡성 이론을 토대로 정치적 설명을 한 것이 주로 구조/행위주체structure/agency에 대한 논쟁인, 사회과학 연구에서의 가장 중요한 딜레마 중 하나를 해결했거나, 그것에 새로운 설명을 가능하게 해주고 있다고 제안했다.

끝으로, 들뢰즈와 가타리의 철학은 유아교육기관에서 일어나는 몇 가지 메커니즘, 특히 변화가 어떻게 발생하는가를 이해하는 데에도 유용하다. 본 연구에 참여한 유아학교에서 변화를 결정하는 것은 기관을 둘러싼 어떤 형태의 언어, 사회, 역사, 정치 혹은 경제 구조도 아니었고 체계 속의 개인들의 기여도 아니었다. 그것은 복잡하고 자기-조직적이고 자기-생산적인 체계 내에서 발생한다. 실제 변화는 우리의 등 뒤에서 몰래 다가와 예상하지 못한 채 이루어졌기 때문에 어떤 인과관계로도 쉽게 설명하지 못한다.

유아교육과 관련된 연구들

들뢰즈와 가타리는 재인과 재현의 사유의 전통에 속해 있지 않다. 그렇다고 변화에 도전한 유일한 사상가들도 아니다. 앞서 언급했듯, 유아교육 분야에서 이미 많은 관련 연구들이 이루어져왔다. 특히 후기구조주의와 해체주의에 상당히 기여했다.Hultqvist, 1990; Dahlberg & Lenz-Taguchi, 1994; Cannella, 1997; Dahlberg & Moss, 2005; Dahlberg, Moss & Pence, 2007 푸코에 영감을 받은 담론 분석과 해체 연구를 통해, 지금까지 당연한 것으로 받아들였던 아동, 아동기, 유아교육기관과 유아교사에 대한 진리들이 역사 속의 특정 시간과 공간 속에서 만연했던 담론 체제나 진리 체제의 생산물로 분석되고 해체되었다. 이 연구자들은 근대시대에 나타났던 사유들에 문제를 제기하고 있다. 푸코1973, 1977가 말했듯이 당시 인간 주체는 왕과 사유재산제를 통해 통치 받는 세습 모델 속의 봉건 주체였고 지금은 근대의 국민국가와 중앙정부기구에 의해 통치되고 있으며 인간 주체는 이제 시민이 되었다. 근대 국민국가는 인간 주체를 계급, 성과 인종에 따라 문화적으로, 생물학적으로, 그리고 근본적인 방식으로 규정한다. 지금 우리 사회에서 이루어지는 이와 같은 통치는 어떤 인간 주체도 국가의 감시로부터 벗어날 수 없게끔 중앙정부기구가 모든 것을 볼 수 있도록 하는 방식으로 나타난다. 사회제도는 중앙정부와 공명하면서 특정의 주체와 특정의 사회를 위해 기능한다. 이때 주체는 자유롭고 합리적인 시민을 말하며, 사회는 진선미를 추구하며 성장하는 상상 속의 사회를 말한다. 산업화와 도시화 과정을 통해 우리의 삶을 공간적으로 분절시켰고, 시민 개개인은 가족, 학교와 직장에서의 삶을 통과해야 하는 정해진 선이 있고, 삶은 이와 같이 절차가 되었다.

후기구조주의 연구자들은 이와 같은 생각들을 통해 지배와 주체화subjectification를 좀 더 거시적인 맥락에서 보게 함으로써 유아교육 분야와 연관시켰다. 연구를 통해, 역사 속의 특정 시대가 아동기, 아동 그리고 유야교육기관에 어떠한 영향을 미쳤는지를 볼 수 있게 해주었다. 푸코의 분석 방법을 따라, 이들은 선good과 진리truth의 명목하에 이루어진 지배를 더 복잡하게 볼 수 있도록 했고, 과학적 지식, 특히 발달심리학 내에서 지식 전체가 권력과 뒤엉켜 '정상normal' 아동이라는 주체성을 생산하는 데 어떻게 기능을 하는지를 보여주었다. 아동의 정상화는 특정한 방식으로 아이가 존재하는 것을 규정하여 포함과 배제로 나뉘도록 하는, '발달'이라는 개념을 통해 아동을 재현하고 분류하고, 측정하는 일이다.

유아 학습과 관련하여 지금 우리가 갖고 있는 강력한 두 이미지는 '자연으로서의 아이the child as nature'와 '문화, 정체성과 지식의 재생산자로서의 아이the child as reproducer of culture, identity and knowledge'이다.Dahlberg 외, 2007 '자연으로서의 아이'는 생물학적으로 미리 결정되어 있다고 보는 아동관으로, 발달과 학습과정을 정해진 발달 단계에 따르는 것으로, 즉 본유적이고, 자연적이며 생물학적 현상으로 본다. 발달심리학의 과학적 이론을 통해 아동의 발달은 규정된 기준에 따라 예측, 준비, 감독과 평가가 가능한 것으로 여겨진다. 이러한 맥락에서 학습은 완전히 탈맥락화되어 있으며, 발달은 아주 초기부터 규정되어 있고 아이들이 규정된 도식에 따라 발달하지 않을 때 본유적으로 문제가 있는 것으로 간주된다.

'문화, 정체성과 지식의 재생산자'로 보는 아동관에서 아이는 비어 있는, 백지상태이다. 이 관점에서 아동은 항상 '준비되지 않은' 상태이며, 문화와 정체성 그리고 지식을 채워야 하는 결핍된 아동이다. 아동은 성인들로부터 온 문화, 정체성과 지식이 포함된 미리 정해진 내용들을 학습해야 하고 그 내용에 적응하고, 내면화해야 한다. 또한 보편적인 단계에 따라 정해진 순서대로 발달해야 하고, 이후 배운 내용들을 가능한 한 정확하게 재생산할 수 있어야 한다. 자연으로서의 아이는 '개별individual' 아동으로도 표현된다. 이 역시, 미리 정해져 있는 발달곡선으로 표현되며, 아동의 능력은 내재적이고 자연적이나 아동을 측정하는 논리 내에서 개별 아동이 초점이 된다. 따라서 개별 아동이 자연스러운 상태에서 어디에 위치하는지, 이후 미리 정해진 발달곡선의 어디에 놓일 것인지를 판단하는 것이 중요하게 된다.

본성적 아이와 재생산적 아이, 두 이미지는 공존하며 동시에 작용한다. 개별 아동에 초점을 맞추면서, 유아기의 정체성에 개별적, 자연적, 그리고 발달하는 아동이라는 미리 결정된 개념을 형성시킨다. 따라서 교육 과제는 개별 아동에게 적절한 순간에 적절한 도움을 제공하여 아동이 적절하게 발달할 수 있도록 하는 것이 된다. 발달적 도움에 따라서 개별 아동은 아동이 발달정상곡선을 따르느냐 따르지 못하느냐의 지표로 나타난다. 발달적 결핍을 발견하면, 교사는 결핍을 감지하는 사람이자 발달 문제의 관찰자로 기능한다.Dahlberg & Lenz-Taguchi, 1994 아동이 발달한다는 것은 의심할 여지 없이 사실이며, 아동이 적절하게 발달할 수 있도록 도와야 한다는 것 역시 마찬가지이다. 앞의 연구들에서는 유아교육과 유아교육기관이 국가의 연장선으로 기능하며, 아동기라는 기간이 시민을 교육시키고 통치하기 위한 도구로 사용되어왔음을 보여주었다. 개별 아동뿐 아니라 미래 사회 전체가 유아학교라는 기관을 통해 지배되고 있다. 이와 같은 방식으로, 근대사회의 유아교육기관은 아주 구체적인 교육 목표, 교육 내용과 교육 형식을 갖게 되었다.

최근, 후기구조주의와 해체주의 연구자들은 끊임없이 변화하는 현대사회에서 새로운 문제에 봉착했다. 니콜라스 로즈Nikolas Rose[1999]와 마이클 하트Michael Hardt와 안토니오 네그리Antonio Negri[2002]가 예로 들었듯이, 지속적인 변화로 인해 우리는 더 이상 분리된 국민국가 내의 규정된 사회 속에 살고 있지 않다. 우리는 새로운 테크놀로지와 네트워크 시스템 내의 의사소통 채널을 통해 사람, 재화와 상품들이 지속적으로 국경을 넘나드는 포스트모던 사회와 글로벌 정보화 사회에 살고 있다. 우리는 더 이상 중앙정부기구에 의해 지배받지 않는다. 우리는 한 개인이며, 자율적이고, 국경을 넘나들며, 삶의 방식을 선택할 수 있는 있기 때문에 다수적이고, 파편화되어 있으며 혼종적인 정체성을 가질 수 있는 유연한 주체이다. 따라서 포스트모던 사회에서 정부는 더 이상 중앙집권체로서의 역할을 하지 않는다. 우리 사회의 많은 기관들은 점점 민영화되어가고 기호에 따라 서비스를 선택하고 살 수 있게 되었다. 따라서 통치는 더 지엽적인 방식으로 발생한다. 이제 우리의 삶은 디 이상 완전히 다른, 구획이 나뉜 공간 속에서 분리되어 존재하지 않는다. 네트워크 속에서 원거리에서 일할 수 있고, 집이란 잠깐 동안 머리를 대고 휴식을 취하고 싶을 때 쉬는 공간이다. 또한 학습은 전 생애에 걸쳐 다양한 장소에서 발생한다.

후기구조주의와 해체주의의 영향을 받은 유아교육 연구자들은 사회 변화를 반영해 아동에 대한 새로운 정체성인 '유능하고, 자율적이며 유연한 아동competent, autonomous and flexible child'이 등장했음을 감지했다.Fendler, 2001; Dahlberg, 2003; Popkewitz & Bloch, 2001; Dahlberg & Hultqvist, 2001; Bloch, Holmlund, Moqvist & Popkewitz, 2003; Brembeck, Johansson & Kampman, 2004; Dahlberg & Moss, 2005 '유능하고, 자율적이며 유연한 아동'이란 독립적이고, 문제해결력을 갖고 있으며, 자기-반성을 통해 자기 학습과정에 책임을 질 수 있는 아동을 말한다. 따라서 아동은 배우려는 욕망과 능력을 갖고 있고, 스스로 질문하고, 문제를 해결하고 답을 찾도록 격려를 받는다. 이러한 이미지는 발달심리학에 의존하는 '개별적, 자연적 혹은 발달적인' 아동이란 개념에 도전이 된다.

앞의 연구자들이 보여준 것처럼, 지속적인 사회 변화는 새로운 아동에 대한 이미지에 반영된다. 이들은 어떻게 하면 지배를 덜 받는지의 문제가 아니라 다른 종류의 지배를 받는 것의 문제임을 알려준다. 아동의 몸이나 마음 혹은 도덕적 행동은 교육적 노력에 의해서만 영향을 받는다고 말할 수 없다. 이제 이것은 아동의 내적 욕망에 도달하느냐의 문제이다. 교사들은 아이들이 배우고 싶어 하도록 느끼게 하고 자율적이고 유연하게 문제를 해결하면서 학습한다는 새로운 논리에 적응하려고 노력해야 한다. '유능하고, 자율적이며 유연한 아동'의 이미지에서는 개별 아동에 초점이 맞추어지는 것이 더 명확하고 분명하다.

지금까지와 다른 아동을 측정하는 새로운 지도가 그려지고 있는 것 같다. 이제 우리는 개별 아동이 자신만의 성장 역량을 갖고 있다고 본다. 따라서 정해진 목표와 규준에 의해 측정되는 것이 아니라 아동의 자기성장 역량을 측정한다. 발달심리학을 기반으로 한 발달 도식에 근거해 측정하는 것이 아니라 자율적이고 유연한 행동의 정도를 역량으로 정의하고, 이를 지역적 맥락 또는 세계적 맥락에서 측정하게 된다.

위의 연구자들은 유아교육 분야의 이러한 변화로 인해 유아교육기관이 더 이상 국가기구의 확장이라는 역할을 하지 않는다고 주장한다. 과거 어느 때보다 민간 유아교육기관이 급증하고 있고 각 기관은 고유의 프로파일을 개발할 수 있다. 부모들은 사는 곳과 상관없이 개인의 취향에 따라 어떤 기관에 아이들을 보낼지 결정할 수 있다. 현대사회의 다른 많은 기관처럼 유아교육기관은 더 이상 중앙정부기구의 연장선에 있지 않으며 기관마다 그들이 속해 있는 지역과 네트워크에 훨씬 더 밀접하게 연결되면서 서로 다른 모습을 만들어내고 있다. 연구자들이 보여준 것처럼 우리 사회 곳곳에서 자율적이고 유연한 행동을 추구하는 경향들이 나타나고 있다.

정부가 중앙관리기구로 역할을 하지 않는, 이와 같은 새로운 관리 체제 속에서 우리는 개인의 선택과 행동을 통해 각자의 삶을 설계한다. 학생들만 '유능하고 자율적이며 유연해야' 하는 것이 아니다. 오늘의 사회를 살아가는 우리 모두는 지속적으로 배우는 과정 속에 있으며 각자의 삶에 책임을 져야 한다. 이와 같은 주체에 대한 새로운 논리와 이미지 속에서 '평생학습'이라는 용어가 탄생했다. 유치원, 학교, 그리고 직장은 더 이상 분리된 단위가 아니다. 우리는 이제 사회의 모든 영역을 통해, 전 생애에 걸쳐, 새롭게 배우는 평생학습을 추구한다.

일부 페미니스트 유아교육학자들은Walkerdine, 1997; Lenz-Taguchi, 2000; Blackman & Walkerdine, 2001 유아교육을 이론적으로 접근하는 것이 주체의 행위 가능성을 없애고 때로는 주체를 담론에 투영된 모습만으로 축소시킨다며 반대한다. 이들은 언제 어디서든 작용 가능한 담론의 다수성을 주장하고 있으며, 해체뿐 아니라 주체 재건을 위한 연구의 필요성을 주장한다. 예를 들어, 데리다로부터 해체주의에 영향을 받은 렌즈 타구치Lenz-Taguchi2000는 교육적 기록을 통해 협력 작업을 하던 세 명의 유아교사를 실험했다. 그 과정에서 해체주의적 대화를 통해 집단적 생애사와 스토리라인 해체가 이루어졌다. 즉, 해체를 시도했을 뿐 아니라 아동과 교사의 주체성의 재건 가능성을 연구했고 교육적 기록을 실천하면서 아이들과 교사들은 자율성을 갖게 되었다.

엘리자베스 노딘 헐트먼Elisabeth Nordin-Hultman2004 역시 후기구조주의 시각에서 연구를 진행했다. 스웨덴과 영국의 교실 환경을 통해 스스로를 드러내고 있는 주체성과 학습에 대한 견고한 담론 체제 discursive regime를 해체했다. 또한 사건을 결코 예측할 수 없는 것으로 여겼던 푸코의 방식을 따르면서 더 나아가 사건 발생 순간에 사건이 스스로를 구성하는 것으로 보았다. 즉, 아이들은 교육 환경과 교육 자료를 마주했을 때 자신과 환경/자료가 동시에 변화하는 마주침에 사로잡혀 있음을 발견하게 된다. 사건으로서의 교육 환경 속에 아이들과 교사, 심지어 공간과 가구조차 되기의 과정 속에 있음을 스스로 발견한다. 교육 환경을 가능성 풍부한 사건으로 보도록 하는 그녀의 제안은 들뢰즈와 가타리의 사건에 대한 개념에 가장 가깝다.

여기서 언급된 연구들은 유아교육 분야에서 반복되고 있는 주체성과 학습에 대한 고민을 공유한다는 점에서 본 연구에서도 중요한 역할을 한다. 선행 연구들은 본 연구의 연구 목적을 구체적으로 구성하는 이론적 도구로 중요한 출발점이 되었다.

유아교육 분야의 들뢰즈와 가타리 관련 연구

유아교육 분야에 들뢰즈와 가타리의 철학을 도입하는 데 강력한 기여를 했던 최초의 연구는 1970년대 파리에서 들뢰즈와 가타리와 함께 가까이서 연구를 했던 리안느 모제르의 작업이다. 그녀는 획기적이고 아주 중요한 기여를 했고 지금도 연구를 진행하고 있다. 박사논문 『어린이집의 봄: 운동성의 역사와 분석Le printemps des crèches: histoire et analyse d'un mouvement』1992에서 들뢰즈와 가타리의 개념 '미시정치학 micro-politics'과 가타리의 개념인 '주체집단subject-group'을 통해 1970년부터 1980년까지 10년간의 프랑스의 유아교육을 분석했는데, 특히 1968년 5월 프랑스 문화혁명 이후를 중심으로 연구했다. 연구팀 CERFI와 파리 근교의 유치원이 함께 실험하면서 유아에 대한 이미지, 유아교육기관과 교사의 역할에 대한 생각을 바꾸어놓았다. 그 연구를 통해 교사와 아이들 모두 능력이 부족하며 아이들의 삶에 유아교육기관이 영향을 거의 미치지 못한다는 생각에서 벗어난 것이다. 교사들은 아이들에 대해 사고하고, 아이들과 대화하고 활동하면서 아이들의 이야기를 듣고, 새로운 방식으로 아이들의 삶에 영향을 줄 수 있는 가능성을 열어주었다. 그것은 아이들이 성인들과 새로운 관계를 맺는 공동 실험의 실천과 마법의 순간들이었다. 성인들은 더 이상 아이들을 중재가 필요한 대상으로 여기지 않았다. 아이들의 학습이 이루어지고, 교사들은 아이들과 함께 실험하는 것을 즐겼다. 아이들과 교사들은 모두 완전히 새로운 방식으로 그들의 집단적 욕망에 몰두하고 실험했다. 유아교육기관은 개방되었고 활기찼으며 중요한 삶의 과정들이 발생하는 공공장소로 여겨졌고 부모들은 훨씬 더 적극적인 역할을 했다.

모제르는 들뢰즈와 가타리의 미시정치학적 관점을 통해 이러한 변화를 활동성과 창조성이란 현장의 논리로 설명했다.

> 몇 년 동안 수많은 현장에서, 개별 유아교육기관의 시간에 따라 연구를 수행하면서, 이제 더 이상 기능과 지위status에 따라 작동하는 것이 아니라 현장local의 논리에 근거해 새로운 조직이 출현하는 것을 감지했다. 또한 수동성(무능력감 때문에 발생했던)은 활동성, 창조성, 발명, 새로운 규칙과 새로운 '현지법'으로 대체되어 사용될 수 있음을 보았다. 사실, 현장을 반영하고 실현하는 미시정치학이란 긍정적인 작업인 것이다.Mozère, 1992: 15, Olsson 옮김

모제르는 가타리의 '주체집단'이라는 개념을 사용하여 유아교육기관들이 부분적으로는 각 지역의 정치와 만남을, 특히 68혁명 이후 정치적 풍토와 만나면서 형성되는 것을 통해 이러한 변화를 설명하고 있다. 그녀는 그 변화가 가타리가 제안한 주체집단의 개념의 논리를 통해 발생했다는 것이 가장 중요하다고 말한다. 주체집단은 프로젝트를 하면

서 형성되었고 마주침과 그 순간 발생하는 공동 실험을 통해 진화되었으며, 잠재성이었고 정해진 '되기'가 아니었다. 들뢰즈와 가타리의 미시정치학과 분할성의 개념을 통해 유아교육기관을 분석하면서, 모제르는 기관이 얼마나 경직성과 유연한 요소들을 동시에 많이 갖고 있는지 보여주었다. 경직된 요소들은 정해진 지위와 관습으로 기능하며 유아교육기관이라는 사회에서 만연하는 위계구조와 교육에 대한 독단적 관점을 볼 수 있다. 유연한 요소들은 정해진 권력관계를 거부하고 교육과정에서 '브리콜라주'를 시도하는 유아교사들과 같은 유목민들nomad이 도착하면서 발생한다. 모제르는 경직된 요소와 유연한 요소들이 서로 분리된 것이 아니며 뒤엉켜 있고 서로가 서로를 붙잡고 있다고 주장한다. 이 가운데 학교제도 전체를 새로운 형태로 표현할 수 있게 하는 탈주선을 따라가고 있음을 보여준다.Mozère, 1992: 193-7

모제르는 연구자의 역할을 실천하고, 협력하고, 감응하며 미시정치적 변화의 한 부분임과 동시에 주체집단임을 공동연구자collective researcher로 보고 있다. 공동연구자는 이미 실행되고 있는 연구에 참여해서 중재하는 그런 연구자를 의미하는 것은 아니다. 모제르는 교사 스스로가 관습과 주변 환경의 제약으로부터 벗어나 변화를 위한 결정을 내릴 수 있다고 말한다.

연구자들은 변화를 일으킬 에너지와 의지를 가져올 유일한 존재와는 거리가 멀다. 대부분의 경험은 특정 순간, 하나의 맥락에서-매 순간-제도화되어 있다. 억압된 에너지에 싸여 있는 집단과 개인들은 외부성의 침투가 제안하는 일을 포착하고, 이로부터 그들에게 적합한 자유의 잠재성을 끌어낸다.Mozère, 1992: 205, Olsson 옮김 또한 모제르는 교사라는 주체집단은 연구자가 제안하는 것 중에서 필요한 것을 취사선택하고 실행할 수 있다고 말한다. 최근 연구에서 모제르[2006, 2007a, 2007b, 2007c]는 유아교육 현장과 밀접하게 협력하면서 미시정치학과 욕망이라는 개념을 통해 들뢰즈가 통제사회라고 불렀던 것과 관련된 새로운 연구를 진행했다. 여기서 통제사회란 우리는 더 이상 규율에 의해 통제되는 것이 아니라 우리의 마음, 몸과 욕망 속에 새겨진 통제 메커니즘에 의해 지배된다는 뜻이다. 또한 들뢰즈와 가타리의 '되기becoming' 개념이 고정된 정체성이 되는 개념에서 벗어나 과정으로의 되기와 어떻게 연결되는지를 보여주며 '아이-되기becoming-child'의 개념을 다루었다.

모제르의 연구는 미시정치학과 분할성을 통해 주체성과 학습에 있어서의 운동과 실험에 관한 문제를 다룬다. 본 연구에서도 특정의 시간과 공간 속에서 나타나는 운동과 실험을 다룬다. '주체집단'이라는 개념은 본 연구에서 합리적 사고와 다른 논리로부터 오는 '욕망의 배치assemblage of desire'라는 개념과 유사하게 기능할 것이다. 모제르의 연구에서 언급된 집단 실험을 설명하는 방식 역시 중요하며, 특히 연구와 실천 사이 관계의 유사성을 설명하는 데에서 그러했다. 최근 연구에서 자주 언급되는 욕망, 미시정치학과 '되기' 등의 개념들은 본 연구에서 중요하게 다루어졌다.

달버그[2003], 달버그와 모스[2005], 달버그와 블로흐[2006]의 연구 역시 상당한 기여를 했다. 달버그[2003]는 푸코의 영향을 받아 해체로부터 출발하여 '유능하고, 자율적이며 유연한 아동'의 이미지를 제시했다. 이와 같은 아동에 대한 이미지는 윤리학의 관점에서 볼 때 지배의 한 종류를 포함하고 있다고 말한다. 그러나 여기서의 지배는 앞서 언급했던 통제사회의 논리를 따르는 것으로, 보편적이고 정형화된 지배를 말한다. 달버그가 말하는 유능하고, 자율적이며 유연한 행동이란 현대사회에 주체를 지배하는 새로운 방식의 한 부분이다. 에마뉘엘 레비나스 Emmanuel Levinas(1906~1995)로 돌아갈 것을 제안하며, 데리다와 레지오의 교육 실천이 윤리학을 다시 활성화시키고 타자성에 대한 급진적 대화를 나눌 수 있는 공간을 만들어낼 수 있다고 주장한다. 레비나스의 절대적 타자성-타자에 대한 책임에 근거하는 타자성과 데리다가 말하는 필연적이면서 무한한 불확실성, 불일치와 모호성에 의해 특징지어지는 해체적 관계에 기반을 둔 타자성-이라는 개념을 통해 달버그는 '해체적 실용주의deconstructive pragmatism'를 제안했다. 달버그는 레지오의 교육 실천과 '경청의 교육학pedagogy of listening'이라는 개념과 연결시켰고 '마주침의 윤리an ethics of an encounter'로 설명하고 있다.

> 따라서 경청의 교육학은 '그래, 그래, 그래'로 시작된다. 교사들은 교사 입장에서 아이들의 이야기를 들으려고 노력하고, 아이들을 경험하고, 개별 아동을 똑같이 보지 않으려 노력한다. 명명하고, 구별하고, 재인하고, 판단하는 과정이 아니며 그것은 '마주침의 윤리학' 그 이상이다.Dahlberg 2003: 277-278

달버그는 레지오 에밀리아에서 하고 있는 프로젝트 작업과 들뢰즈와 가타리의 용어인 '리좀'을 연결시켰다. 달버그에 의하면 레지오 에밀리아에서 이루어지고 있는 프로젝트는 지식을 배우는 데 미리 계획된 진행은 없다는 지식에 대한 다른 논리로부터 나왔다. 프로젝트에 수반되는 교육적 기록은 통제나 관리장치가 아니라 구성의 한 형태이다.

따라서 시각화하는 것은 구성의 한 형태로 볼 수 있다. 그것은 몸의 경험에 뿌리를 둔 정서적 몰입과 참여이다. …… 이와 같은 관점에서 볼 때 교육적 기록은 시각화의 한 형태가 되며, 프로젝트 작업에 '힘'과 '에너지'를 가져다준다. 힘과 에너지는 새로운 가능성, 즉 변화의 가능성을 우리에게 열어준다.Dahlberg, 2003: 283-284

달버그의 연구는 들뢰즈와 가타리의 개념을 프로젝트와 교육적 기록 등 교육 실천에서 나타나는 현상들과 연결시킬 수 있는 가능성을 열어주었고, 교육 실천을 윤리학과 관련지어 연구할 수 있음을 보여주었다.

달버그와 모스2005는 유아교육 분야의 보편적이고 기술적인 관점을 반대하고 도전하며, 유아교육기관을 정치적 실천을 위한 잠재적 장소로 본다. 들뢰즈와 가타리의 개념인 '미시' 혹은 '소수 정치학'을 통해 기관이 단순히 정치적 개입의 대상 기관이 아니라 정치적 행위자들을 위한 무대가 될 수 있다고 제안한다. 단일 운동이나 하나의 정신성으로 모더니티를 치부하고 일원화시키려는 담론에 문제를 제기하며, 이야기를 복잡하게 만드는 예들을 통해 통제, 규율과 이성주의가 아닌 다른 틀에서 정치적이고 윤리적인 실천이 재창조될 수 있는 가능성을 열어두고 있다. 레지오 에밀리아의 학교와 들뢰즈와 가타리의 미시정치학을, 사고의 생명력과 사건을, 또한 레비나스의 마주침의 윤리학과 같이 서로 다른 실천과 작업을 연결시키면서 그들은 경청의 교육학과 급진적 담론이 갖는 이론적이며 실천적인 특징을 보여준다. 기록을 통해 아이, 교사, 부모 사이의 지식과 가치는 지속적으로 상호 생산된다. 프로젝트 작업은 개방적이고 계속 변화하는 지식과 가치들을 구성하는 과정으로 교육적 기록이 이를 시각화해준다. 정해져 있는 프로그램이라기보다 지금, 여기서 일어나는 사건들이며 따라서 유아교육기관은 민주 정치를 위한 장소로 중요한 역할을 하고 있다. 이처럼 달버그와 모스는 소수정치, 사고의 생명력과 사건을 다룬다. 본 연구에서는 윤리-심미적 패러다임의 필요성을 밝히면서 유아교육기관에서의 윤리적이고 정치적인 작업의 가능성을 이끌어내고자 한다.

'본 것을 시각화하려는 것은 통제 권력인가?'라는 논문에서 달버그와 블로흐2006는 푸코에 영향을 받은 후기구조주의, 해체주의, 페미니즘 연구 결과를 바탕으로 본 것을 시각화하는 것이 통제 권력과 동일하다고 주장했다. 그들은 들뢰즈의 사유와 실험으로 구성된 레지오 에밀리아의 교육 실천의 예를 주목했다. 그들은 아이들을 관찰하고 평가하고 정상화normalizing하는 가운데 나타나는 재인, 재현과 규제의 영역으로부터 벗어날 수 있는 방법으로 레지오 에밀리아의 교육과 교육적 기록을 이해하려 했고, 이를 위해 들뢰즈의 가장 중요한 개념들을 통해 보편적 명제를 전환시켰다. 들뢰즈의 개념인 리좀을 통해 교육적 실천을 열려 있고, 다수적이며 되어가는 공간으로 보았다.

경험론의 고전적 정의는 추상적 사고에 의해 원자적 감각이 조직되고 체계화되어야 한다는 재현의 논리를 갖고 있다. 고전적 경험론은 들뢰즈의 초험적 경험론transcendental empiricism과 다르다. 달버그와 블로흐에 의하면, 들뢰즈의 경험론은 자아에 특정한 정체성을 결부시키지 않으며 주체성을 되기의 과정으로 여긴다. 따라서 들뢰즈의 경험론은 전개체적 특이성pre-individual singularity의 한 종류로 주체성을 새롭게 개념화하려는 노력과 연결된다. 즉, 경험론에 대한 이전과 다른, 새롭고 창조적인 것에 더 관심이 있는 좀 더 '야생의wild' 경험론인 셈이다. 달버그와 블로흐는 들뢰즈가 사유의 새로운 이미지를 보여주었다고 말한다. 이것은 재인과 재현을 통해 기능하는 사고의 이미지가 아니라 마주침, 접속과 배치를 통해 기능하는 사고이다. 사유를 한다는 것은, 판단을 하는 것이 아니라, 실용적인 방식으로 새롭게 접속하여 구성하고 실험하는 것을 말한다.

이러한 관점에서 볼 때 교육과 사회는 계약이 아니라 실험의 과정이다. 그리고 교육은 교사가 일방적 지식 전수자로 기능하는 것과는 다른 방식을 취한다. 즉 교사가 아이들과 함께 있는 지금 여기에 몰입되어 경청하고 있는 긍정적 의미에서의 교육인 것이다.

실험정신을 가진 탐구자들로 구성된 공동체를 만들기 위해서는 경청과 급진적 대화가 필요하다. 아이들은 어른들이 "진정으로" 들을 때, 탐구할 문제를 만들어내고, 다른 아이들과 교사가 말하고 행동하는 것을 주의 깊게 들으며 서로 협상해나가면서 실험과 연구를 하는 동안 파트너가 된다. 이 과정을 함께 구성해나가는 교사들은 예상치 못한 사건들에 자신을 개방시키고 바로 지금 발생하는 사건 속에서 아이들과 함께 실험한다. 아이들이 기술적인 작업에 덜 몰두하도록 하며, 새로운 자료를 제공하고, 개념, 가설과 이론을 확대시킴으로써 더 많은 접속이 일어날 수 있도록 한다. 다른 아이들의 말을 경청하도록 함으로써 책임 있는 관계를 형성하게 하고, 그 가운데 서로 협상하며, 아이들의 선택이 평범하고 사소한 일로 끝나도록 하는 것이 아니라 선택이 더 풍부해지게 한다.Dahlberg & Bloch, 2006: 114

교육을 시각화하는 목적은 개인들을 위계적으로 조직에 배치하기 위해서가 아니다. 학습자 집단은 시각화를 통해 탈개인화하면서 집단적으로 생산하고 창조할 수 있다.Dahlberg & Bloch, 2006: 115 교육적 기록과 같은 시각화 전략들은 사유와 실천 모두를 활성화시킬 수 있는 가능성을 만들어낸다.

[……] 실험의 교육에서 교육적 관계, 경청, 학습과정의 기록, 이 모든 것은 교육적 작업에 다른 힘과 에너지를 불어넣는 시각화의 한 형태가 된다. 새롭고 "확인할 수 없었던" 것들을 볼 수 있게 해준다. 유아교육기관에서 이루어지는 시각화 과정은 새로운 힘과 접속하고, 새로운 조합을 만들어내고, 새로운 배치를 만들어내는 활력과 힘을 줄 것이다. 새로운 배치란 우리를 새로운 형태의 변화에 개방시키는 것으로, 차이를 만들어내는 것이며 탈주선을 타는 것이다. 리좀적이고 유목적인 새로운 교육적 접근을 상상하게 하는 이와 같은 방식의 시각화는 이미 만들어진 결과물과 과정들을 볼 수 있게 해줄 뿐 아니라 늘 존재했던 틈leakage을 볼 수 있게 해준다.Dahlberg & Bloch, 2006: 114-115

달버그와 블로흐는 새로운 형태의 경험론이 유아교육기관에서의 실천의 가능성을 열어준다고 기술했다. 본 연구에서도 들뢰즈와 가타리의 '초험적 경험론'이라는 개념을 시도했다. 들뢰즈의 경험론을 통제를 넘어서는 시각화 과정으로서 교육적 기록으로 보았던 달버그와 블로흐의 관점을 본 연구에 접목시켰고, 이것은 들뢰즈와 가타리의 사건 개념과 연관된다.

야콥 웬저Jakob Wenzer 2006 역시 들뢰즈와 가타리의 영향을 받아 존재being와 아이 되기becoming child에 대한 아이디어를 '유능한 아동'이란 개념과 연결 지으며 탈영토화를 시도했다. 영토화Territorialization란 존재들이 엄격하게 정해진 위계구조 내에서 위치되는 과정을 말하며, 그곳에서 아동은 정해진 장소와 기능을 갖는다. 여기에서 되기는 비가시적이다. 탈영토화는 되기를 가시화시키려는 노력과 관련 있으며, 따라서 '~임being'은 '되기becoming'의 일시적 결과로 여겨진다. '유능한 아동'

이란 용어는 아동에 대한 특정의 주체성을 생산하는 추상기계를 통해 만들어진다. 웬저는 아이 되기 의도와 구분하기 위해서는 니체의 능동적active과 반동적reactive이라는 개념의 도입이 필요하다고 주장했다.

추상기계는 기계 배치 내에서 작동하는 여러 가지 기계들(경제기계, 학문기계, 교육기계와 ITC-정치기계)로 구성되며 특정의 주체성의 욕구를 만들어내고 그것이 일어나도록 한다. 기계들은 동시에 작동한다. 기계적 배치의 이와 같은 특징으로 인해 웬저는 '유능한 아동'이라는 개념이 니체의 능동적과 반동적이라는 두 개념을 통해 탈영토화되었다고 주장한다. 이미 정해진 역량의 개념 내에서 아동을 측정한다면 '유능한 아동'을 반동적인 개념으로 사용하는 것이다. 반면 모든 주체들이 만나고 있는 배치들이 다수적이고, 연결되어 있으며 지속적인 변화 속에 있다고 볼 때 '유능한 아동'은 능동적인 개념으로 사용될 것이다. 이 경우 아동은 결정된 자아가 없는 주체이며, 이 주체는 배치들의 부분의 합이 아니라 세계로부터 분리되지 않는 배치들의 결과이다. 즉, 배치되는 주체는 되기의 과정 속에서 세계와 관계하며 지속적인 변화 속에 놓여 있다. 이와 같은 되기는 아동을 성인 되기와 관련시켜 이해해온 관점이나 (성인이) 원하는 방식대로의 유능 되기와 다르다. 여기서 말하는 되기는 모든 의도들에서 자유롭다. 즉 되기 그 자체이다.

> [……] 용어의 능동적인 사용은 아동(누가 그것을 어떤 역량에 귀속시키더라도)을 무엇이든 되게 한다. 즉, 두 개 언어를 사용하거나 말을 못하거나, 행복하거나 슬프거나, 사회적 기술이 뛰어나거나 무관심하거나, 아동은 "세계-되기"에 열려 있다. 여기서 "세계"의 "아이-되기"의 이중성은-인격의 출현/주체성과 그것이 필요한 조건으로-되기로부터 분리되어 있는 것이 아니라 필요에 의해 중복된다.Wenzer, 2004: 329

웬저는 하트Hardt와 네그리Negri 2002의 연구에 힘입어, 자본주의와 오늘날의 시장이 능동적 힘으로 기능하고 있으며 그 욕망을 통해 사람들의 삶을 지배하는 데 성공했다는 사실을 교육기관들은 이해해야 한다고 주장한다. 교육기관들과 교육연구가 이를 고려하지 않고 자신들의 욕망 생산에만 열정을 사용한다면 반동적인 힘 내에서 연구를 하고 있다고 비난을 받게 될 것이며 결과적으로 늘 한발 뒤처지게 될 것이다.

교육기관들이 그들의 관심을 '비판적' 의제에만 한정시키는 한, 변증법적 세계관에 갇혀 있을 수밖에 없다. 교수와 연구자들은 상업적 메시지와 테크놀로지가 욕망하는 외피 아래 숨어 있는 것이 무엇인지를 드러내기 위해 노력하며 시장 뒤를 바짝 쫓고 있지만, 늘 한 걸음 뒤처져 있다. 놓치고 있는 것은 기관 '스스로의' 욕망 생산이며, 기관은 스스로 주체성들을 생산해내는 데 동등하게 참여하고 있다. 나는 "비판주의"는 실제로 숨은 진리를 드러내지 못하거나 마르크스주의의 "허위의식false consciousness"을 공격하지 못한다고 생각한다. 대신 본래 있던 것에 '새로운 차원을 더하거나', 본래 있던 것을 다수적으로 만들어 '완전히 새로운 시야의 장'을 열어 그 전에는 보이지 않았던 것을 볼 수 있게 한다. 새로운 구성들이 세계에 더해지지 결코 감해지는 것은 없다. [……] 바로 이것이 휴머니스트의 비판적 연구들이 늘 뒤처지는 이유이다. 이들은 자신들의 행동이 반동적일 때가 많고, 비판받는 대상이 능동적임을 보지 못한다. Wenzer, 2004: 333

'유능한 아동'이라는 개념을 탈영토화하고 자아를 배치된 것으로 정의한다는 점에서 웬저의 연구는 본 연구와 관련이 있다. 왜냐하면 본 연구 또한 미시정치학과 분할성, 그리고 욕망의 배치라는 개념을 다루고 있기 때문이다. 웬저의 연구는 교육기관들이 각자의 생산 욕망과 그 필요성을 보여주었다는 점에서 의미가 있다. 바로 이것이 현장에서 강렬하고 예측 불가능한 공동 실험에 몰두하는 실천으로 연구를 정의하면서 본 연구가 시도하려는 것들이다.

글렌다 맥노턴Glenda MacNaughton[2005]은 들뢰즈와 가타리의 '리좀' 개념을 도입하고 정교화시켜 유아교육에서 후기구조주의와 페미니스트적 해체주의 연구를 발전시켰다. 자유로운 교육 실천이 이루어질 수 있도록 하며, 리좀분석rhizoanalysis 전략을 사용하여 아이를 관찰했다. 맥노턴에 따르면 리좀분석은 텍스트를 해체함과 동시에 재건한다. 관찰된 텍스트를 다른 자료에서 나온 텍스트들과 접속시키고, 다양한 의미를 열거나 혹은 닫는 데 있어 각 텍스트가 어느 정도 영향력을 갖고 있는지 질문하여, 텍스트가 어떻게 의미와 권력을 조직하는지 탐구함으로써, 그것을 이해하는 새로운 방식을 만들어낸다. 리좀적 관점에서의 연구는 유아교육에서 나타나는 성 고정관념을 단순히 인과관계로 설명하는 것에서 벗어나 더 복잡하게 설명한다. 유아교사이자 연구자인 카일리 스미스Kylie Smith는 맥노턴[2005]의 연구에서 다음과 같이 말하고 있다.

나는 아이와 부모, 유아교육자를 리좀적 패턴으로 탐구했다. 복잡성, 다수성, 모순성, 불확정성을 인정하는 시선 내에서 아이를 설명할 수 있는 도구를 찾고자 했다. 그리고 이러한 노력을 통해 아이, 부모, 유아교육자가 자기 자신과 세계 그리고 타자를 이해하는 방식을 추적해갈 수 있었다. 더 나아가 나는 정체성이 사회적, 역사적 그리고 정치적으로 구성된다는 것을 깨달았다.Smith, 2005: 135

스미스는 다른 자료에서 선택한 텍스트와 놀이 장면을 사용해 리좀 분석을 했다. 이론적 근거로 글렌다 맥노턴, 주디스 버틀러Judith Butler, 브론윈 데이비스Bronwyn Davies, 벨 훅스Bell Hooks와 발레리 워커딘 Valerie Walkerdine 등 페미니스트 연구자들의 다양한 텍스트를 사용했다. 그녀는 또한 '종이 봉지 공주The paper bag princess'와 같은 페미니스트 이야기와, '해리포터'와 '뱀파이어 해결사Buffy the Vampire Slayer'와 같은 대중문화도 텍스트로 사용했다. 스미스는 리좀분석을 할 때 사용되는 텍스트는 정치적 의도가 담긴 것이어야 하며, 또한 연구자는 자신의 성gender에 대한 편견을 연구 자료에 투영시키지 않도록 노력해야 한다고 했다. 지식이란 안정적이고 체계적으로 구축된다는 수목형 은유의 지식 논리를 깨고 아동을 관찰할 때 리좀적 논리에 근거해 이론과 실천에 접근했다는 점에서 맥노턴과 스미스의 연구는 의미가 있다. 본 연구에서는 사건이라는 개념과 실증적 자료들을 연결시켜 지식에 대한 다른 논리를 펼치고자 한다.

울라 린드Ulla Lind 출판 예정는 엘리자베스 그로스Elisabeth Grosz의 들뢰즈 기반 사유를 통해 후기구조주의, 해체주의와 페미니스트 연구 계보를 이어가고 있다. 린드는 스웨덴의 유아학교와 관련지어 아동의 몸이 잘 규정된 자아들로 구성된 유기적이고 본유적인 것이 아니라 배치들이라고 제안했다. 배치들로서의 아동의 몸은 기관들로 구성되어 있지만 모든 방향과 자원으로부터 오는 욕망과 행동의 과정들의 적재물이기도 하다. 린드는 배치들로서의 아동의 몸이 욕망, 열정, 행동, 사유와 물질 등 모든 것들이 서로 상호작용하고 접속하는 환경인 유아교육기관에서 다른 배치들과 어떻게 접속하는지를 보여주었다. 린드는 시각적, 구어적 그리고 언어적 기호들 간의 상호작용을 보는 것이 중요함을 강조하며, 교육적 기록이 어떻게 실천과 연구 자료를 협상하는 데 한 부분이 되는지를 보여주었다.

「정체성과 힘, "의미", 성과 연령: 아이들의 창조와 그 의미Identity and power, "meaning", gender and age: children's creative work as a signifying practice」 Lind, 2005라는 논문에서, 창작에 관한 프로젝트에서 나타나는 아이들의 놀이와 건축을 들뢰즈와 가타리의 '리좀' 개념을 통해 제시했다. 린드는 프로젝트를 아이들과 교사 사이에 동시에 발생하는 탈주선의 집단적 생성과정으로 보았다. 탈주선은 자료뿐 아니라 프로젝트에 함께 참여하는 주체들도 (몸과 함께, 점토와 함께, 그림을 통해 다른 창작물을 만들어내면서) 창의적으로 보게 하며 더 나아가 사회적으로 구성된 성에 대한 질서를 다른 시각에서 볼 수 있게 해준다. 교육적 기록은 교사와 아이들 사이에 기능하는데 개개인이 어디에 특히 관심을 쏟았는지를 보여주는 기능을 하는 것이 아니다. 그것은 아이들과 교사가 함께 프로젝트 내용의 의미와 주체성과 학습과정을 협의하는 동안 감독자와 행위자의 역할을 동시에 하면서 이루어지는 집단적 과정의 사회적 기억이다.

린드의 작업은 아동과 유아교육기관을 배치로 사유할 수 있도록 했다는 점에서 본 연구에서 의미 있게 다루어졌다. 수집된 경험적 자료를 분석할 때 욕망의 배치를 포함해 다른 모든 요소들을 활용했다. 몸과 언어를 설명할 때 주체성과 학습을 점진적이고 직선적으로 보는 사유와 다르게 재영토화와 탈영토화가 일어나는 리듬 있는 행동으로 보았다. 그는 학습을 의식적 사고에 의해 발생한다고 가정하지 않고, 감응을 통한 잠재성의 몸의 논리로 설명했다.

들뢰즈와 가타리 철학의 유아교육적 함의

앞에서 언급한 모든 연구들은 많은 중요한 쟁점들을 불러일으켰고 주체성과 학습의 해체와 재건이 가능해지도록 했다. 본 연구는 '유아교육 연구와 실천에서 주체성과 학습에서의 운동과 실험은 어떻게 작용하는가?'라는 연구문제로 유아교육 분야에서 일어나는 변화에 기여하고자 한다.

마수미2002, 2003의 연구와 유아교육 현장과 협력했던 여러 연구들을 바탕으로, 다음 세 가지 핵심 사항을 탐구하고자 했다. 핵심 사항들은 연구가 이루어지는 동안 문제를 구성하는 데 안내 역할을 하는 연구 질문으로 기능했다. 각각의 핵심 사항들은 들뢰즈와 가타리의 저서와 개념들이 유아교육 분야에서 주체성과 학습에서의 운동과 실험을 작용하게 하는 모든 이론적이고 실천적인 노력들에 어떻게 기여할 수 있는지 설명해준다.

핵심 사항 1

유아교육기관에서는 실천에 관계적 장의 아이디어를 도입하고 새로운 도구를 통해 실험하면서 주체성과 학습에서의 운동과 실험을 회복하기 위해 지속적으로 노력하고 있다. 이것이 이론적으로 가능하기 위해서는, 포지션에 초점을 두고 변화를 한 포지션에서 다른 포지션으로의 위치 이동으로 보던 관점으로부터 포지션을 넘어, 강렬한 공동 실험의 가능성을 열어주는, 운동에 초점을 두는 방식으로 변화될 수 있는 방법의 연구가 필요하다.

주체성과 학습을 관계적 장으로 보며 운동과 실험을 회복하고자 하는 유아교육기관들의 노력에서 출발해, 새로운 도구들을 활용하여 실험하고 연구하는 최근의 노력과 함께 가기 위해서는, 이론적으로 운동과 실험을 회복하는 방법이 필요했다. 위치시키기positioning를 다르게 생각해보자. 위치라는 개념은 한 곳에서 다른 곳으로 움직이기 위한 변화를 설명할 때는 쓰일 수 있지만, 운동과 실험을 설명하는 데는 적절하지 않다. 위치시키기를 중요하게 여기면 운동은 목표를 향한 길의 중간 지점들이 되어버린다. 다시 말해, 위치에 초점을 두게 되면 운동은 위치의 부수물이 된다. 고정된 틀 안에서만 운동을 보게 되는 것이다.

위치성positionality 모델의 목적은 변화라는 명목하에 지역적 저항의 가능성을 열어두는 데 있다. 그러나 변화의 문제는 복수vengeance를 낳는다. 몸-주체는 정해진 곳에 머물러 있고, 문화라는 지도 안에 갇히게 된다. 일종의 교통마비의 상태. 위치성에 대한 생각은 전체 그림에서 운동을 빼면서 시작된다. 몸을 문화적으로 고정된 틀 속에서 인식한다. 그리고 몸이 영점zero point 의 정확한 위치에서 출발한다고 본다. '위치 정하기가 먼저이고, 운동은 그다음의 문제다'라는 식이다. 결국 모든 것이 의미화되고 위치된 후에는, 운동을 그림 속에 어떻게 다시 넣을 것인가라는 성가신 문제가 남게 된다.Massumi, 2002: 3

들뢰즈와 가타리2004의 『천 개의 고원』의 글과 개념들을 살펴보면, 운동을 포지션에 선행하는 것으로, 실험을 교사가 아이들과 관계하는 방법으로, 연구자들은 실제와 함께해야 하는 것으로 생각하도록 이끈다. '미시정치학'과 '분할성'이라는 개념은 운동을 포지션에 선행하는 욕망과 신념의 양자들quanta이자 흐름으로 해석할 수 있게 해준다 참고 들뢰즈와 가타리는 포지션이 우리의 삶에 실제로 영향을 미치고 있음을 인정하며, 이로 인해 우리가 어떻게 다르게 분할되어 있는지에 대해 이야기한다. 핵심은 그 분할들이 안정적이지 않다는 점이다. 한 사회의 첫 번째 조건은 틈이 있다는 것이고 분할들 사이에서 탈주선을 생산한다는 점이다. 포지션이나 분할이 생기기 전에 신념과 욕망의 흐름 혹은 양자로 불리는 힘이 있다. 주체성과 학습에서의 모든 변화를 신념과 욕망의 흐름으로부터 이해할 수 있다. 이 흐름이 바로 운동이며 그것은 주체성과 학습 내의 포지션에 선행한다.

신념과 욕망의 흐름은 미시정치적 관점에서 볼 때 길들일 수 없고, 정해진 목표에 따라 예측, 관리, 감독, 평가하는 것이 불가능하다. 신념과 욕망의 흐름에 집중하려고 노력하고, 그것에 저항하기보다는 함께하려고 노력할 때 통치governing는 '불확실한hit and miss' 문제가 되며, 실험을 통한 통치라는 대안적 아이디어가 도입된다. 주체성과 학습을 모든 것이 서로 상호작용하고 있고 변화를 계속하고 있는 관계적 장으로 볼 때 유아교육기관에서 운동과 실험을 되찾을 수 있다. 교사들은 교육 계획을 세우는 데 필요한 새로운 도구를 개발하려고 얼마나 노력하는지 모른다. 그러나 일단 아이들과 함께하기 시작하면, 아이들을 길들이려 하게 되는 것이 아니라 교사들 자신의 문제와 욕망을 아이들의 문제와 욕망에 접속시키는 실험의 문제가 된다. 미시정치학과 분할성이라는 개념은 실제가 위치가 아닌 신념과 욕망의 운동으로 구성되어 있음을 볼 수 있게 해준다. 운동은 신념과 욕망의 실제 흐름에 따라 실험할 때 드러난다.

핵심 사항 2

유아교육기관에서 교사와 연구자들은 강렬하고 예측 불가능한 집단적 실험을 협력하여 실시한다. 이 과정에서 연구자와 교사는 관계의 장 속에 있다. 이것에 관한 이론을 만들기 위해서는 초월적 원리에 기반을 둔 의식적 비판이 아니라, 다른 대안적인 과학적 방법이 필요하다.

강렬함과 예측 불가능성으로 표현되는 집단적 실험을 통해 실제와 연구가 어떻게 서로 작용하는지를 설명하고, 교사와 연구자들이 관계적 장의 한 부분임을 설명하려면 의식적 비평이 아닌 다른 방법으로 실제에 참여하려는 연구자의 노력이 필요하다. 초월적 원리에 따르는 한, 주체성과 학습의 생산과정은 연구 수행과 분리되어 발생하는 것처럼 간주된다. 초월적 원리는 생산과정을 등록시킬 수만 있고 지속적인 변화과정이 아니라 결과로 보게 하여 움직일 수 없도록 고정시킨다. 이때 이루어지는 비판적 사고는 실제 경험적 특징을 넘어서서 비판이 이루지게 하는 초월적 원리를 통해 주체성과 학습에의 운동과 실험을 닫아버리는 듯하다. 경험적 특징들은 결과적으로 늘 추상적 사고에 의해 고정된다. 비판적 사고는 다른 방법론적 접근을 통해 뒤틀고 방향을 바꾸지만 결국에는 늘 문제가 있었다. 연구자와 연구자의 관점이 경험적 자료에 영향을 미치는 것을 어떻게 설명할 것이며 어떻게 피할 것인가? 그것은 연구자의 이론이 연구가 이루어지고 있는 실재reality와 분리되어 있기 때문에 발생하게 되며 이는 스스로 초래한 문제이다. 실재는 세계로부터 오는 숨은 특징들을 드러내거나 뺄 수 있는 가능성을 품고 있다.

비판적 사고는 스스로가 갖고 있는 발명적 특성을 가능한 한 최대한으로 거부한다. 비판적 사고는 숨어 있는 어떤 것(숨겨져 있다고 주장을 하면서)을 드러내주거나 어떤 것(세계를 감소시켜보려는 욕망을 가진)을 폭로하는 역할로 스스로를 간주하기 때문에 기본적으로 기술적descriptive이고 정당화하는justificatory 방식을 고수한다. "재현"과 같은 개념을 부단히 폭로하더라도, 재현이 공모성이 없고 절차적 개입에 중재가 없는 외부로부터 온 어떤 것이 반영되어 있다고 보기 때문에 정당하게 반박할 수 있다고 본다.Massumi, 2002: 12

집단적 실험, 강도, 예측 불가능성은 어떤 종류의 비판적 사고를 통해서라도 설명될 수 없다. 그러나 스스로의 생산성과 발명 가능성을 이전하기 시작할 때 설명이 가능해질 것이다. 들뢰즈는 『순수 내재성: 삶에 대한 에세이』2001와 『철학은 무엇인가?』1994에서 '초험적 경험론'에 대해 기술하고 있다. 초험적 경험론은 이론과 실제 사이의 집단적 실험을 설명할 수 있는 긍정적인 과학적 방법에 대한 생각을 이끌어낼 수 있게 한다.4장 참고 초험적 경험론은 역사학보다는 경험론에 더 많은 의미를 두고 설명하려는 들뢰즈와 가타리의 노력과 관계가 있다. 경험론을 원자론적 감각이 추상적 사고에 의해 조직되고 체계화되어야 한다고 여기는 초월적 논리에 근거해 기능하는 인식론적 전통으로 보는 대신, 초험적 경험론을 제안했다.

'초험transcendental'은 '초월transcendent'과 다르다. 초월은 사고와 의식과 같은 가장 높은 수준의 기초 원리를 넘어서거나 위로 가려는 시도이다. 반면 '초험'은 '내재성의 평면plane of immanence'이라 부르는 장field을 설명할 때 들뢰즈와 가타리가 사용한 개념이다. 내재성의 평면이란 사고가 스스로 사고를 창조하는 것을 넘어서 있는 수평선이다. 어떠한 안정적이고 정주된 지면ground 없이, 사고는 그것이 사고하기 시작함과 동시에 지면을 펼친다. 그것은 이제 장소place가 아닐 수 있는 장소에서 발생한다. 안전한 지면도 없고 스스로와 세계를 대상으로 생각할 수 있는 주체도 없다. 이 평면은 스스로 변형하고 접속한다. 이 평면 위에서는 다른 속도와 느림, 힘과 서로 마주하고 있는 몸만이 있을 뿐이다. 초험적 경험론은 세계를 설명하려는 의식의 포부와 그 능력을 낮게 보며 시간이 지남에 따라 사고가 스스로를 내재적 평면 위에서 창조해 냄을 인정한다. 여기서의 사고는 실험하는 사고이다. 사고는 새롭고 흥미롭고, 주목할 만한 것이 오면 그때 실험한다.

초험적 경험론은 지금 하고 있는 사고보다 더 큰 사고의 조건을 만들어내지 않으려고 한다. 모든 것은 세상에 더해져 있다고 보기 때문에 어떤 종류든 의식적 비평을 통해 세계를 감소시키려 하지 않아야 된다고 제안한다. 대신 새롭고 재미있고 독창적인 실험들을 하면서 다른 실제들을 설명하는 실제로서 이론을 제시한다. 실제에서 발생하는 사건을 넘어선 연구는 할 필요가 없다. 연구란 우리 자신과 세계의 생산적인 측면들을 완전히 이해하는 것에 관한 문제이다. 우리 모두가 늘 생산하고, 발명하고, 세계를 증식시키는 데 참여하고 있음을 완전히 인정하는 것이다. 우리가 하고 있는 모든 것을 통해 우리는 세계에 무엇인가를 더하고 있다. 초험적 경험론은 우리의 독창성과 실제와의 공동 생산을 설명하는 대안적이고 긍정적인 과학적 방법이 될 수 있을 것이다. 또한 초험적 경험론은 유아교육기관과 연구가 강렬하고, 예측 불가능한 집단적 실험의 관계 내에서 작동하려 할 때 잘 기능하는 것 같다.

『의미의 논리』[Deleuze, 2004b]와 『차이와 반복』[Deleuze, 1994a]을 참고하면, 경험 자료를 토대로 연구할 때 운동을 설명할 수 있는 대안적이고 긍정적인 과학적 방법으로 '사건'이라는 개념을 끌어오는 것이 가능해진다.[5장 참조] 들뢰즈는 사건은 언어와 관련되므로 언어적 명제에 의해 표현된다고 했다. 언어적 명제는 보통 우리가 참여하고 있는 사건들 속에 무엇이 진실true이고 거짓false인지에 대한 접근으로 여긴다. 5장에서 연구를 하거나 다른 방법론을 선택할 때 우리는 이와 같은 접근을 사용하고 있음을 말하고 있다. 연구를 하면서 우리는 사건들을 다룰 때 경험적인 자료를 가지고 언어/언어적 명제와 사건의 진실 여부를 따지려 한다.

들뢰즈는 지시denotation, 표시manifestation, 의미작용signification에 추가하여, 언어의 네 번째 차원으로 의미sense를 도입해 사건과 언어를 연결시키고 있다. '지시'란 사물과 세계를 가리키거나 디자인하는 언어적 차원이다. '표시'란 사물과 세계에 대한 주관적 해석과 관련되고 '의미작용'은 사물과 세계에 의미meaning를 주는 기표작용signifying 연결 내에서 기호들이 서로 연결되는 언어적 차원을 말한다. 본 연구에서 경험 자료를 위의 세 가지 차원으로 사용한다는 것은, 마치 그 자료들이 사실fact인 것처럼 해설하거나, 주관적 관점에서 경험적 자료들을 해석하거나, 기표작용 체제를 해체하기 위해 자료들을 다시 보는 것을 포함한다. 그러나 들뢰즈에 따르면 모든 언어적 차원들은 각각의 언어적 명제의 진리주장 내에서 사건을 폐쇄시킨다. 지시와 관련하여, 사물과 세계 내부의 본질 속에서 진리를 찾을 때 사건은 폐쇄된다. 표시와 관련하여, 진리는 주체 그 자체 내에서 주장된다. 의미작용과 관련하여 보통 진리가 형성되는 조건을 찾는데, 들뢰즈는 이렇게 하면 진리 그 자체는 의심할 필요가 없는 것으로 남겨놓게 된다(이 차원은 5장에서 논의할 것이다).

그러나 들뢰즈는 의미sense를 사건 내의 조건화되지 않은 진리 생산이자 언어와 사물의 경계에 위치하고 있는 것으로 정의한다. 의미는 사건을 복잡하고, 열려 있으며, 늘 운동 중에 있는 것으로 보게 한다. 의미는 문제, 학습, 문화와 관련되며, 문제해결, 지식과 방법 전에 오는 생산과 구성의 과정이다. 이러한 관점은 경험 자료 내에서 의미, 문제, 학습과 문화를 지속적으로 구성하고 생산하는 데 참여할 것을 촉구하고 그 과정에서 연구와 교육을 동시에 하는 방법론을 제안한다. 사건에서 출발하여, 초점은 모든 참여자들이 학습과정에서 의미와 문제를 어떻게 구성하고 생산하는지에 있게 되므로 연구 방법은 문제를 둘러싸고 있는 문화 전체에 길을 내어주어야 한다. 경험 자료를 토대로 주체성과 학습에 접근할 때, 사건은 운동을 첫 번째 원리에 두고 초점을 맞추는 것이 가능해질 것이다.

핵심 사항 3

유아교육기관의 모든 참여자들, 즉 유아들, 교사들, 예비교사들, 교사교육자들, 연구자들 모두는 주체성과 학습이 동반되는 실험에 대한 욕망에 사로잡혀 있다. 그들은 집단적이고, 강렬하고, 예측 불가능한 실험을 통해 관계의 장을 만들어내고 있다. 이러한 현상을 이론적으로 접근하기 위해서는 개인/사회의 관계를 재고해야 한다. 이것 또는 저것 하나만을 중요하게 여기지 않도록 사고를 전환해야 한다. 즉 이원론적 사고의 전환이 필요하다.

모든 참여자들이 주체성과 학습을 실험하고자 하는 욕망에 사로잡히고, 주체성과 학습을 관계적 장으로 보게 되며, 강렬하고 예측 불가능한 집단적 실험의 특징을 알 수 있을까? 우선 개인과 사회와의 관계를 볼 때 비틀기와 전환이 필요하다. 이분법이 여전히 작동하는 한, 운동과 실험은 주체성과 학습을 고정시키고 실험을 방해하는 인과관계에 구속된다. 앞서 언급했던 연구자들의 노력으로, 개인 주체를 생물학적, 자연적 혹은 선천적인 본질로 보는 관점에서는 벗어나고 있다. 연구의 초점은 역사, 구조, 문화와 기호학적 체계와 같은 개념을 통해 개인에 미치는 사회적 영향으로 옮아가고 있다. 이제 근본 원리로 우선 작용하는 것은 사회이다. 최근 연구자들은 담론의 다수성, 혼종성과 경계 넘기 등을 통해 위치 사이에 있는 운동에 대해 주목하기 시작했다. 그것은 '사이'에 의미와 가치를 두려는 노력이다. 위치가 경계를 만드는 것으로 본다면, 그러한 경계를 넘나드는 것이 문제가 된다. 그리고 혼종은 이미 설정되고 고정되어 있는 위치들을 뒤섞는 작업이다.

> '사이in-between'라는 개념을 이미 형성된 개인과 사회의 상호작용 공간으로 이해할 때, 중간자middle-feeders들은 위치 지도로 다시 돌아간다. 이것은 사이를 늘-이미 위치되어 있는 것의 혼합이나 패러디로 기술하는 경향이다. [……] 창시자를 지우면 혼합체는 사라진다. 어떠한 용어도 스스로 드러나지 않는 법이다.Massumi, 2002: 69

『안티 오이디푸스』Deleuze, 1984와 『천 개의 고원』Deleuze & Guattari, 2004은 이론과 실제에서 모두 작동 가능한 용어들을 제공하여 개인과 사회가 객체로서 인과관계에만 사로잡혀 있지 않도록 하는 글들로 구성되어 있다. '욕망의 배치'라는 개념을 통해, 개인과 사회를 이론과 실제에서 주체성과 학습 내의 운동과 실험을 설명하는 배치의 다양성으로 볼 수 있게 한다.6장 참고 욕망의 배치는 다수적이고, 개인 내에 존재할 뿐 아니라 사회 내에서도 존재한다. 개인 내의 배치가 멈췄을 때 사회의 배치가 이를 인계한다는 말은 불가능하다. 이런 방식으로 작동하지 않는다. 배치는 사회와 개인 내에서 동시에 작동한다. 배치는 스스로 여러 수준으로 확장되며, 개인으로, 집단으로, 사회 전체로 확장된다. 또한 배치는 사회적 수준과 개인적 수준 모두에서 다양하다. 우리는 모두 많은 배치들로 구성되어 있다. 우리는 욕망할 때 특정 대상과 연관을 짓지, 결코 혼자서는 할 수 없다. 즉, 우리는 관계의 네트워크 속에서 욕망하는 것이다. 욕망의 배치는 어떻게 욕망이 작은 기계로 시작하여 사람들 사이에서 발생하는지를 다룬다. 개인과 사회의 구별은 더 이상 의미가 없다. 우리는 모두 배치되고 사회도 배치된다. 개인과 사회의 구별은 무의미하며, 개인과 사회의 관계가 스스로 지속적으로 운동하고 이로 인해 강렬하고 예측 불가능한 실험을 열어두는 배치들만 있을 뿐이다.

욕망의 배치라는 개념은 본 연구의 목적과 연구참여기관인 유아학교와 관련해 몇 가지 중요한 요소들을 포함하고 있다. 『안디 오이디푸스』에서는 정신분석학에서 욕망을 결핍으로 규정하는 것에 도전하며 욕망을 '실재real의 무의식적 생산'으로 정의한다. 이것은 교사가 아이들이 집단적 욕망을 통해 생산되는 실재의 특징이 무엇인지를 궁금해하면서 시작되며, 아이들의 욕구를 방해하지 않으려 하는 유아교육기관에서 더 잘 작동한다. 또한 이것은 연구자들이 어떤 실천이 부족한지를 발견하려고 하지 않고, 대신에 욕망이나 신념의 흐름으로 구성된 운동이 실제를 통해 어떻게 생산되는지에 초점을 둘 때 더 잘 작동한다.

『천 개의 고원』Deluze & Guattari, 2004에서 욕망에 대한 초기 생각은 더욱 복잡한 배경에 놓여 있었다. 욕망은 늘 배치된다. 그리고 재영토화와 탈영토화의 리듬을 타면서, 영토라는 습관을 벗어던지거나 정착시키면서 욕망은 언어나 몸과 접속한다. 이러한 관점은 유아교육기관에서 주체성과 학습을 몸과 언어들과 관련지어 설명할 때 유용하다. 주체성과 학습은 점진적이고 선형적인 것이 아니라 리드미컬한 행동으로 설명될 수 있다. 주체성과 학습을 점진적이고 선형적으로 보는 관점은 어쩔 수 없이 인과관계 논리 내에서 미리 정해진 발달 논리에 묶인 채로 운동성과 실험을 가두어버린다.

더군다나 욕망의 배치 내에는 의식적 사고가 아닌 다른 논리가 연관되어 있다. 바로 몸의 논리이다. 들뢰즈와 가타리는 스피노자의 '감응 affect' 개념으로 몸의 잠재성을 설명한다. 유아교육기관에서 발생하는 학습과정과 실험, 다소 길들이기 힘든 주체(아이들)가 몸의 논리로 설명될 수 있다는 것이다. 몸의 논리에서는 모든 것이 서로 다른 몸과 힘의 마주침의 문제다. 따라서 각 상황의 특수한 잠재성을 보는 것이 중요하게 된다. 이와 같이 모든 요소들을 포함하고 있는 욕망의 배치라는 개념은 유아교육기관에서 어떻게 욕망들이 생각하고, 말하고, 행동하고, 새로운 방식을 통해 스스로를 표현하는지를 설명할 수 있게 해준다. 또한 욕망의 배치라는 개념은 본 연구의 목적과도 관계가 있다. 인간과 사회를 나누는 이분법적 사유 속에 내재되어 있는 인과관계를 넘을 수 있게 해주기 때문이다. 또한 경험 자료를 주체성과 학습에서의 강렬하고 예측 불가능한 실험에 참여하도록 하는 교육적이고 과학적인 분석 도구로 기능하게 한다. 욕망의 배치 속에 경험적인 자료는 늘 열려 있고 또 운동하고 있다.

3장
유아교육의 미시정치학과 분할성

　우리는 모든 곳에서, 그리고 모든 방향으로 분할된다. 인간이란 분할적인 동물segmentary animal이다. 분할성segmentarity은 우리를 구성하고 있는 모든 지층에 내재되어 있다. 거주하기, 돌아다니기, 노동하기, 놀이하기 등 삶이란 공간적으로 그리고 사회적으로 분할되어 있다. 집은 용도에 따라 각 방으로 분할된다. 거리들은 도시의 질서에 따라 분할된다. 공장은 노동의 성격과 수행되는 작업의 특성에 따라 분할된다. 우리는 '이항적binary' 방식에 따라 분할된다. 우리는 사회 계급뿐만 아니라 남자와 여자, 성인과 아동 등 거대한 이항 대립에 따라 분할된다. 우리는 조이스Joyce의 "글자"의 방식으로 전례 없이 점점 확대되는 원들circles 안에, 점점 더 커지는 원반들disks 또는 환들coronas 안에서 '원형circular' 방식으로 분할되어간다. 즉 나의 일들, 내 이웃의 일들, 내가 사는 도시의 일들, 국가의 일들, 세계의 일들처럼 분할된다. 우리는 하나의 곧게 뻗은 직선과 수많은 여러 직선들 위에서 각각의 분할들이 하나의 에피소드 혹은 "소송"을 재현하며 '선형' 방식에 따라서 분할된다. 즉 하나의 소송을 마무리 짓자마자 우리는 또다른 소송을 시작한다. 우리는 영원히 소송하거나 소송당하면서 가정, 학교, 군대, 직장으로 옮겨 다닌다. 학교는 우리에게 "너는 더 이상 가족에 있는 게 아니란다"라고 말하고, 군대는 우리에게 "너는 더 이상 학교에 있는 게 아니다"라고 말한다.^{Deleuze & Guattari, 2004: 230}

개요

이 장에서는 미시정치와 분할성이라는 개념을 다룬다. 이 개념들은 운동과 실험을 회복하고자 하는 유아교육기관의 노력과 관련된다. 세 가지 핵심 사항 중 첫 번째에 해당한다.

핵심 사항 1

유아교육기관에서는 실천에 관계적 장의 아이디어를 도입하고 새로운 도구를 통해 실험하면서 주체성과 학습에서의 운동과 실험을 회복하기 위해 지속적으로 노력하고 있다. 이것이 이론적으로 가능하기 위해서는, 포지션에 초점을 두고 변화를 한 포지션에서 다른 포지션으로의 위치 이동으로 보던 관점으로부터 포지션을 넘어, 강렬한 공동 실험의 가능성을 열어주는, 운동에 초점을 두는 방식으로 변화될 수 있는 방법의 연구가 필요하다.

이 장을 시작한 인용문-『천 개의 고원』에서 미시정치와 분할성에 대한 들뢰즈와 가타리²⁰⁰⁴의 설명-에서 보면, 아이들 역시 성인들과 마찬가지로 분할적인 동물이며 유아교육기관은 분할된 삶의 일부로 상상할 수 있다. 들뢰즈와 가타리에 따르면, 분할성은 다양한 방식에서 다양한 형태와 기능을 맡는다. 위의 인용문에서는 인간이 어떻게 이항적으로,

원형으로, 선형으로 분할되어 있는지를 서술하고 있다. 들뢰즈와 가타리는 서로 다른 분할들이 때로는 경직된, 때로는 보다 유연한 방식으로 기능한다는 것을 또한 보여준다.Deleuze & Guattari, 2004: 231 이것이야말로 후기구조주의 및 해체주의 틀 안에서 수행되었던 다른 연구들에서 우리와 같은 연구 주제를 그들 나름의 방식을 통해 주목해왔던 부분이다. 그들이 주장하는 근대, 그리고 후기근대사회에서 주체성과 학습의 해체를 분할성이라는 개념과 연결 지어서 보면, 어떻게 유아교육기관에서의 주체성과 학습이 때로는 경직된, 때로는 보다 유연한 방식으로 분할되어 있는지를 묘사하는 것이 가능해진다. 근대사회의 분할성은 좀 더 엄격한 종류로, 후기근대사회의 분할성은 보다 유연한 종류라고 볼 수 있다.

그러나 여러 연구들이 이미 인정했고 또 경고해온 것처럼, 들뢰즈와 가타리 또한 "약간의 유연함이 (상황이) 더 나아지는 데 필요한 전부라고 믿는 것"Deleuze & Guattari, 2004: 237은 위험하다고 주장한다. 유연한 분할에는 반드시 인식되어야 하는 위험이 있다. 게다가 들뢰즈와 가타리가 보기에 분할들은 모든 사회 및 모든 개인을 가로지르는 선들lines처럼 기능하지만, 그것들은 분리되어 있지 않고 차례대로 하나하나 이어지는 것이 아니라, 오히려 한데 얽혀 있으며 동시적이다. 모든 분할, 혹은 선은 경직되건 유연하건 언제나 위태롭다.Deleuze & Guattari, 2004: 234

하지만 들뢰즈와 가타리에게 가장 중요한 것은 경직되거나 유연한 선들 그 이상의 것들이 있다는 것이다. 다시 말해 이른바 '탈주선들lines of flight'이 존재한다. 탈주선이 가장 흥미로운데 이 선들은 새로운 무언가의 창조를 암시하기 때문이다. 탈주선은 다른 선들 사이를 지그재그로 나아가는데 들뢰즈와 가타리의 관점에서는 오직 이 선들만이 새로운 것을 창조해낼 능력이 있다.Deleuze & Guattari, 2004: 238 이는 또한 통제를 구체적으로 이해하게 해준다. 미시정치학의 관점에서 볼 때, 주체성과 학습의 모든 변화는 신념과 욕망의 흐름을 따라 일어나며, 통제란 분할들을 이 흐름에 맞추고자 하는 것인데 완벽한 성공은 불가능하다. 다시 말해 '불확실'하며 무언가는 항상 탈주해나간다. 거시정치적 그리고 미시정치적 행위들은 둘 다 위태로운 상태에 있지만, 결국 '해내거나 부수거나makes it or breaks it' 하는 것은 미시정치적 행위이다.Deleuze & Guattari, 2004: 224

다음으로 때로는 경직되어, 때로는 유연하게 작동하는 이항, 원형, 그리고 선형 분할들을 설명하는 연구들을 어떻게 유아교육 분야에서 논의할 수 있는가를 다루고자 한다. 먼저 하나의 작은 프로젝트의 사례를 통해서 유연한 분할들의 위험성을 알아볼 것이다. 스톡홀름의 유아학교의 실천에서 탈주선들을 보고 이를 미시정치적 관점에서 볼 것이다. 이 장의 마지막 부분에서는 통제가 우리의 신념과 욕망의 흐름 속에 자리 잡고 작동하고 있는 것으로 보이는 오늘날의 상황을 환기시키는 것으로 끝맺는다. 이러한 환경에 처한 교사들과 연구자들이 어떤 항해를 해나가야 할까? 이러한 추세와 싸우기보다는 그와 함께 나아가는 아이디어를 제시하고, 감응affect의 변조modulation와 소속감에 대한 관심을 통해 경청과 실험의 윤리와 정치에 관해 말해보고자 한다.

유아교육의 견고한 분할성

유아교육 분야에 후기구조주의 및 해체주의 연구의 성과들을 적용하는 것에서 논의를 출발한다면, 때때로 들뢰즈와 가타리가 보다 견고한 방식이라고 불렀던 형태로 이원, 원형, 선형의 분할성들이 유아교육기관에서 어떻게 작동해왔는지 주목해볼 수 있을 것이다.[Deleuze & Guattari, 2004: 231-234] 들뢰즈와 가타리에 따르면 이항 분할은 이항 선택을 만들어내는 '이원 기계들duality machines'을 통해서 경직된 방식으로 작동한다.[Deleuze & Guattari, 2004: 232] 이는 근대에 들어와 아이를 '자연으로서의 아이' 그리고 '문화, 정체성, 지식의 재생산자로서의 아이' 등으로 정의하면서 성인과 구분하는 방식과 관련이 있다.

견고한 이항 분할을 동반하는 것이 원형 그리고 선형 분할들이다. 들뢰즈와 가타리에 따르면, 원형 분할들은 그것들이 어떤 하나의 힘과 공명할 때 견고하게 조직된다. 살피고 규율하는 눈eye처럼 기능하는 중앙정부기구가 그 일례이다.[Deleuze & Guattari, 2004: 231-234] 따라서 유아교육과 유아교육기관은 현대에는 확장된 국가, 그리고 시민들을 교육하고 통제하는 도구인 것처럼 보인다. 아동 개개인뿐만 아니라 미래 사회 전체가 유아교육기관을 통해 통제될 것이다. 들뢰즈와 가타리에 따르면, 선형 분할은 그것들이 분명하고 확고한 위치, 내용, 형식 및 단단히 세워진 목적을 가지고 과잉 코드화over-coded될 때에 견고해진다.[Deleuze & Guattari, 2004: 231-234] 즉, 근대사회의 유아교육기관은 이미 결정된 잘 규정된 과업을 맡게 된 것이다. 기관에 다니는 아주 어린 유아들도 선형적 방식으로 분할된다. 그들은 더 이상 집에 있지 않고 유아교육기관에 있으며, 이미 결정된 선 위에서 그다음 단계는 학교의 학생이 되고, 그 후에는 직업 생활이 기다리고 있다.

유아교육의 유연한 분할성

다시 유아교육 분야에 적용된 후기구조주의 및 해체주의 연구의 성과들에서 논의를 시작해보자. 분할성은 때때로 들뢰즈와 가타리가 보다 유연한 방식이라고 불렀던 형태로 작동한다.Deleuze & Guattari, 2004: 231-234 예를 들면 후기근대사회에서 이항 분할이 아동의 특성들을 '유능하고, 자율적이며 유연한' 것으로 받아들이는 경우일 것이다. 들뢰즈와 가타리에 따르면, 원형 분할은 모든 원들이 더 이상 국가에 공명하지 않을 때에 유연해진다.Deleuze & Guattari, 2004: 231-234 여기에 오늘날의 상황을 후기근대사회와 관련지어 볼 수 있을 것이다. 즉, 민영화의 등장과 유아교육기관에 대한 정보 수집을 통해 사람들은 자신의 기호에 따라 지리적인 거리에 상관없이 그들의 자녀들을 보낼 학교를 선택할 수가 있다. 유아교육기관은 서로 다른 프로그램을 만들어내며, 더 이상 중앙정부기구의 확장된 형태로서가 아니라 지역사회의 사정과 네트워크 속에서 기능하는 것에 더욱 부합하고 있다. 들뢰즈와 가타리에 따르면 선형 분할성은 삶이 더 이상 생애에 걸쳐 늘어서 있는 예견된 칸들로 나뉘지 않을 때에 보다 유연해지는 것처럼 보인다.Deleuze & Guattari, 2004: 231-234 이와 관련해서 유아교육기관, 학교, 그리고 직업 생활은 더 이상 분리된 단위가 아니다. 대신 '평생학습', 즉 한 사람의 전 생애에 걸친 학습이 도입되어 사회의 모든 제도에 들어섰다.

유연한 분할의 위험

들뢰즈와 가타리에 따르면 "'더 좋아지게' 하기 위해서는 약간의 유연성만으로도 충분하다"라는 보장은 없다.Deleuze & Guattari, 2004: 237 최근의 후기구조주의 및 해체주의 연구들은 한 가지 중요한 의문을 인식하고 이를 질문함으로써 분명히 해왔다. 즉 '유능하고, 자율적이며 유연한' 아동이라는, 아동에 대한 이 새로운 이미지가 단지 아동을 통제하는 새로운 방법에 지나지 않을까? 그것은 이전과 똑같은 명령들로, 오늘날 정치적, 경제적으로 인간에 가하는 통제를 반영한 것에 불과한 것일까? 들뢰즈는 1980년대 후반에 이 새로운 종류의 통제를 예견했다. 규율사회에서 통제사회로 변화할 때 일어나는 일을 기술하면서, 사람들을 내부로부터 통제하는 새로운 방식, 말하자면 과거처럼 외부에서 사람들을 허가된 행위로 규율하는 것에서 벗어나 통제의 새 방식을 예견했다. 그는 우리가 심지어 사람들을 가두기 위한 환경조차도 필요로 하지 않을 것이라고 했다. 공장이나 감옥, 학교가 필요하지 않게 된다는 것이다. 대신 각 개인들은 모두 지속적인 학습이라는 끝없는 과정 속의 삶을 살아가게 될 것이다. 들뢰즈가 이를 개인들을 위한 자유로운 미래라는 의미로 말한 것은 결코 아니었다. 이는 개인에게 영향을 미치는 다른 형태의 통제의 문제이며, 즉 외부에서 적용되는 규율이 아니라 내부로부터의 통제 형태인 통제인 것이다.Deleuze, 1995a

요약해보면, 유연한 분할에 대해 이야기할 때는 풀어야 할 복잡한 문제가 있는 것 같다. 들뢰즈와 가타리2204: 237는 유연한 분할을 다룰 때 피해야 할 네 가지 위험을 제시했다. 이는 오늘날 유아교육의 상황과 밀접한 관련이 있다.

1. 첫 번째 위험은 가치론적인 것으로, "'더 좋아지게' 하기 위해서는 약간의 유연성만으로도 충분하다"라는 믿음이다. 유연한 분할일 때 우리가 더욱 자유로워지리라 생각하지만, 더 섬세한 분할작

용들은 통제하는 데 있어서는 경고한 분할들만큼 강력하게 작동한다.Deleuze & Guattari, 2004: 237 이러한 관점에서 보면 아이들의 관심과 욕망을 격려하고, 아이들의 흥미에 기반을 둔 페다고지는 예전의 것과 마찬가지로 통제력을 발휘하는 것으로 간주할 수 있다. 단, 통제수단이 '유능하고, 자율적이며 유연한' 새로운 명령들imperatives을 통해서 이루어질 뿐이다. 이러한 종류의 통제 방식은 눈에 잘 띄지 않기 때문에 통제력을 더 발휘하게 되었을 수도 있다. 아이들의 몸과 도덕적 행동들을 통제하는 것이 아니지만 그들 내면의 기질과 욕망을 실제로 만들어낸다.

2. 유연한 분할과 관련된 두 번째 위험은 심리적인 것이다. 이 위험은 개인이나 개인 상호 간의 사항에만 관련된 것으로 분할작용의 방향을 전환시켜 생각하는 위험이다.Deleuze & Guattari, 2004: 237 이 경우 유아교육에서 초점은 더욱더 개별 아동들에게로 향한다. 아이들 개개인의 독특함, 기질과 성격을 아는 것이 더욱 중요해지며, 개별 아동들이 배우고 또 가르침 받고자 하는 욕망을 자라게 하는 것이 중요해진다.

3. 세 번째 위험은 규모에 따른 단순한 구별의 위험으로, 유연한 분할은 언제나 더 작은 집단에서 작동하고, 소규모 집단에서 더 '잘' 작동한다는 오해에서 비롯된다. 다시 말해, '덜 통제하기'라는 아이디어인데, 이것은 결코 통제가 덜 강도 높게 덜 강압적인 방식으로 일어난다는 것을 의미하는 게 아니다.Deleuze & Guattari, 2004: 237 이와 관련해서 사립유치원 소규모 네트워크와 프로젝트 그룹, 또는 학교의 더 작은 학급에서 견고한 분할 안에서만큼이나 통제에 강도와 폭력이 존재한다는 점을 고려해야 한다. 유연한 분할을 통한 통제는 사회 영역

전체에 걸쳐 있다. 즉, 유연한 것이 소규모 집단, 소규모 네트워크나 프로젝트를 경유하는 것이 사실이라 하더라도, 그것은 분자적 조직 못지않게 사회 전 영역에서 일어난다.

4. 네 번째 위험은 유연한 분할과 견고한 분할을 분리되어 있는 것으로 파악하는 것이다. 사실 그것들은 서로 중첩되고, 서로서로 끼어들며, 이러한 결과로서 이 두 선 간에는 정비례건 반비례건 전적으로 비례 관계가 존재한다. 즉 하나가 없으면 다른 하나도 없다.^{Deleuze &} ^{Guattari, 2004: 237} 이러한 관점에서 유아교육에서 견고한 분할을 다른 시절, 즉 근대시대의 것으로만 생각하는 것은 곤란하다. 어떤 시대에든 견고한 분할과 유연한 분할은 유아교육에 늘 함께 공존해왔다.

함께 작동하는 세 종류의 선

네 번째 위험에서 설명했듯이 견고한 분할과 유연한 분할 사이에는 어떤 뚜렷한 구분이나 전환이 없다는 것을 아는 것은 매우 중요하다. 들뢰즈와 가타리에 따르면 분할은 동시에 또 지속적으로 변용하며 전체 장을 가로지르는 서로 다른 선들로 기능한다. 때로는 견고한 선으로, 때로는 유연한 선으로 기능한다. 이 선들은 언제나 동시에 존재하며 서로 뒤엉켜 있다.^{Deleuze & Guattari, 2004: 230} 스톡홀름의 유아학교들에서 모든 것이 동시에 이루어지고 있음이 분명하게 드러났다. 견고한 분할, 유연한 분할, 위험이 동시에 발생한다. 유아교육기관에서 일어나는 일들은 좋지 않은 것에서 보다 나은 것으로 단순히 한 단계 진전하는 문제가 아니다. 오히려 모든 것들이 동시에 일어나는데, 습관적으로 사고하고, 말하고 행동하는 방식과 새롭게 사고하고, 말하고 행동하는 방식 사이를 오간다. 새로운 방식으로 가려는 신념을 가지고 노력을 한다 하더라도, 새로운 방식이 필연적으로 더 나은 방식을 의미하지는 않음이 자주 발견된다.

새롭게 사고하고, 말하고 행동하는 방식처럼 보이던 것이 때때로 과거와 동일한 논리의 새로운 버전으로 밝혀지기도 한다. 때로는 전혀 제대로 기능하지 못하는 것으로 판명되기도 한다. 그럼에도 가끔 새롭고 색다른 것이 일어날 수 있는 순간들이 있다. 그 순간 모든 참여자들은 교사와 아이들 사이에서, 실천의 내용과 형식 사이에서 흥미로운 접속과 특징들을 창조해내고 활동하는 능력이 증진된다. 바로 이때 탈주가 일어난다.

들뢰즈와 가타리가 보기에, 탈주선은 새로운 방향으로 향하는 지그재그 균열을 만들어낸다. 이 선들은 새로운 것을 가져온다는 점에서 견고한 선, 유연한 선과 구별된다. 이것이 바로 정치적 실행에 참여할 때 발생하는 어떤 종류의 노력이든 그 선들은 탈주하는 방향으로 향하게 되는 이유이다.Deleuze & Guattari, 2004: 238

본 연구도 역시 탈주선에 집중했다. 무언가 새롭고 색다른 것이 발생할 때, 실천 속에서 탈주선이 만들어지고 활성화될 때에, 그것은 결코 특정 개인에 의해 이성적으로 계획되고 실행되는 변화로서 일어나는 것이 아니었다. 완전히 새롭고 색다른 무언가가 발생하는 것처럼 보이는 마법의 순간들이 종종 있었다. 이는 굉장히 강렬하게 인식되며, 매우 자주 참여자들을 전율케 한다. 아래에 소개되는 사례는 유아학교에서 나타난 수많은 탈주선들을 보여준다. 이 사례는 아동의 이미지, 교사의 역할, 유아교육기관의 역할, 교육 환경과 학습과정에서 내용과 형식을 조직하는 것과 관련해 어떻게 탈주선들이 만들어지는지 보여준다.

사례: '심장박동' 프로젝트

스톡홀름의 한 광장에서 성 밸런타인데이를 기념하는 '심장 전시회'에 유아학교들이 참여한 이후, 프로젝트는 시작되었다. 어느 유아학교의 네다섯 살 아이들은 전시회 준비작업 동안 심장과 박동주기에 대한 이야기를 많이 나누었다. 자신의 심장박동에 대해 서로 이야기하고 아이들은 자기 생각을 상대에게 보여주기 위해 그림을 자주 그렸다. 전시회 직후에 교사들은 아이들에게 종이와 펜을 가지고 자신들이 상상하는 심장박동을 그려볼 수 있는지 물었다. 아이들에게 청진기와 종이, 펜을 주었다[사진 3.1].

아이들은 책상에 둘러앉아 있다가 책상 주변을 뛰어다녔다. 다시 앉아서 서로의 심장박동소리를 들었다. 아이들은 심장이 이전보다 더 빨리 뛰고 있음을 발견했다.

아이들은 자신들의 심장이 빠르게 뛰는지 알아보려고 바깥을 뛰어다니고 싶어 했다. 아이들은 일어나서 뛰었고[사진 3.2] 청진기로 심장박동을 측정하기 위해 서둘러 안으로 들어왔다. 아이들은 다양한 방법으로 어떻게 심장박동의 변화를 머릿속에 그리고 있는지 설명하려고 그림을 그렸다. 활동이 끝난 후 교사들은 아이들의 활동과정이 담긴 기록물을 갖고 와서 아이들이 어떻게 그림을 통해 자기 생각을 드러내었는지 살펴보았다.

두 명의 여아가 앉아서 청진기로 심장박동을 측정하기 시작했다. 그러고는 1, 3, 5… 숫자들을 썼다[그림 3.3]. 이후 아이들은 책상 주위를 뛰어다녔고 더 빨라진 박동을 50이라고 표현했다. 그 후 유아학교 주위를 뛰고 와서는 5,000, 1, 5… 1,000으로 바꾸어 썼다. 앉아서 휴식을 취하고 다시 가서 12를 적었다. 아이들은 다시 주변을 뛰려고 나갔

[사진 3.1] 심장박동소리 측정

[사진 3.2] 집 주변을 뛰어다님

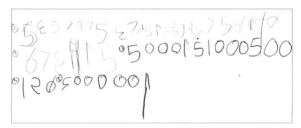

[그림 3.3] 숫자들로 된 그림

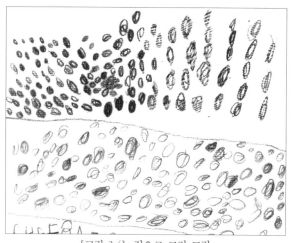
[그림 3.4] 점으로 그린 그림

고, 돌아와서, 측정하고 2,000, 2,001··· 을 썼다.

다른 여아 두 명이 함께 작업하고 있었다. 그들은 즉시 심장의 다른 박동들을 점들로 그리기 시작한다[그림 3.4].

교사들은 아이들이 활동을 계속할 수 있도록 아이들이 그린 그림과 활동을 보며 몇 가지의 가능한 방향에서 분석하고 논의했다. 먼저 아이들을 매혹시킨 것은 청진기를 통해 들려오는 심장소리로 보였지만, 그 외에도 박동의 수치적 논리와 이를 다양한 방식으로 표현할 수 있다는 점에도 매혹되었을 것이다. 이를테면 숫자나 점들을 가지고 표현할 수 있었다. 또한 아이들은 다양한 활동과 전략을 선택했을 때 비록 서로 말을 하지는 않지만 어떻게 진행할 것인지에 대해서도 합의하는 것으로 보였다.

아이들이 합의하고 다양한 전략을 통해 주고받는 행동들은 말spoken word 너머로부터 발생하는 것으로 보였다. 심장소리, 박동에 대한 수학적 논리, 다양한 묘사가 담긴 그림들, 침묵 속의 합의, 전략을 주고받기, 이 모든 것들이 아이들과 교사들이 함께 작업할 수 있는 방향을 제공해주었다. 그러나 교사들은 활동을 지속시키기 위한 구체적인 방향을 결정하기에 앞서, 아이들이 흥미로워하고 다 함께 해결할 수 있는 문제들에 더 가까이 가기 위해 기록 자료를 들고 아이들에게로 돌아가서 의논하기로 했다.

다음 날 교사들은 아이들을 다시 모았다. 그들은 아이들의 그림, 자신들의 관찰 자료와 기록 자료들을 가지고 왔다. 그림이 더욱 눈에 잘 띄게 하려고 아이들의 사진들을 잘라서 종이에 복사해 붙였는데 이는 아이들이 그림을 좀 더 쉽게 다룰 수 있게 하기 위함이었다. 교사들은 또 관찰 자료의 일부만을 가져왔는데, 그것들은 교사들이 가장 흥미롭다고 여긴 것들이었다. 일부의 관찰 자료를 바탕으로 아이들이 그 전날 했던 이야기들의 일부를 아이들에게 다시 읽어주었다. 이때 아이들은 매우 놀라운 방식으로 반응했다. 아이들은 자신들의 그림이 똑같은 조각으로 잘려 있으며, 선생님들이 그 전날 자신들이 했던 이야기의 오직 일부만을 읽어준다는 사실에 대단히 화를 냈다.

한 아이가 말했다.

"이럴 수가! 이건 내 그림 전부가 아니잖아요!"

다른 아이가 덧붙였다.

"그런데 선생님 왜 우리가 말한 것을 전부 적지 않았어요?"

교사들은 아이들에게 자신들의 생각을 설명했고 토론을 지속하도록 하려고 애를 썼다. 그러나 아이들은 더 이상 관심을 보이지 않았다. 아이들은 돌아서서 웃기 시작했고 토론을 계속할 생각이 없다는 가능한 한 모든 신호들을 보냈다. 교사들은 아이들을 잠시 그렇게 두고 그 순간에는 일단 물러나야 한다는 것을 깨달았다. 방금 일어났던 일에 대해 의논하면서 아이들이 스스로 중요하다고 여겼던 것들을 선생님들에게 인정받지 못했다고 느꼈음을 이해했다.

교사들은 아이들의 욕망과 질문, 그리고 아이들이 구성하고 있는 문제들을 따라갈 것인지 토의하기 시작했는데, 아이들이 원하는 방식으로 할지를 결정하는 것이 가장 어려웠다. 교사들은 아이들이 실제로 하고 있는 것을 놓치고 있다는 느낌을 자주 받았다. 즉 아이들의 생각, 말, 그리고 행동을 보면서 어떤 욕망, 질문, 문제들이 실제로 그들에게 중요한 것인지를 발견하기란 힘들며, 집단 실험과 문제 구성 과정에서 아이들을 만날 수 있는 상황을 마련하는 것은 어려운 일이다. 그러나 교사들은 며칠 후에 새로운 토론의 장을 마련하기로 결정했다. 교사들은 아이들과 함께 앉아서, 이번에는 아이들의 원래 그림들과 그들이 관찰한 모든 것들을 보여주면서 다시 한 번 그들이 어떻게 생각했는지 설명하고 자료들 중에 무엇을 가장 흥미로워했는지에 대해 함께 토론했다. 이번에는 아이들이 교사를 토론에 참여시켰고 곧 더 많은 소리를 찾아보고 싶다고 결정을 내렸는데, 밖에서 소리를 찾고 싶어 했다.

다음 날 교사는 아이들에게 밖에서 심장박동소리를 탐구할 수 있도록 필요한 장비와 도구들을 마련했다. 아이들은 집중하며 활동에 참여했고 많은 다양한 소리들을 발견해서 그림으로 묘사하기 시작했다.

심장박동을 묘사하는 데 숫자를 처음 사용했던 여아는 이제 전략을 바꾸어서 점들로 묘사하는 친구의 기술을 사용했다[그림 3.5]. 이 아이는 자신이 속한 집단의 다른 친구의 지그재그 선을 그리는 기술을 빌려와 그림을 그렸다.

처음에 점으로 묘사했던 여아는 다른 종류의 상징들로 소리를 묘사하기 시작했다[그림 3.6]. 교사들은 이제 아이들 사이에서 소리에 대한 확고하고 강렬한 흥미가 만들어졌고 아이들은 이러한 소리들을 다양한 방법으로 표현하고 싶어 한다는 것을 알았다. 교사들은 아이들 사

[그림 3.5] 소리 1에 대한 묘사

[그림 3.6] 소리 2에 대한 묘사

이에서 교환되는 생각의 흐름, 전략, 활동들에 매혹되고 호기심을 느끼지만, 언제, 어떻게 이것이 일어나는지 관찰하기는 쉽지 않다. 아이들이 소리를 듣고 묘사하는 데 사용한 모든 다양한 방법들과 어떻게 서로 협력하고 있는지를 관찰해왔다는 점을 아이들에게 분명히 이해시킴으로써 아이들과 함께 이를 더욱 면밀히 탐구하고자 했다.

교사는 아이들을 모은 다음에 직접 소리를 감지하고 감지된 소리를 다양한 방법으로 묘사하는 것을 관찰했음을 말해주고, 아이들이 생각과 전략을 교환하고 있는 것을 어떻게 알게 되었는지를 말해주었다[사진 3.7]. 교사들은 아이들에게 짝을 이루어서 계속 탐구하고 싶은지 물었고, 짝을 이룬 아이들은 입으로 세 가지 소리를 만들어내어 그림으로 표현했고, 다른 아이들을 관객으로 초대했다.

이번에는 교사의 제안에 바로 호응하며 곧바로 과제를 시작했다[사진 3.8]. 어떤 종류의 소리를 만들어내지? 그것들을 어떻게 그리지?

어떻게 다른 집단의 아이들에게 보여주지? 어떤 아이들은 즉각 말소리를 그리기 시작했다[그림 3.9]. 웃음소리[그림 3.10]와 속삭이는 소리[그림 3.11]가 그 예다. 이후 소리들은 조용한 상태에서 다른 아이들 앞에

[사진 3.7] 토론

[사진 3.8] 함께 작업하기

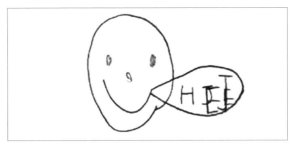

[그림 3.9] 말하는 소리

[그림 3.10] 웃는 소리

[그림 3.11] 속삭이는 소리

[사진 3.12] 소리 공연

서 공연되었다[사진 3.12]. 이 공연은 많은 활동이 일어나게 했고, 웃음 소리가 넘치고 열정적인 분위기의 교실을 만들었으며, 한동안 이와 관련된 많은 다른 활동들이 이어졌다.

유아교육기관에서 창조되는 탈주선들

섬세하게 협상하기, 배회하기, 지속적으로 교환하기는 탈주선들을 창조한 유아학교에서 빈번하게 일어나는 일이다. 다음 사례들은 어떤 조건이 탈주선이 생성되는 데 적합한지 보여준다. 이는 많은 중요한 이슈들을 제기한다.

1. 아이들을 발달이 미리 결정된 존재이자 재현된 또는 유연하고 자율적인 학습자로도 여기지 않을 때 탈주선들이 생성되는 것 같다. 앞서 본 소규모 프로젝트에서, 관계적 장으로서의 주체성과 학습에 대한 생각들이 드러났다. 협동 작업을 하면서 그림을 그리는 다양한 전략이 만들어지고, 그러한 전략을 선택하고 주고받게 된다. 교사와 아이들은 자신들의 외부, 즉, 하나의 장field과 놀이터 등 문제를 만날 수 있는 장소에서 협상에 참여한다. 이러한 장과 관계 그 자체는 스스로 운동 속에 있다. 즉, 시작부터 진행될 문제를 명백하게 알 수 없으며, 아이들과 교사는 문제를 구성하고자 노력하고 있다. 주체성과 학습을 관계적 장으로 정의 내리면, 흥미와 욕망과 신념은 사람들 사이에서 발생하는 흐름flow으로 간주할 수 있다. 이것은 개인 내면에서 그리고 학습과정 중에서 일탈과 지그재그 균열을 만들어낸다는 점에서 유연한 선이나 견고한 선과 구별된다. 교사들은 더 이상 아이들을 미리 결정된 발달이론에 의해 만들어진 견고한 선에 따라, 아이들을 개별 존재로 단순히 정의 내리지 않는다. 아이들의 흥미 혹은 욕망, 그리고 신념들은 길들여지거나 통제되지 않는다고 본다. 오히려 아이들 사이에서 무엇이 일어날지 기대하며, 그들의 흥미는 전염성을 가진 유행과도 같은데 흥미란 각 개체 속에 자리 잡고 있는 것이 아니다. 여기가 바로 탈주선이 탄생하는 지점이다. 이것은 유아와 학습의 이미지를 관계적 장으로 볼 수 있도록 하며, 견고하고 유연한 이항 분할성과는 완전히 다른 개념이다.

2. 교사들이 연간계획을 수립하여 정해진 대로 수업을 할 때보다 더 많은 준비를 하면서 탈주선이 만들어지는 듯하다. 교사들은 신중하게 미리 준비하지만 현장에서 아이들을 마주하게 되면 무언가는 항상 (계획에서) 빠져나간다는 것을 발견하게 될 뿐이다. 이것은 탈주선으로 보일 수 있다. 왜냐하면 먼저 활동 내용과 방법을 조직하고 결정한 뒤, 계획이 올바른 방향으로 실행되고 있는지 확인하기 위해 통제하고 감독하여, 결과적으로 예상되는 결과에 따라 평가하는 견고한 선과 다르기 때문이다. 하지만 이것은 또한 아이들이 수업 내용 및 방법에 대해 책임감 갖고 유연하게 행동할 것과 스스로 세운 계획을 잘 살필 것을 요구받는 유연한 선과도 구별된다. 오히려 실제로 일어나는 것은, 교사들이 아이들의 그림을 조각내어 가져왔을 때의 사례처럼, 아이들뿐만 아니라 교사들, 그리고 내용과 방법, 모두가 함께 (상호작용하며) 움직인다. 이 과정에서 집단적인 협상과 실험이라는 섬세하면서도 강렬한 행위가 요구된다.

3. 탈주선은 유아교육기관 스스로가 지식과 가치의 집단적 구성을 위한 장소로 규정할 때 만들어지는 것 같다. 이것은 이미 선정되고 규정된 지식과 가치의 내용을 단순히 전달하는 문제로 학습을 바라보는 견고한 선과 구별된다. 또 이것은 자율과 유연성이라는 이름 아래 통제를 가하는 유연한 선과도 다르다. 이 두 가지 분할성의 유형 모두에서 지식과 가치의 내용을 여전히 본질주의적인 방식으로 다루고 있다. 유아교육기관을 지식과 가치의 집단적 구성을 위한 장소로 볼 때, 그 차이는 유아교육기관을 관계적 장 속에서 변화를 지속하고 있다고 보는 것으로, 결국 실제로 다루어지는 내용지식과 질문에 달려 있게 된다. 앞의 사례에서 보면 누구도 구성되고 있는 문제를 완전히 이해하지

못하고 있다. 심장박동에 관한 것이 될까? 수학? 소리를 그림으로 표현하는 것? 전략 교환인가? 문제problem는 과정이 진행되면서 집단적으로 구성된다. 교사와 아이들은 여전히 협력하면서 하나의 특정 규칙으로의 행동에 함께 도달하기 위해 상황의 윤리적인 특성을 놓고 갈등한다. 이것은 지식과 가치를 지속적으로 생산되고 창조된다고 볼 때 비로소 가능할 것이다.

4. 탈주선은 교육적 환경과 관련해서도 생길 수 있다. 위의 사건은 아이들이 시간과 공간을 조직하는 데 함께 참여하는 교육적 환경 속에서 발생했다. 아침모임 동안 교사는 아이들과 함께 그날 배울 내용과 구성을 협의했다. 아이들은 하루 동안 다른 집단에 가서 다른 내용을 공부하는 것을 선택할 수 있다. 아이들은 가구(비품)와 재료들을 사용할 수 있으며 필요에 따라 의견을 내고 재료나 가구들을 바꿀 수 있다. 견고한 선의 교육 환경 안에서 배치된 가구는 바꿀 수 없으며, 그날의 수업 내용은 동일한 방식으로 모두에게 적용된다. 유연한 선의 교육 환경 안에서는 하루에 각각의 아이들에게 더 많은 선택사항들을 제시할는지는 모르나, 그것은 여전히 설정된 목표를 따르는 한에서만 가능하며, 시간, 공간, 가구들은 반드시 이미 결정된 확고한 목표를 따라야만 한다.

스톡홀름의 유아학교들에서는 시설과 가구들이 종종 재배치되었다. 어떤 경우에는 디자이너와 건축가들이 협동하여 새 가구와 탐구활동 위한 새 자료들을 고안해냈다. 아이들과 교사들에게 새로운 종류의 주체성과 학습과정의 가능성이 열렸다. 교사와 건축가가 창안한 가구들은 유아학교의 일탈과 지그재그 균열을 가져왔다. 새로운 가구를 배치하면서 교육 환경은 아이들과 교사들의 손안에 들어가게 되며, 교실과 가구에 새롭고 예기치 못한 방식으로 영향을 주었다. 가구는 예상할 수 없는 패턴으로 변형되거나 새로운 접속이 가능했다. 가구에 내재되어 있는 이 예측 불가능함과 접속이 활성화될 때 바로 탈주선이 생성된다. 이는 건축과 디자인의 유연한 선, 견고한 선과 구별되는 탈주선이 탄생하는 순간이다.

5. 탈주선은 문제 구성에 초점을 맞추어 프로젝트를 진행할 때, 그리고 과정이 결과보다 중요하게 여겨질 때 만들어지는 것 같다. 이것은 이미 결정된 내용지식의 형태를 전달하는 작업이 아니라는 점에서 학습과정에서의 사고와 행동의 견고한 선과 구별된다. 유연한 선은 아이들로 하여금 사고하게 하고 문제를 해결하게 하지만 문제와 해결 방식이 정해져 있다는 논리 속에 있기 때문에 탈주선과 구별된다. 문제 구성이 프로젝트의 중심이 되면 정해놓은 해결 방안과 답을 버리게 되기 때문에 탈주선으로 간주할 수 있다. 대신 문제를 구성하는 과정에 초점을 맞추고, 진행되는 과정에 따라 방법을 적용한다. 심장박동 프로젝트에서도 이렇게 진행되었다. 프로젝트 동안 계속 문제를 구성해가면서 의논이 지속되었지만, 정답이나 해결책에 초점을 두거나 강조하지 않았다. 이것은 문제, 해결, 방법을 이미 결정된 관계 속에서 파악하는 견고한 선, 유연한 선과 구별된다.

6. 구성하고 있는 문제를 시각화하는 교육적 기록에 의해 탈주선이 만들어진다. 앞의 사례를 통해 우리는 아이들과 교사들이 어떻게 교육적 기록 주변에서 만나고, 교육적 기록이 문제를 시각화하는 장소로 기능하는지를 볼 수 있었다. 교육적 기록을 통해 새로운 아이디어와 행동들은 형태를 갖추게 된다. 이것은 정상normality이라는 렌즈를

통해 아이들을 관찰하거나, 또는 아이들이 정상적인 궤도를 따르는지를 확인하기 위해 감시하는 견고한 선과 구별된다. 이것은 또한 아이들의 욕망과 학습과정을 길들이고 그들을 유연하고 자율적인 학습자로 만들기 위해 교육적 기록물을 사용하는 유연한 선과도 다르다. 교육적 기록은 문제가 시각화되고 있는 관계적 장에서 만나는 점으로 사용될 때 어떤 의식적 혹은 길들여진 논리에도 의존하지 않게 된다. 예측할 수 없는 실험을 하고 있다는 점에서 이것은 탈주선이라 할 수 있다.

위의 여섯 개의 탈주선이 만들어지는 조건들이 본 연구에 참여했던 유아학교들에도 형성되었고 몇 개의 탈주선들이 만들어졌다. 탈주선들은 홀로 존재하지 않는다. 오히려 이들은 견고한 선, 유연한 선과 함께 하는 전투적 장에서 찾아볼 수 있으며, 생존 공간 확보를 위해 싸우고 있다. 이것이 유아교육기관을 시끌벅적한 곳으로 만든다. 거기에서는 모든 것들이 동시에 발생하며, 탈주선이 만들어지기에 좋은 환경을 갖추기 위한 투쟁이 계속되고 있다.

유아교육의 미시정치학

이 지저분하고 투쟁적인 환경에서 의욕적인 리더, 충분한 돈과 시간을 투자하면 된다는 조직의 수준을 높이는 방식의 원리가 더 이상 기능하지 않은 운동의 체계가 있다. 변화는 늘 뒤에서 살며시 다가온다. 변화는 교사, 연구자와 아이들이 더 높은 수준의 인식에 도달했느냐의 문제가 아니다. 혼자 의식적이고 이성적으로 생각해서 자신이나 타인을 대상화시켜 스스로를 변화시키는 의식적인 주체는 불가능하다.

그것은 미시정치학적 실천이다. 미시-정치적 관점에서는 모든 것은 미시적/분자적으로 그리고 거시적/몰적 정치로 '동시에' 일어난다. 그러나 정치를 행하는 것은 "분자적인 것이자 분자적인 것에 대한 평가이다."Deleuze & Guattari, 2004: 244

가장 견고한 지배체계조차도 미시-운동들의 전체 구성하에 만들어졌다. "계급은 그저 단순히 피라미드형이 아니다. 상사의 사무실은 복도 끝이나 건물 꼭대기에 있다."Deleuze & Guattari, 2004: 231 계급은 미시-정치적 운동의 흐름의 발명과 창조가 없었다면 기능하지 못했을 것이다. 이렇듯 교육과정은 미시-정치적 결정으로 보아야 한다. 유아교육기관은 계속해서 완전한 변화를 겪고 있고, 교육과정과 실천을 상호적 관계 속에서 규정하는 엄청난 창의성을 발산하고 있다.

행정적인 일들만이 거시-정치적 결정에 따르는 것은 아니다. 모든 것이 미시정치에 놓여 있다. 앞서 교사가 아이들의 사진을 일부 잘라서 붙였던 일화에서 아이들은 교사가 교재, 질문과 문제를 다루는 방식에 불만이 있었기에 교사와 함께하지 않으려고 하면서 교사의 제안을 거절했었다. 아이들은 교사에게 인정을 받으려 하지 않은 채 다른 문제에 몰두했다. 아이들의 작은 미시-정치적 몸짓은 교사들이 자신들의 방식으로 탐구를 이끌려고 했던 노력이 담긴 거시-정치적 상황을 전복시켰다.

그렇다면 무엇인 분자적이고 미시-정치적 운동인가? 들뢰즈와 가타리2004: 241에 따르면, 미시-정치적 운동은 신념과 욕망의 흐름이나 양자quanta로 볼 수 있다. 양자들로 이루어진 흐름이란 신념과 욕망으로, 모든 변화가 이루어지는 시초에 구성되는 양자들이다. 따라서 사회와 개인의 모든 변화는 신념과 욕망의 흐름과 양자역학 속에서 시작한다. 모든 지배는 개인과 사회 속의 분할들을 양자들로 이루어진 흐름에 조절하는 것이다. 그것이 무엇이든, 누구든, 정해진 기준에 따라 예측, 감독, 통제하고 평가하려는 모든 시도는 단순한 분할들을 양자들로 이루어진 흐름에 지속적으로 조절시키려는 노력에 지나지 않는다.

이러한 관점에서 볼 때 지배governing란 초월적이며 합리적이고 의식적 선택에 의해 이루어지는 것이 아니다. 지배란 단순히 분할들을 양자에 조절시킬 때 나타나는 '불확실성'의 문제이다. 지배가 개인 내부에서 일어나든 집단 속에서 발생하든 더 큰 몰적molar 조직이나 의사결정은 무수한 분자적 운동, 신념과 욕망의 흐름에 묶여 있다.Deleuze & Guattari, 2004: 238-241

스웨덴의 유아학교에서도 이것을 자주 볼 수 있었다. 즉, 발견되고 깨닫게 되는 것은 예측할 수 없었으며 이것을 결정짓는 것은 바로 신념과 욕망의 분자적 운동이었다. 아이들의 그림에서 볼 수 있듯이 그것은 전체 집단이나 개별 아동의 세밀한 과정에서도 나타난다. 그것은 과정에 대한 평가를 좌우하기 때문에 미시-정치적이다. 우리의 사회속에 잠재되어 있는 모든 이원론에서도 똑같은 현상이 발생한다. 확실히 우리의 삶에 영향을 미치지만, 미시-정치적 관점에서 볼 때, 늘 운동 중에 있다. 탈주선과 틈이 만들어질 수 있는 가장 좋은 조건을 만들려는 노력이 바로 창의성을 발현시켜 사용하는 시점이다.

이와 같이 몰적, 거시-정치적으로 접근해보면 아이들은 성인들과 정반대이다. '아동'이라는 개념은 '아이들과 그들의 천 개의 어린 시절들'의 거대 분자 운동에 의해 지어진 것으로 인식 가능할 것이다.Deleuze & Guattari, 2004: 235 아이들에 대한 미시-정치적 접근이 이론과 실제에서 활성화되고 사용될 수 있기를 기대한다.

우리는 유아교육기관에서 이런 현상을 자주 볼 수 있다. 교사는 빈번하게 거시-조직자이자 의사결정자로 역할을 하게 되고, '불확실한'

분할들의 조절을 통해 지배가 발생한다고 보았다. 예를 통해, 교사가 어떻게 아이들의 욕망에 다가가면서 이러한 생각을 활성화하고 사용하는지 볼 수 있었다. '예측 불가능'의 예는 아이들이 교사들과의 이후 접속을 거부했을 때이다. 모든 것이 서로 관계하며 모든 것이 상황을 완전히 바꿀 수 있다. 이것이 바로 미시-정치적 접근에서 운동을 통한 변화를 신념과 욕망의 흐름으로 간주하는 부분이다. 가장 익숙한 상황에서도 변화는 자신의 삶을 살아간다. 신념과 욕망의 운동은 정해진 기준에 따라 예측, 통제, 감독과 평가하는 것이 불가능하다.

욕망과 감응 그리고 지배

변화를 신념과 욕망의 운동이나 흐름으로 보고, 미리 정해둔 기준에 따른 예측, 통제, 감독과 평가를 거부하는 관점은 어느 시대보다도 현대사회에 가장 적합하다. 서구 사회에서 지배는 사실 얼굴을 바꾸어놓았다. 최근 후기구조주의와 해체주의 연구는 오늘날의 지배가 욕망에서 발생한다고 말한다. 마수미2003는 현대의 지배가 어떻게 스스로 자리를 잡고 감응을 장악하는지 보여주었다. 감응이란 마수미가 스피노자에게서 가져온 개념으로, 미리 결정된 기준에 따라 예측하고 통제하고 감독하고 평가하는 길들임의 의식적 논리와 다르다.

감응은 몸의 잠재성으로 우리의 몸이 무엇을 할 수 있을지 모른다는 스피노자의 사상에 기반을 둔다. 그것은 우리가 기존에 갖고 있는 몸과 의식에 대한 지식을 능가하는 논리이다. 앞의 예처럼 이 논리가 활발해지면 집단적 실험, 강렬함과 예측 불가능성이 일어난다. 감응의 논리는 몸과 힘의 마주침에 대한 질문과 관련이 있다. 즉, 마주침이란 예측할 수 없고 강도에 의해 표시되고, 결과effects로만 인식된다. 따라서 우리는 이것을 느낌feelings을 통해서 설명할 수 있다.

느낌은 감응과 같지 않다. 느낌은 감응의 현실화이다. 감응은 몸의 잠재성과 관련된다는 점에서 느낌과 구별된다. 느낌은 강렬한 감응의 등록registration이자 감응의 결과이다. 몸의 용량의 가능성을 증가시키는 마주침은 즐거운 열정을 만들어내고, 몸의 용량을 감소시키는 마주침은 슬픈 열정을 가져온다.Deleuze, 1988a; Massumi, 2003

마수미2003는 현대의 지배가 감응의 특질의 바로 중심부에 스스로를 정착시켰다고 한다. 그 예로, 우리는 소비자로 정의되는데, 이는 상품과 관련성 때문만이 아니다. 우리가 구매하는 것이 우리의 삶을 확장시키고 다른 삶의 방식을 선택하는 권리가 되기 때문에 소비자로 정의된다. 우리는 구매하면서 다른 주체성을 갖게 되고, 다른 삶으로 확장하려는 욕망을 통해 지배된다. 즉, 감응을 증대시키고 몸의 잠재성을 증가시키기 위해 우리는 구매한다. 마수미는 어떻게 인터넷 마케팅이 특정 구매집단을 목표로 하여 확신convincing이 아닌 전염contagion이라는 관계적 마케팅을 통해 틈새시장을 뛰어넘었는지를 보여주었다. 특정 사건들이 발생했을 때 정치와 대중매체는 사건에 대한 분석을 통해서가 아니라 시청자들을 감응에 직접 노출을 시키는 방식을 통해 지배함으로써 감응은 납치된다. 마수미는 9·11사태 이후 미국의 대중매체가 중재가 아니 사건을 직접적으로 노출시키고 시청자들의 감성적 민감성에 호소하는 것을 예로 들었다. 감성 영역을 정치적으로 조율한 것이다.Massumi, 2003, 2005

그렇다면 무엇을 해야 하는가? 이 상황에 교사와 연구자들은 어떤 방향으로 나가야 할까? 모든 비평과 저항은 과거의 적들의 잔재와 싸우고 있을 뿐이라고 비난받는다. 오늘날의 지배가 스스로 운동 속에 정착한 반면, 지금의 비평과 저항적 실천의 무기는 고정된 위치에 초점을 맞추고 큰 그림에서 운동을 빼버렸기 때문에 더 이상 효과가 없다. 이러한 실천은 늘 한발 늦을 수밖에 없고, 이미 발생한 일에 대한 반동이며, 지금 일어나고 있는 것에 영향을 주거나 어떤 행동을 하도록 작동하지 않는다. 그렇다면 무엇을 해야 할까? 운동에 대항하여 무엇을 하고자 하는 것은 의미가 없어 보인다. 아마도 운동과 함께하며, 바로 그 욕망과 감응을 조율하는 데서 답을 찾아야 할 것이다.

감응의 조율-경청과 실험의 정치학

앞으로의 대안적 정치행동은 권력이 감성적으로 되어가려는 것에 대항해 싸우는 것이 아니어야 한다. 오히려 같은 수준에서 스스로 기능할 수 있도록 하는 것을 배워야 할 것이다. 다시 말해, 감응의 조율은 감응의 조율을 만나야 한다. 그것은 때때로, 정치에 대한 행동적이고, 극적이며, 미학적 접근이어야 할 것이다.Massumi, 2003: 19

2005년 11월에 파리 교외에서 일어난 폭동 이후, 『대중Multitude』이라는 잡지에 그 당시 발생했던 일에 대한 매우 흥미롭고 다른 분석이 실렸다. 얀 물리에 부탕Yann Moulier Boutang2005과 안 퀘리엔Anne Querrien2005은 폭동을 위법이 아닌 사회에 대한 방어의 표현으로 볼 것을 제안했다. 그들은 오늘날 서유럽 국가들에서 어떻게 인종차별을 자연스러운 특질로 기능하게 했으며, 감응의 가장 중심부에 정착시키고 탈주선의 가능성을 막아서 효과적으로 모든 종류의 실험을 차단시켰는지를 보여주었다. 이 상황에서 유일하게 가능한 실험은 폭동에 의한 것일 수 있다. 부탕2005과 퀘리엔2005은 파리에서 일어난 폭동에 정치적 행동으로의 지위를 주지는 않았으나 사회에 대한 방어로 보기 시작했다. 이처럼 문제가 폭력을 통해 환기된 경우는 앞으로의 정치가 지금까지의 고정적 사고나 권리에 대한 합의된 정의에 맞출 수 없을 때이다. 이러한 경우 폭동은 빈번하게 정확히 시외와 같은 환경에서 발생했고 그 환경들은 도시의 부정적인 측면으로 여겨졌다. 그 힘은 우리가 지금까지와 다르게 생각할 수 있게 하며 이 힘들을 완전히 침묵시킬 수 있는 통치는 없다.Rajchman, 2001: 104

이러한 저항을, 새로운 것을 생산하는 가치 있는 것으로 생각하고 저항의 목소리를 들을 때 모든 단계에서의 통치가 가능하고 효과가 있을 것이다. 물론 폭력을 실험의 하나의 방법이라고 제안하는 것은 아니다. 그러나 현대의 사회적 조건이 실험이 폭력적인 형태를 띠도록 강요하고 있음은 인정할 필요가 있다. 아마도 진정으로 경청하고자 스스로를 준비시키는 그런 모든 단계에서의 통치로의 접근이 필요할 것이다. 이를테면 아이들 사이에서는 어떤 욕망이 생산되고 있는지를 경청하고, 주변부의 목소리를 듣는 것이다. 사람들은 어떤 욕망에 사로잡혀 있는가?

경청하기 위해 강렬하고 예측 불가능한 집단적 실험의 과정으로 들어갈 수 있도록 먼저 준비해야 한다. 이것은 물론 정치적이다. 그것은 폭력에 의존하지 않으며 감응이 필요한 공간, 몸이 무엇인가를 할 수 있는 공간, 그리고 모든 상황에서 잠재성 탐험이 허용되는 공간을 창조하려는 시도들로서의 정치이다.

내가 생각하는 핵심적인 정치 질문은 폭력에 의지하지 않고 분할이 가져오는 정체성identity의 선분들을 강화시키지 않으면서 현재 작동하는 권력의 감응적affective 방식을 조사할 수 있는 정치를 실행할 방법이 있는가 하는 것이다. 어떤 정치가 이것을 가능하게 할지 정확하게 알 수 없다. 그러나 여전히 실행 가능할 것이다. 그것은 감응적 잠재성의 범위를 확장하는 것을 목적한다는 점에서 미학적 정치가 될 수 있다. 미학적 실천이 늘 해온 것의 연속으로 볼 때 그러하다.Massumi, 2003: 20

경청과 실험의 정치는 감응이 기능하는 방식을 고려한다. 이와 같은 정치는 감응의 조율에 대항해 싸우거나 한발 뒤에서 그것을 비판하기보다 감응을 조율하려는 권력 속에 들어가서 각각 다른 상황들의 잠재성에 집중하면서 이러한 조율과 똑같은 방식의 조율을 통해 마주한다. 먼저, 이미 가동되고 있는 신념들, 욕망들, 그리고 생산과정을 경청하고 미지의 그리고 예상 불가능하게 사고하고 말하고 행동하는 방식을 탐험할 수 있는 강렬하고 예측 불가능한 집단적 실험에 참여하는 행동을 의미한다. 그러나 이것은 또한 특별한 종류의 윤리에 참여하는 것 또한 의미한다.

보편 윤리와 소속의 윤리와 정치

감응의 조율을 통해, 경청의 정치와 강렬하고 예측 불가능한 집단적 실험에 참여한다는 것은 어떤 특별한 윤리를 포함한다. 마수미는 스피노자가 어떻게 윤리ethics와 도덕morality을 특별한 방식으로 다루었는지를 보여주었다. 마수미의 스피노자에 대한 해석에 근거하면 '도덕'이란 미리 정해진 체계나 법에 근거해 어떤 행동에서든 그것이 긍정적인지 부정적인지를 판단할 수 있다는 생각과 관련된다. 이와 대조적으로 '윤리'는 몸이 무엇을 할 수 있는지에 대한 질문과 모든 행동에서의 잠재성을 찾는 데 집중하는 것과 관련된다. 유아교육기관의 예를 들면, 윤리란 교실에서 무엇이 도덕적 행동인지에 대한 기준을 세우는 사람이 교사라고 말하는 당연시되는 가치 체계에 대한 질문이 될 수 있다. 또한 상황의 특수성이나 참여하는 아이들의 특이성에 접속하여 새로운 가치를 집단적으로 구성하는 데 아이들과 함께 참여할 수 있도록 준비하는 것을 의미하기도 한다. 스피노자식의 윤리와 도덕의 구분에 대해, 마수미는 다음과 같이 설명한다.

> 그래서 감응에 어떤 긍정적 혹은 부정적인 함의connotation를 넣는 것은 나에게 어렵다. 그것은 외부로부터의 판단이기 때문이다. 그렇게 되면 도덕적으로 설명하는 방향이 된다. 스피노자는 도덕과 윤리를 명확하게 구분했다. 스피노자의 견지에서 볼 때 윤리적인 방향으로 운동한다는 것은 미리 정해진 판단 체계에 따라 행동을 특징짓거나 분류한 후 그에 기초하여 행동에 긍정적인 혹은 부정적인 가치를 부여하는 것이 아니다. 그것은 어떤 잠재성에 다가갈 수 있는지, 그리고 그것을 표현할 수 있는지를 평가하는 것을 의미한다. […] 이와 같은 의미에서 윤리는 완전히 맥락적이다. 그것은 완전히 실제적이다. 그리고 윤리는 사람들 사이의 사회적 격차들에서 발생한다. 본질적인 선과 악은 없다. 하나의 행동의 윤리적 가치는 그 상황에서 무엇을 유발했느냐, 그리고 변형이 일어나도록 어떻게 사회적 속성이 부서져 열리도록 했느냐에 달려 있다. 윤리는 우리가 어떻게 불확실성과 함께 사느냐에 관한 문제이다.Massumi, 2003: 7

위의 글에서 우리는 감응이 어떻게 관계적 특징으로 작용하는지를 볼 수 있다. 기존 구조로부터 스스로를 해방시키는 것은 제약들을 깨는 것이 아니다. 그것은 '기존 구조를 뒤집는' 것과 관련된 질문으로 관계적인 방식으로 이루어져야 한다. 다른 종류의 윤리와 정치, 즉 정체성의 정치가 아닌 '소속의 윤리와 정치'를 의미하게 된다.[Massumi, 2003: 10-11] 정체성의 정치는 이미 기능하고 있는 구조와 같은 방식으로 작동한다. 반면 소속의 정치는 모든 상황의 잠재성을 집단적으로 사용하는 감응의 방식에 의존한다. 즉, '결코 홀로였던 적이 없었던 감응에 의한' 방식이다. 그 누구도 어떻게 될지, 어떤 결과가 나올지를 미리 알 수 없다. 그러나 한 가지는 확실하다. 보편적인 도덕 법칙과 규율로 구성된 것이 아닌 완전히 다른 윤리에 대한 사고를 요구한다는 것이다.

우리는 유아교육기관이 기술공학적인 실제로 인해 윤리가 감추어져 있지만, 결코 윤리를 벗어나 있지는 않다고 생각한다. 그러나 무엇이 윤리인가? 유아학교(혹은 다른 기관들)를 윤리와 정치적 실천의 터로 볼 때, 그것은 단순히 양적인 문제가 아니라, 얼마나 많은 윤리와 정치가 그곳에 있어야 하는가의 문제이다. 단순하게 '윤리를 더 많이' 또는 '정치를 더 많이' 다루자고 말하는 것이 아니다. 또한 윤리와 정치를 교육과정에 포함시켜 주제로, 즉 더 많은 시간을 할당하여 옳고 그름의 차이와 민주주의의 작용들을 배우게 하고 행동을 규제할 수 있는 더 많은 윤리적 코드를 만들어내자는 것이 아니다. 핵심 질문은 이것이다. '무엇이 윤리인가?', '무엇이 정치인가?', '어떤 종류의 실천인가?', '무엇보다도 유아교육기관을 윤리적 실천과 미시정치의 지역적 장소로 이해한다는 것은 무엇을 의미하는가?'[Dahlberg & Moss, 2005: 12]

달버그와 모스에 의하면, 우리는 젊은이를 위한 사회기관들에 던질 수 있는 질문들이 중요해진, 그러한 시대를 살고 있다. 우리는 아동기의 제도화가 가속화되고 있는 시대에 살고 있다. 유아교육기관이 증가하고 학교교육 기간이 연장되는 등 기관 속에서 더 많은 시간을 보내게 되었다. 이와 같은 현실에서 우리가 만들어놓은 아동기가 어떤 조건에 놓여 있는지에 대해 책임을 지는 것이 더욱 절실해진다. 오늘날의 유아교육기관에서 윤리와 정치에 대한 질문을 다룰 때면, 기관을 아래와 같이 여기는 경향을 볼 수 있다.

> 오늘날 기관은 미리 정해져 있는 결론들을 전달하는 최선의 방법과 절차를 찾는 기술적인 실천technical practice의 장과도 같다. 여기서 결론이란 안정적이고 규정되어 있으며 전수 가능한 지식 전체를 말하며, 또한 자율적이며 유연한 아동이라는 특정 주체를 내포하고 있다.Dahlberg & Moss, 2005: 2

달버그와 모스는 이러한 경향을 이제는 자연스러운 특징이 되어버린 사회적 구성물로 본다. 이와 같은 특징들로 인해 무엇이 좋고 무엇이 나쁜지를 판단할 수 있고 좋은 실제에 도달할 수 있는 보장된 방식이 있다는 생각에 대한 저항이 거의 불가능한 것처럼 보인다. 유아교육기관이 기술적 실천의 장이라는 생각이 구성되는 데에는 세 가지 조건이 있었다. 그것은 윤리적이고 정치적인 행동들을 체계적이고 구조화된 방식으로 정당화시키는 특별한 종류의 인지적-도구적-실용적-공리주의적 합리성이다. 그것은 세계를 지배하고 자연을 길들이려는 욕망이다. 이와 같은 합리성 내에서 우리는 합리적인 방식으로 측정하고 계산하고 목표에 도달하기 위해 가장 효율적인 방법을 찾으려 노력한다. 이와 같이 지식의 특별한 종류인 과학적이고 객관적인 지식은 세계의 질서에 대해 기술하고 있는 일반적으로 형성된 법에 접근 가능하게 함으로써 합리성을 보완해준다. 이 지식은 도달하고자 하는 목표와 결과에 대한 바람을 미리 정함으로써 작동하는 지식이다. 마지막으로 이 지식과 관련해서 이와 같은 결과에 가장 효율적인 방법으로 도달할 수 있는 과정을 보장해주는 기술들이 있다. 여러 다양한 평가도구, 발달적으로 적합한 교육과정, 질 관리를 위한 다양한 평가도구가 그와 같은 기술의 예이다. 구체적인 예로, 유아환경평정척도Early Childhood Environmental Rating Scale, ECERS는 전 세계에서 사용하는 보편적인 평가 준거이다.Dahlberg & Moss, 2005: 5-9

이와 같은 기술적 실제를 통해 발생하는 것은 들뢰즈가 말한 '통념적 사유Orthodox thought'Deleuze, 1994a: 3장이다. 들뢰즈에 따르면, 대부분의 시간 동안 우리는 사유를 거의 하지 않는다. 우리에게 사유란 빈번히 제자리를 맴도는 질문일 뿐이다. 따라서 새로운 어떤 것도 발견하지 못한다.

> "모든 사람들"은 사실 우리가 거의 사유하지 않는다는 것을 잘 안다. 우리는 사유를 맛보는 흥분보다는 하나의 충격이 주는 충동 아래 놓일 때가 더 많다.Deleuze, 1994a: 132

앞서 언급한 것처럼, 이러한 이유로 스스로를 창조하는 사유는 종종 아주 폭력적이고 즐겁지 않다. 진정한 사유란 이와 같이 불쾌한 일이므로 우리는 앞에 놓여 있는 혼란들을 길들이기 위해 일상에서 우리가 할 수 있는 모든 것을 한다. 즉, 사유를 그것의 진짜 본성에 의지할 수 있는, 사유하는 이가 가장 좋은 의도로 사유하는, 그리고 사유가 재인과 재현의 꾸준한 패턴 속에서 기능하는 그런 안전한 장소에 사유를 정박시킨다. 이러한 사유의 안전한 장소에서는 폭력 없이 무엇이 옳고 그른지를 알 수 있고, 주어진 문제에 해당하는 주어진 해결책을, 주어진 질문에 대한 주어진 답을 품고 있으므로 우리는 당연한 의미를 찾는다. 이곳에서 일어나는 학습은 학습과정에서 나오는 지식에 의해 안내되는 비교적 안전한 과정이다. 이곳에서는 학습을 둘러싸고 있는 지역문화의 복잡성에도 불구하고 가장 효과적인 학습 방법을 찾기가 비교적 쉽다.

들뢰즈는 이러한 사유와 안전한 방식으로 제자리에서 맴도는 사유를 '통념적 사유'라고 불렀다. 이와 같은 사유는 앞서 말한 '좋은 실제'의 특징들 속에서 기능한다. 통념적 사유는 사유의 진정한 본성이라는 이미지와 사유자의 가장 좋은 의도가 있음을 포함하고 있다. 이것과 관련해 무엇이 진리이고, 옳고 그른가에 근거하여 '좋은 실제'를 규정하는 것이 가능해진다. 이것은 좋은 의도에서 시작되고, 아마도 모든 사람들의 최대 관심일 것이다. 통념적 사유는 또한 상식을 수용한다. 즉, 윤리와 정치의 문제를 기술적 실천의 문제로 보는 것은 자연적 특징이므로, 그것은 상식이다. 통념적 사유는 무엇이 '좋은 실제'인지를 우리가 인식할 수 있게 하고, 그것을 지도, 즉 '좋은 실제'라고 만들어진 재현에 끼워 맞추도록 한다. 우리는 실제가 잘못되었거나, 부족하거나, '좋은 실제'라는 지도 속에 맞추어지지 않을 때를 판단할 수 있다. '좋은 실제'의 의미sense 구성에 대해 한 번도 질문을 제기한 적이 없고, 오히려 '좋은 실제'라는 의미가 먼저 결정된 것이라서 이러한 조건에서 '좋은 실제'를 구축하는 문제는 이미 진행되고 그에 해당하는 답들을 갖고 있다. 이러한 조건에서 핵심은 미리 결정된 결론에 빨리 효과적으로 도달하는 것이다. 과정은 결론에 종속되고, 문화를 '좋은 실제'의 문제 주변에 종속시켜 가장 효과적인 방법을 찾는 데에만 집중한다.

윤리-심미적 패러다임

감응의 조율을 통해 경청의 정치와 강렬하고 예측 불가능한 집단적 실험의 정치에 참여한다는 것은 윤리와 정치에 대한 패러다임의 전환을 함축하고 있다. 기술적 실제로 쉽게 환원되는 미리 결정된 해결책을 제공하게 하는 보편화된 윤리가 아닌, 순간을 살기 위해 서 있을 수 있는 그런 윤리학이 필요해 보인다. 이것은 이미 정해져 있는 법이나 규칙들을 적용하는 것이 아니라 법을 만들어가는 실제 과정에 집중하는, 개별 사례에 따른 case by case 논리로서의 윤리로 서술될 수 있다. 그것은 경청과 강렬하고 예측 불가능한 집단적 실험과 감응의 조율을 설명해준다.

하나의 가능성은 가타리가 윤리-심미적 패러다임으로 칭한 관점에 참여하는 것이다. 가타리는 오늘날 지구상에서 발생하는 많은 문제들을 다루기 위해서, 우리는 예를 들어 환경 문제와 함께해야 하고, 환경뿐 아니라 개인과 사회에 대한 사유를 포함해 사유 방식의 전면 재창조에 참여해야 한다. 이것을 가능하게 하기 위해서 그는 모든 영역에 동시에 접근을 하나, 삶을 창조로 보는 '심미적' 접근에서 가능하다고 주장한다.

지구 행성에서 우리의 생존은 환경 파괴뿐 아니라 사회적 연대의 구조와 물리적 삶의 양식의 퇴보에 의해 위협받고 있다. 물리적 삶은 문자 그대로 재창조되어야 한다. 정치를 재정립하려면 세 가지 생태학에 들어 있는 심미적이고 분석적인 차원을 지나가야 한다. 그것은 환경, 사회, 그리고 정신이다. 우리는 대기오염과 온실효과로 인한 지구온난화 해결책, 인구 통제 문제에 대한 해결책들을 사고방식의 돌연변이 없이, 사회 속에 살아가는 새로운 기술을 장려하지 않고서는 상상할 수 없다.Guattari, 1995: 20

윤리-심미적 패러다임은 통념적 사유의 존재론적 전제에 맞선다. 그것은 다른 종류의 윤리학을 불러오는 다른 종류의 존재론이다. 그것은 세상과 우리 스스로를 창의적 생산의 각도로, 미리 결정된 결론이나 합리적이고 효과적인 방법이 없는 끊임없는 과정으로 바라봄으로써 통념적 사유에서 벗어나 함께 실험하려는 윤리이다. 선택이 요구되고, 이로 인해 어느 정도의 정치적 책임을 갖게 되는 실제적이고 임의적인 접근으로도 볼 수 있다.

새로운 심미적 패러다임은 윤리-정치적 의미를 함축하고 있다. 창조를 말하는 것은 창조된 것들과 관련해 창조적 사례에 대한 책임을 말하는 것이기 때문이다. 그러나 이와 같은 윤리적 선택은 선험적 언명, 법의 규제, 유일하고 전지전능한 신으로부터 더 이상 나오지 않는다. 언명은 창조과정의 운동을 따라 스스로 발생했다.Guattari, 1995: 107

윤리-심미적 패러다임에서 실천은 창조와 창조된 것에 대한 책임의 필요성을 함축하고 있기 때문에 정치적 책임의 문제가 된다. 이와 같은 방식을 선택한다는 것은 윤리적이고 정치적인 선택이다. 그러나 이러한 선택은 어떤 더 큰, 상위의, 미리 결정되어 있는 구조, 법이나 의식적,

선험적, 비판적 사고에 의존하지 않는다. 스톡홀름 유아학교로 돌아가 보면 그곳에서의 사건들은 교사와 연구자들이 주체성과 학습 문제를 가지고 노력하는 끊임없는 과정들이었다. 그들은 모두 똑같은 질문을 했다. 어떤 윤리, 어떤 정치, 그리고 어떤 종류의 실천이어야 할까? 이곳에서의 실천들은 기술적 도구주의에 따르지 않고 다양한 방식으로 말하고, 생각하고, 행동하면서 강렬하고 예측 불가능한 집단적 실험에 더 많이 사용되고 있었다. 그들은 우리가 잘 알고 있는 유아들의 학습에 대항했을 뿐 아니라 유아들의 학습을 이해하는 새로운 방식들을 창조해냈다. 이와 같은 창조는 교사들이 지속적으로 책임을 갖고 있어야 했기 때문에 가능했다.

유아교육기관들은 내부의 일만을 해나가는 장소가 아니며 새로운 구성과 새로운 이해를 통해 다른 영역으로 뻗어나가고 영향을 주고받는다. 이를 통해 유아교육기관들은 각자 자기 기관의 삶에 스스로를 제약시키기보다는 더 큰 의미에서 정치적이 된다. 미리 결정된 결론이 있다는 생각을 복잡하게 만들고, 윤리-심미적인 실제, 지식과 가치가 끊임없이 창조되고 있는 정치적 실제에 들어가기 때문이다. 윤리-심미적 패러다임은 여기서 실천되며 감성적 잠재성을 통해 경청되며, 실험에 참여하는 사람들이 있는 유아학교의 정치적이고 윤리적인 삶과 관련된다. 그것은 어디로 향해가고 있는지를 정말 모른 채 소속되는 집단적 실험에 대한 관심이다. 두말할 나위 없이 아주 안전하지 않고 막연한 장소에 존재하며, 선택한 것에 책임을 질 수 있도록 신중하게 일을 해야 하는 곳이다.

이를 위해 우리는 상상하고 있는 미래에 덜 집중하고 순간과 그 속의 잠재성을 더 신뢰해야 할 것이다. 이것은 실제로 우리에게 많은 것을 가져다준다. 이미 정해져 있는 결과 그 이상이다. 그것은 여기, 우리가 함께 마주할 모든 제약들과 잠재성들을 갖고 있는 바로 이 순간으로부터 시작된다.

모든 선은 위험하다

들뢰즈와 가타리에 따르면 모든 선분들과 선들은 위험이 연결되어 있기 때문에 우리가 아무리 조심해도 위험을 만날 수밖에 없다.Deleuze & Guattari, 2004: 250-255 이 때문에 우리는 경청하고, 그 순간의 잠재성과 강렬하고 예측 불가능한 집단적 실험에 뛰어들 때 이 위험들을 잊지 말아야 한다. 그러나 위험은 항상 우리와 함께 있으며 어떤 순간이라도 실험을 방해하거나 재구성할 수 있도록 준비해야 한다. 들뢰즈와 가타리가 설명한 견고하거나 유연한 선분들과 선들, 그리고 탈주선들이 갖는 위험들은 오늘날의 유아교육 상황과 연결되어 있다.

공포

공포는 견고한 선의 위험이다. 그것은 견고한 선분들 혹은 선들을 잃어버릴 것에 대해 우리가 느끼는 공포와 관련된다. 우리는 스스로 규정을 내린 정의들과 위치들에 편안해졌을 때, 선분이나 선들이 더 이상 기능하지 않거나 잃어버릴 것을 걱정한다. 이것 때문에 우리는 이미 알고 있는 것에 집착하게 되는데, 예상치 못한 것을 만나게 되면 두려워지고, 우리가 이미 알고 있는 선분들을 사용하며 되돌아간다.Deleuze & Guattari, 2004: 250-251 한 예로, 당신은 아주 깨어 있는 사람일지 모르겠다.

그러나 여전히 인종차별적 생각이 반사작용처럼 바로 뒤에서 다가와 당신을 공격한다. 이때 당신이 할 수 있는 것은 아무것도 없는데, 견고한 선분들의 습관이 작용하고 있기 때문이다. 그것은 잃어버리는 것에 대한 공포로, 견고한 선분들에 매달리게 만든다. 아이와 관련지어 생각해 보자. 우리는 아이가 무엇인지를 알고 싶어 한다. 그러나 아이처럼 행동하지 않는 아이들은 우리를 공포에 빠지게 한다. 따라서 우리는 그 아이를 길들이려고 견고한 선분들을 사용한다. 우리가 아이들에 대해서 생각하고, 말하고 행동하는 방식들이 모두 이와 관련 있다.

명확성

명확성은 유연한 선의 위험이다. 그것은 분자적이기 때문에 분명하게 보이지 않는다. 겉보기에는 견고한 선분들로부터 자유롭고, 더 유연해 보이지만, 들뢰즈와 가타리는 아주 소규모로 어떻게 유연한 선들이 견고한 선들을 모방하는지를 보여주었다.Deleuze & Guattari, 2004: 244 이와 유사하게 '유능하고, 자율적이며 유연한 아동'이라는 생각은 유연한 선의 위험에 노출될 위험성을 갖고 있다. 한 아동을 판단할 때 부족한 부분을 보지 않고 아이가 갖고 있는 역량을 평가하는 것은 당연히 좋은 일이다. 그러나 아이는 여전히 평가를 받게 된다.

새로운 임무와 새로운 진리가 주어졌다. 즉, 아동은 유능하다. 그리고 교사와 연구자들은 아동의 유능함을 이끌어내고, 아동이 목소리를 낼 수 있도록 도와주는 역할을 하게 되었다. 그렇다면 여기서 '유능함competency'이란 무엇을 의미하는가? 오늘날, 그렇게 유능하지 않다고 여겨지는 아이들은 누구인가? 혹 '유능함'이라는 정의가 '개별적이고,

자연적이며 발달하는 아동'이라는 과거의 생각과 똑같은 논리 내에서 여전히 기능하고 있지는 않은가? 교사와 연구자들이 과거와 전혀 다른, 자신이 아동에 대해 더 나은 이미지를 갖게 되었다고 믿게 되었을 때, 유연한 선분들은 위험에 놓이게 된다. 모든 사람들이 아동에 대한 새로운 이미지를 손상시키지 않으려고 분주하다. 때때로 이를 위해 서로서로를 통제하거나 판단하기도 한다. 다른 사람들은 아동에 대한 올바른 이미지를 갖고 있는가? 혹은 그렇지 않은가?

우리는 굉장한 편집증적 공포가 아니라 천 개의 작은 고정관념들과 자명한 진리들에 사로잡혀 있다. 블랙홀들 하나하나에서 쏟아져 나오지만 아직 체계를 이루지 못하고 소문과 웅성거림을 만드는 명증성들과 명확성들이 그것이다. 그것은 누구에게나 그리고 모든 사람에게 나름대로의 판사, 심판자, 경찰관과 나치의 말단 반장 등의 임무를 부여해 휘황찬란한 빛으로 눈을 가려버린다. 우리는 공포를 극복해냈고 안전한 해안 주변을 떠나올 수 있었지만 결코 그에 못지않게 집중되고 빈틈없이 조직된 체계에 들어왔다. 이처럼 작은 비-안전성들의 체제에 의해 우리는 각자가 자신만의 블랙홀을 발견하고 이 구멍 안에서 위험해지며, 상황이나 자기 입장, 역할이나 해야 할 임무에 대해 첫 번째 선의 확실성보다 더 우려할 만한 명확성을 갖게 된다.Deleuze & Guattari, 2004: 252

권력

권력은 견고한 선과 유연한 선, 두 선들에 동시에 작용하는 위험이다. 권력의 위험은, 깨고 나아가려는 모든 탈주선들을 막으려는 의지를 위장하고, 배신하는 유연성이다. 들뢰즈와 가타리에 따르면, 이것은 늘 얼굴을 바꾸는 남성과 여성의 권력이다.Deleuze & Guattari, 2004: 252 한 예로 오늘날 유아교육의 상황과 정치적 논쟁에 대해 생각해볼 수 있다. 처음 에는 남성과 여성의 권력에 대해 이야기할 때 개개인들은 유연한 언어 로 말할 것이다. 예를 들자면, 권리, 선택과 독립성 등이다. 그러나 그다 음 순간에, 남성과 여성의 말은 딱딱해지고 경직될 것이다. 그리고 그 들은 질quality과 예상되는 결과를 보장할 수 있는 적절한 투입과 산출 관계를 평가할 수 있는 더 많은 법과 질서, 도구들이 필요하다고 우리 를 설득시킬 것이다.

유아교육 분야에서도 아주 어린 아이들까지 통제하고 감독하고 평 가하려는 시도가 점점 더 많아지고 있다. 아이들을 예측, 통제, 감독 하고 평가하려고 만든 도구들이 아동의 흥미에 가장 잘 기능한다고 소유권을 주장하고, 자율적이며 유연한 학습자를 생산하는 데 있어 아주 중요하다는 주장을 내세우며, 개인의 자유를 보장해준다고 한 다.Elfström, 출판 예정 이렇게 어린 연령의 아이를 평가하면 그 아이에게 어 떤 일이 일어날 것인지를 생각해보아야 한다. 더 큰 문제는 이런 평가 도구들에 (우리가 스스로) 아주 값비싼 값을 지불해야 하고, 평가도구 들을 깨고 나오려는 모든 탈주선들을 막으려는 논리 내에서 유아교육 현장이 기능하게 될 때이다.

거대한 혐오와 소멸의 열정

거대한 혐오와 소멸의 열정은, 탈주선들 자체와 관련되어 있다. 탈주선들은 포획되고 분할될 위험에 놓여 있을 뿐 아니라, 그것들은 또한 "희생과 죽음의 냄새와 같은, 이상한 절망을 방출한다."Deleuze & Guattari, 2004: 252 이것은 탈주선이 어떤 다른 선과 연결되지 않을 때 발생한다. 이후 탈주선은 혐오, 파괴 그리고 소멸로 변질될 위험에 놓이게 된다.Deleuze & Guattari, 2004: 252-255 이것은 앞서 언급했던 파리 폭동에 대한 부탕과 퀘리엔의 분석과 연결시켜 볼 수 있다. 실험을 할 수 있는 모든 방법들이 단절될 때 어떤 일이 발생할까? 다른 선들과 연결되고 창조되어야 할 탈주선들을 위한 공간이 없어졌을 때 어떤 일이 일어날까? 부탕과 퀘리엔은 이 질문들에 대한 답을 제공했다. 그것은 폭력이었다.

따라서 아이들이 견고한 선분들과 유연한 선분들 모두를 거쳐 갈 수 있도록 하는 방법을 생각해보는 것이 중요하다. 아이들은 견고한 방식으로 정의 내려지고 분할됨과 동시에 자유롭고, 독립적이고 유연한 개인이라는 부드러운 언어를 통해 규정되기도 한다. 권력이 탈주선을 막고 단절시키려는 욕구에 의해 기능하게 되면, 개별 아동에게 상당히 집중하게 된다. 일례로, 오늘날 아이들은 더 빈번하게 스스로를 돌아보고, 자신의 역량을 스스로 평가해보도록 요구를 받는 동시에 어쩌면 아동의 맥락과 완전히 떨어져 있는 국가 혹은 국제적 기준에 근거해 평가받고, 측정되고, 통제당하고 있다.Elfström, 출판 예정

자율적이며 유연한 개인이라는 이미지는 아마 주체를 본질적으로 정의 내리려는 것에 반대해 다른 종류의 자유와 독특성을 표현하기 위해 생각되었을 것이다. 그러나 요지는 여전히 똑같은 메커니즘이 작동하고 있는 듯하다는 것과 이 개인이 지구에서 가장 외로운 사람이 되어버렸을지도 모른다는 데 있다. 우리는 탈주선들이 다른 선들과 접속하지 못하는 환경에서 일어나는 실험을 할 때 아이들의 가능성에 어떤 일이 발생할지를 스스로에게 질문해야 할 것이다. 아이들이 자신들

의 탈주선과 다른 선들을 접속시키는 방법을 찾지 못하면 그것은 아이들에게 위험이 된다. 그렇게 되면 아이들은 자신들이 탈 수 있는 탈주선들을 없애버리거나 파괴할 것이다. 들뢰즈와 가타리에 따르면, "다른 선들이 갖고 있는 모든 위험들은 바로 이 위험에 비하면 아무것도 아니기" 때문에 우리가 가장 심각하게 고려해야 할 부분이다.Deleuze & Guattari, 2004: 255

2부

방법론

4장

페다고지 실천학과 초험적 경험론

개요

3장에서는 운동movement을 설명하기 위해 미시정치학과 분할성 개념을 소개했다. 이 장에서는 '초험적 경험론transcendental empiricism'에 관해 얘기하려고 한다. 이 개념은 스톡홀름 유아학교에서 이루어졌던 강렬하고도 예측 불가능한 집단적 실험을 이해하는 데 도움이 될 것이다. 이 장에서는 두 번째 핵심 사항을 다룰 것이다.

핵심 사항 2

유아교육기관에서 교사와 연구자들은 강렬하고 예측 불가능한 집단적 실험을 협력하여 실시한다. 이 과정에서 연구자와 교사는 관계의 장 속에 있다. 이것에 관한 이론을 만들기 위해서는 초월적 원리에 기반을 둔 의식적 비판이 아니라, 다른 대안적인 과학적 방법이 필요하다.

이 연구는 페다고지 실천학pedagogical work을 배경으로 수행되었다. 페다고지 실천학은 스웨덴에서 시작된 신생 학문으로 교사교육과 교실수업이 개선되어야 한다는 필요성에서 시작되었다.[1] 학문으로서의 페다고지 실천학은 교사교육과 교실수업을 위한 새로운 지식의 필요성을 다룬다. 이 학문은 교사교육과 교실수업에 관한 과학적 이론의 발전, 특히 현대사회의 정치·경제·사회적 맥락과 관련해 연구와 실천 간의 관계를 다루는 데 초점을 두고 있다. 알스트롬Ahlström과 칼로스Kallós,[1996] 칼그렌Carlgren,[1996a, 1996b] 그리고 에릭손 아레만Erixon Arreman[2002]에 따르면, 교육학에서도 이미 이러한 문제를 다루어왔지만 연구와 실제 두 영역 모두에서 충분한 성장을 이루지 못했다고 했다. 여전히 교사교육이나 교실수업을 다루는 연구자들은 소수이며 연구 결과 또한 아직은 창의적 학문 영역을 구축하기에는 불충분하다고 할 수 있다.

새로운 학문이 발달하게 된 배경이자 원인 중 하나는 대학원 교육을 받은 교사 수가 적다는 사실이다. 반면 연구와 실제를 밀접하게 연계할 수 있는 학문적 영역에 대한 요구는 많다. 페다고지 실천학이라는 새로운 학문의 목표는 연구와 실제를 연계하는 것으로, 교사가 연구문제를 생각할 수 있고 실제와 긴밀하게 연결된 연구를 진행할 수 있도록 하는 것이다. 이를 가능하게 하는 한 방법은 교사가 2년 이상 현장 경험을 쌓은 후에 소위 '연구학교research schools'에서 교사교육을 받을 수 있도록 하는 것이다. 연구학교에서는 전일제 학생을 위한 수업과 세미나로 이루어지며 박사과정 학생들이 자신의 연구 역량을 발전시키고 함께 협력하여 학위논문을 준비할 수 있는 기회를 제공한다. 연구학교는 교사교육의 연장선에서 교사교육과 교실수업의 실제에 관한 문제를 다양한 방식으로 생각할 수 있도록 하는 연구 환경을 만든다. 연구학교에서 교수 실제와 이론을 연구하는 목적은 다음과 같다.

지식의 구성, 교사의 교수 행위, 학생들의 배움과 사회화에 관한 이론들을 발전시켜야 하며, 또한 정치·경제·사회적 맥락이 어떻게 작용하는지에 관한 이론의 확장에도 기여해야 한다.Umeå Universitet, 2005: 1

이 연구는 스톡홀름 사범대학의 교사교육 과정과 유아학교에서 실시했던 경험을 바탕으로 이루어졌다. 지금의 연구 환경에서 연구 경험과 페다고지 실천학이 효과적으로 작용하려면 이론과 실제의 복잡한 관계를 포괄할 수 있는 새로운 이론이 필요하다. 만약 이 관계를 충분히 다루지 못한다면 실험은 두 가지 위험에 처할 수 있다. 첫째, 과학적 절차와 결과에 끼워 맞추려는 기성 이론들에 의해 독특한 경험이 잠식될 수 있다. 둘째, 경험이 충분히 이론화되지 못할 수도 있는데, 즉 실천에서 비롯된 사건이라는 점이 지나치게 강조되어 모든 교사들이 이미 벌써 하고 있다는 방식으로 기술될 수 있다.

페다고지 실천학을 통해 우리는 연구의 중심에 실제가 존재해야 한다는 점을 다시 확인할 수 있었다. 실천의 중요성을 고려한다면, 실험을 통해 새로운 이론적인 관점을 탐구할 여지가 생긴다. 이런 조건하에서 페다고지 실천학이라는 학문은 들뢰즈와 가타리Deleuze & Guattari의 이론과 같은 새로운 이론적인 관점을 시도해볼 수 있는 조건을 만든다.

들뢰즈와 가타리는 사회과학 연구에서 오랫동안 이야기되었던 핵심 관념의 대안으로서 새로운 개념을 제안했다. 특히 매우 중요한 관념 중 하나가 연구와 실천 간의 관계이다. 들뢰즈와 가타리의 초험적 경험론이라는 새로운 개념을 살펴봄으로써, 연구와 실천 간의 관계를 좀 더 면밀히 설명할 수 있을 것이다.[2] 유아학교에서 이루어진 교사와 연구자가 공동으로 참여한 강렬하면서도 예측 불가능했던 실험을 통해 들뢰즈와 가타리가 주장한 초험적 경험론의 개념이 연구와 실제 간의 관계를 설명하는 데 어떻게 기여하는지 알 수 있었다.

초험적 경험론

들뢰즈에 따르면 철학은 지금껏 경험론을 합리주의의 반대된 개념으로 받아들여졌다.Deleuze, 2001: 35 경험론은 이성에 존재하지 않는 어떤 것, 즉 원자론적 감각atomistic sensation을 설명한다. 그러나 들뢰즈와 가타리가 주장한 초험적 경험론은 훨씬 더 흥미로운 측면을 가지고 있다. 사고를 감각의 거대 조직자로 여기지 않는다.

삶은 총체적으로 조직되거나 체계화될 수 없다. 사고thought는 발견자나 조직자가 아니라 생산자이다. 사고는 우연한 만남을 통해 생겨나는 것이다. 오히려 삶의 원인이 아니라 결과라 할 수 있다.Deleuze, 1994a, 2001; Deleuze & Guattari, 1994 초월성은 사고를 삶의 원인이자 조직자로 암시해왔으며 사고의 이면에 혹은 상위에 속하는 것으로, 가장 최상위 개념으로 여겨져왔다. 그러나 들뢰즈와 가타리는 이와 다른 성격의 초험적 경험론을 주장해왔다.

초월성transcendence과 초험성transcendental에는 차이가 있다.[3] 초험적 전통에 속한 철학자들은 기존의 초월성을 비판하면서도 동시에 사고의 내재적 방식을 따른다.

그렇다면 초험적 영역은 무엇인가? 이것은 경험과는 구분되는 것인데 대상도 아니며 주체(경험의 재현)도 아니다. 반주체적 의식 a-subjective consciousness으로 선반사적이자 비인격적인 의식pre-reflective

impersonal consciousness이다. 자아가 없는 질적으로 연속된 의식의 상태
이자 순수한 상태 그 자체이다.Deleuze, 2001: 25

위의 인용문을 살펴보면 초험적 경험론, 초월성, 내재성에 관한 질문
은 일단 의식과 관련되어 있다. 이는 한 인간이 자신의 의식을 이용해
세계를 이해하고 행동하는 상태 및 역량과의 관련이다. 그러나 초험적
경험론에서는 의식이 세상을 이해하려는 열망과 가능성을 낮게 평가
한다.[4] 의식은 어느 정도는 초험적 영역을 침범하며 한 주체가 스스로
를 인지하고 세계를 대상으로 인식할 수 있도록 한다.

초험적 영역을 내재성의 평면이라고도 한다.Deleuze & Guattari, 1994:
chapter 2; Deleuze, 2001 주체subject와 객체object가 이분법으로 구분되지 않
고 경험의 재현이 폐지되는 내재성의 평면이 의식 이전에 존재한다.

초월적인 것은 초험적이지 않다. 의식이 없다면 초험적 영역은 순
수한 내재성의 평면으로 정의될 수 있는데, 왜냐하면 이는 주체와 대
상의 초월성으로부터 벗어나 있기 때문이다.Deleuze, 2001: 26

내재성의 평면은 2장에서 언급했던 사고의 자기창조와 관련이 있다.
어떤 안정적이고 고착화된 기반 없이도 생각하는 순간 사고의 기반이
만들어짐으로써 생각하는 행위는 지속된다. 더 이상 장소가 될 수 없
는 장소에서 이러한 현상이 발생한다. 안정적인 기반도 없고, 세계를
대상화할 수 있는 주체도 없다. 이 장소 내에서는 변화와 연계가 일어
나고, 서로 마주쳤을 때만이 알 수 있는 상이한 속도와 느림, 힘과 형
체 등이 존재한다.Deleuze & Guattari, 1994: 36-37[5] 이제 사고가 왜 이미 생각
했던 것 이상의 그 어떤 조건을 만들어내지 못했는지 그리고 모든 초

월성이 이제 경험적으로 다시 고려되어야만 하는지 알 수 있다.

초험적 영역에서 주체는 이미 내재적이고, 주체와 객체의 이분법적 사고는 작동하지 않는다. 따라서 경험의 재현 또한 작동하지 않는다. 세계의 지속적인 생산과 불안정성을 설명할 수 있는 '야생의' 초험적 경험론을 통해 경험적 재현의 개념은 도전받고 있다.[6]

초험적 경험론과 과학

그렇다면 이론과 실천의 관계에 대해 초험적 경험론이 시사하는 것은 무엇인가? 초험적 경험론은 지금까지 연구와 실천을 이분법적으로 구분해왔던 것에 대해 의문을 던진다. 지금까지 연구에서는 의식적으로 비판하는 초월적 논리성을 사용해 실제 일어나는 현상을 분석했다. 이러한 방식은 의식의 역량에 의존한다. 즉, 초월성에 근거한 의식이 주체가 되어 과학적 사고에 따라 실제를 대상화하여 비판했다.

다시 페다고지 실천학에 대해 이야기해보자. 교사들이 물어보려는 질문이 만약 현존하는 과학적 사고의 초월적 논리성(주체로서의 사고)에서 이미 다루어졌던 것이라면, 변하는 것은 아무것도 없을 것이다. 한 가지 다른 점은 교사 자신이 스스로를 대상으로 두고 자신을 비판한다는 것이다. 과학적 또는 비판적 자기반성은 초월성의 논리를 바탕으로 한다. 자신을 대상화하여 주체적으로 사고하라는 초월적 아이디어에 맞추어, 연구자들은 학습자들이 학습한 것을 떠올려보도록 요구한다. 이러한 자기반성은 초월성 논리를 보여주는 가장 강력한 증거인 셈이다.

들뢰즈와 가타리의 초험적 경험론은 연구와 실천 간의 관계를 재형성하고 활성화한다. 초험적 경험론은 과학과 이론 모두를 실천으로 봐야 한다는 관점을 택하고 있기 때문에 재형성이 가능할 수 있다. 또 실천을 대상화하지 않기 때문에 초험적 경험론에서 과학과 이론도 동등한 실천으로 고려된다.

> 과학 혹은 이론은 탐구 행위이자 실천이다. 경험적 세계에서 이루어지는 실천에 관한 연구이다. 이제 이론에서 실천으로의 대전환이 이루어진다.Deleuze, 2001: 36

과학의 생산성과 발명

과학과 이론은 실천을 의식적으로 비평하지 않는다. 의식적 비평은 자체적인 생산성이나 창의성을 고려하지 않는 초월적 사고를 바탕으로 경험적인 자료를 사용하지 않기 때문에, 틀에 갇힌 실험이 될 수밖에 없다. 물론, 이렇게 단순하지는 않다. 일반적으로 연구자들은 존재론적이며 윤리적인 질문을 다루는 데 크나큰 노력을 기울인다. 그러나 아무리 엄격한 통계 방법, 해석 절차, 복잡한 분류 과정, 혹은 비판적 성찰을 시도해 자신의 자료를 검증하더라도, 비평을 통해 아이디어를 재현하는 방식은 합리주의의 일부가 된 경험론으로 설명될 수밖에 없다.

초험적 경험론을 사용한다는 것은 무엇에 대해 생각한다기보다는 사고의 조건을 만들어내는 것이다. 즉, 초월적 사고로 경험을 덮으려는 시도를 피하고 경험적 자료 자체에 노출되어야 한다.Deleuze, 1994a 이런 맥락에서 연구를 한다는 것은 멀리서 발견하는 것이 아니라 공동으로 발명한다는 것을 의미한다. 이제 연구자는 새로운 것을 발명해야 한다.

이 점을 받아들인다면 연구와 실천은 공동의 실험을 통해 우리가 아직 모르는 많은 것을 설명할 수 있는 상황을 만들어내는 것이라 할 수 있다.

초월적 사고로는 마주침encounters의 순간을 받아들일 수 없다.[7] 들뢰즈와 가타리에 따르면, 초월적 사고는 알지 못하고 기대하지 않았던 것에 대해 준비가 되어 있지 않다. 그러나 마주침을 통해 지속적으로 재창조되는 사고는 알지 못하고 기대하지 못했던 것들을 찾아다닌다. 이러한 사고는 새롭고 흥미로우며 놀라운 것들에 대한 실험의 사고이다.Deleuze & Guattari, 1994: 111 이론이 실천을 비평하고 평가절하 하는 것을 그대로 받아들여서는 안 되는 이유이기도 하다. 연구는 자체적인 생산성과 발명을 인지하고, 강렬하며 예측 불가능한 집단적 실험을 실행할 수 있어야 한다.

예측 불가능한 집단적 실험과의 마주침

초험적 경험론을 따른다면 이론을 실천에 적용할 수 없다. 그들 간의 마주침이 필요하며, 둘 중에 어떤 것도 상위 원칙으로 작용할 수 없다. 푸코와의 대화에서 들뢰즈는 이론과 실천을 동등한 것으로 보았다. 이론과 실천 그 어떤 것도 서로를 포함하거나 설명할 수 없고, 다른 하나에 적용되거나 그 원인이 될 수도 없다. 이론을 실천에 적용할 수 없으며 동시에 실천을 이론에 적용할 수도 없다. 따라서 실천이 이론을 포함하거나 이론의 근원지라고 미화하는 것도 불가능하다. 이론과 실천 간에 유사점은 없으며, 둘 다 실천이 될 수는 있지만 동일할 수는 없다.

들뢰즈에 따르면, 이론은 언제나 벽에 부딪힌다. 이 벽에 구멍을 내기 위해서 실천이 필요하다. 개념(혹은 과학과 이론)과 실천(실제 혹은 경험적 자료)은 공동으로 실험을 진행해, 서로의 잠재성을 깨우고 알려지지 않은 것을 제시할 수 있어야 한다. 푸코는 이와 관련해『안티 오이디푸스Anti-Oedipus』1984의 서문에서 다음과 같이 말한다.

실천을 사고를 제련하는 장치로 사용하고, 분석을 정치적 개입 행위의 영역과 형태를 증폭시키기 위한 장치로 사용하라.Foucault, 1984c: xiv

이것은 이론과 실천이 어떻게 협력할 수 있는지, 그리고 이 연구에서 이론과 실천이 어떻게 협력할 것인지에 대해 설명한다. 이론은 실천을 통해 창조되고 정련되며, 실천 또한 이론을 통해 다른 관점에서 삶을 바라보고 확대된 의미의 정치적 행위를 경험할 수 있도록 한다. 이론과 실천이 만난 구체적인 사례가 여기 있다. 유아학교에서의 경험과 관련해 이론을 어떻게 사용할 수 있는지 탐구할 때, 들뢰즈와 가타리의 개념은 주체성과 학습에 대한 운동과 실험의 특징을 연구하는 데 도움이 되었다. 이론과 경험은 서로를 상호 보완적인 관계로 변화시켰다. 유아학교에서의 연구와 들뢰즈와 가타리의 개념이 만나서 결과적으로 아주 폭발적인 힘을 가지게 된 것이다. 개념이 텍스트에서 벗어나, 유아학교의 일상생활로 확장되자 이론적 체계 내에서의 개념의 기능이 새로이 바뀌기도 했다. 실천적 경험은 이론을 만나 새롭게 생각하고 대화하며 행동하는 것으로 변화했다.

들뢰즈와 가타리의 욕망desire에 대한 개념이 유아학교 경험과 만나서, 아이들이 생각하고 말하고 행동하는 방식을 어떻게 변화시켰는지를 예로 들 수 있다. 실재real의 무의식적인 생산인 욕망은(6장을 참조하라) 아이들의 이야기를 듣는 새로운 방식이 되어, 아주 추상적인 개념에서 갑작스럽게 그 기능이 변화했다. 실재의 무의식적 생산인 욕망은 아이들이 자신의 욕망을 각기 다른 방식으로 드러낼 수 있도록 하였다.

정신분석학에서 보는 결핍으로서의 욕망이 아니라, 생산으로서 욕망을 바라본다면, 교사가 아이들을 바라보는 방식은 완전히 달라진다. 아이에게 부족한 점이나 필요한 것을 찾기보다는 아이가 욕망을 통해서 무엇을 생산하고자 하는지 볼 수 있다. 이것은 혁신적인 변화다. 생산성으로서의 욕망은 도움이 필요한 아이라는 개념에서 벗어나게 함으로써 실재를 완전히 바꾸어놓는다. 욕망을 부족하고 도움이 필요한 것으로 정의한다면, 교사는 권위자이자 심판자로서, 아이들을 미리 정해진 정상적인 발달 유형에 맞게 자라고 있는지 감독하고 판단하는 역할을 맡게 된다. 교사는 이러한 판단에 근거해 아이들의 활동을 계획하고, '정상적으로' 발달하도록 도와주려는 야망을 가진다. 이 상황에서 아이들에게 자신의 삶에 영향을 줄 만한 기회를 주기란 극히 어렵다.

그러나 욕망이 생산으로 정의된다면, 교사는 가장 먼저 교실에서 어떤 유형의 욕망이 존재하는지 경청하고 찾으려 노력할 것이다. 욕망은 아이들의 요구 사항이 아닌 학습을 시작할 수 있는 아주 강렬한 힘으로 작용할 수 있다. 교사는 아이들이 교실 생활에서 자신의 욕망을 표출할 수 있도록 시간이나 공간, 일상생활과 같은 교육 환경을 만들 수 있다. 아이들의 욕망을 경청하고 생산적이라고 생각한다면, 활동을 계획할 때에도 아이들의 욕망을 반영하게 될 것이다.[8]

그렇다고 연구를 진행하면서 처음부터 욕망의 개념을 가장 먼저 선택한 것은 아니었다. 들뢰즈와 가타리의 연구에 포함된 모든 개념이 동등하게 고려되었으며 조금씩 욕망의 개념이 가장 중요한 개념으로 선택되었고, 교육에 적용되었다. 욕망의 개념과 유아학교에서의 경험이 만나 연구의 범위가 넓어졌을 뿐만 아니라, 개념 자체가 다소 확대되고 깊어져 연구 전체에 영향을 주었다.

이 연구는 이전 연구에서 알려지지 않은 새로운 내용이 밝혀질 수 있는지에 주목했다. 연구 기간 동안 아이들과 교사, 연구자는 지속적 만남을 통해 개념과 그 기능을 다시 생각해보고 변화를 주려고 했다. 욕망의 개념에 주목해, 아이는 도움이 필요하고 부족하다는 개념을 바꾸기 위해 치열하게 노력했다. 그리고 관계적 학습을 강조하면서 배치된 개념으로서의 욕망을 주장했다.

들뢰즈와 가타리에 따르면, 욕망은 언제나 배치되고 사람 간의 관계에서 비롯된다. 우리는 어느 하나의 대상을 욕망하는 것이 아니라, 복잡한 관계 속에서 그 대상을 욕망한다. 연구에 참여한 유아학교에서는 이 개념을 통해 교사들이 개별 아이들을 주목하는 것이 아니라 아이들의 관계에서 어떤 일이 일어나는지 보려고 했다. 욕망에 관해 어떤 유형의 배치가 그룹 내에 존재하는가? 아이들이 탐구하는 것은 무엇인가? 교실 내에서 아이들은 어떻게 움직이는가? 아이들은 어떤 의례들rituals을 만들어내며 그 기능은 무엇인가? 아이들이 각각의 상황에서 가장 좋아하는 물건은 무엇이며, 이 물건으로 아이들은 무엇을 하는가? 아이들이 함께 탐구할 때, 개인의 노력이 집단 문화를 만드는 데 기여했는가? 아이들이 각각의 상황에서 집단적으로 혹은 개별적으로 사용하는 단어와 표현이 있는가? 이러한 단어와 표현은 어떤 기능을 하는가? 이러한 질문을 통해 교사는 개별 유아의 부족한 점이나 요구 사항에서 벗어나 완전히 관계적 상황 속에서 비롯된 조합체로 생산적인 욕망에 초점을 두었다.

이론과 실천 간의 관계를 보여주는 또 다른 사례는 스톡홀름 사범대학에서 실시된 유아교사의 현직 연수과정이다.[9] 이 과정은 이론과 실천의 만남을 창조하는 데 초점을 두고 만들어졌다. 먼저 연수 참가자들은 이론에 관한 간략한 강의를 듣는다. 첫 번째 세션에서 참가자들은 자신의 수업을 관찰하는 과제를 받는다. 관찰 내용을 이론적·실제적으로 분석한 교육적 기록들을 지참하고서 연수과정에 복귀한다. 연수 기간 동안 참가자들은 아이들과의 교실수업을 연구하고 분석한 기록들을 항상 가지고 와서 연수과정에 참여한다.

이 연수과정은 이론과 실천의 만남을 만들어갈 수 있는 아주 좋은 기회인데, 연수과정에서 소개된 개념은 실제 현장에서 적용된다. 실천을 통해 개념이 확장되어 교실수업에서 활용될 수 있는 가능성이 커지기도 한다. 이러한 이론과 실천의 만남은 집단적 실험을 통해서만 가능했다. 연수 기간 동안 어느 누구도 어떤 일이 일어나고 있는지 정확하게 알 수 없었지만, 지식의 공동체 문화를 경험한 한 해 동안 각각의 그룹에서는 무엇인가 축적되고 있었다.

연수과정에 참여한 참가자들이 가장 중요하게 생각했던 개념은 욕망, 미시정치학, 그리고 사건이었다. 참가자들은 욕망의 개념을 받아들여 관점을 변화시켰고 영유아의 생산 개념을 수용하고 연구할 수 있게 되었다. 미시정치학은 교사의 역할과 교사의 권위와 평가를 통해 아이들을 통제하려는 행위에 의문을 던지는 개념으로 활용되었다. 욕망이 얼마나 억압적으로 기능하는지 알게 된 결과, 교사에게 주어진 권력을 최소화하게 되었다. 들뢰즈와 가타리는 미시정치학을 거대 시스템 내의 변화와 관련해 설명했지만 교실에서의 교사 역할과 관련해 미시정치의 개념이 사용되었다. 교사가 아이들뿐만 아니라 동료 교사와 함께 공동의 실험에 참여하도록 허락하는 개념으로 미시정치가 사용된 것이다.

　사건을 통해 교사는 아이들이 언어를 다른 방식으로 사용하는 현상에 주목하게 되었다. 교사들은 이미 '의미 만들기meaning-making'라는 용어에 익숙해져 있으나, 이는 사실 언어를 기표화하고 재현하는 signifying and representing 방식으로 사용된다. 교사들이 사용하는 '의미meaning'는 언어 자체에 함축되어 특정한 진리에 갇히게 된다. 아이들이 사용하는 '의미sense 만들기'는 이런 방식으로는 이해하기 힘든데, 왜냐하면 어른들이 알고 있는 '의미meaning'와는 동떨어져 있기 때문이다. 교사가 '의미meaning'의 대안으로 '의미sense'를 찾아내어 그것이 어떻게 난센스nonsense와 긴밀하게 연계되어 있는지 알아낸다면, 아이들이 하는 말speech을 재평가할 수 있게 된다. 이제 많은 교사들은 아이들이 하는 말을 통해 어떤 의미sense를 만들어내고 있는지 찾아낼 수 있게 된다. 언어가 아닌 다른 방식으로 의사를 표현하는 영아들이 어떤 의미sense와 문제problem를 만들어내는지 찾아낼 수 있게 된다.

　연수를 통해 유아에 대한 교사들의 생각이 완전히 바뀌었다. 연수과정 동안 특정한 사건을 통해 아이들이 만들어낸 의미sense에 접근하게 되었을 때의 놀라움을 경험한 순간이 많았다. 다수의 교사들은 아이들이 항상 무언가를 추구하고 있음을 확실히 알게 되었다. 이미 주어진 관점이 아니라 지속적으로 의미sense를 만들어가고 있다는 관점으로 바라볼 때, 아이들의 특이한 표현도 전혀 무작위로 나타나는 것이 아님을 알게 된다. 많은 교사들은 아이들이 항상 끊임없이 의미sense를 만들어내는 존재임을 알게 되었다. 추상적으로 보이는 개념도 다소 복잡하기는 하지만 우리가 일상에서 만나는 예측 불가능한 사건이라는 것을 알게 되었다.

연구자의 역할

초험적 경험론의 관점에서 보면 이론은 실천으로 전환된다. 이러한 과정에서 연구자가 맡아야 할 특정의 역할이 있다. 앞서 언급했던 들뢰즈와 푸코의 대화에서^{Deleuze, 2004a} 지식인의 역할이 언급되었다.[10] 푸코는 지식인은 실제의 외부 또는 상위에 있어서는 안 된다고 주장한다.

지식인은 자신을 "조금 앞선 존재"거나 "다소 한쪽으로 치우친" 존재로 보여서는 안 되며, 모두를 위한 침묵을, 진리를 말해야 한다. 지식인이 권력을 갖는 '지식', '진리,' '의식', '담론' 등에 저항해야 한다. 이론은 실천praxis에 적용하거나 실천을 해석하는 데 사용하지 않는다. 실천은 총체적이지 않으며 지역적이다.^{Foucault, 2004: 207}

들뢰즈는 이렇게 답한다.

그렇다. 이론은 정확히 도구상자와 같은 것이며, 기표the signifier와는 아무런 관계가 없다. [……] 이론을 사용해야 하고 연구해야 한다. [……] 나는 이론과 실천 영역 모두에서 기본적인 교훈을 받아들여야 한다고 생각한다. 즉, 타인을 대신하여 말하는 것의 무례함. 재현을 비웃으면서도 "이론적" 대화는 하려 하지 않는다. 이론은 결국 실천이라는 지점에서 말하는 것으로부터 시작된다.^{Deleuze, 2004a: 208}

'타인을 대신해서 말하는 것'은 사람들로 하여금 목소리를 낼 여지를 주지 않고 자신들이 무지하다고 인식하게끔 만든다. 이것은 우리가 참여하여 새로운 무언가를 만들어내는 협력 작업과 관련이 있다. 이 연구에서 보여준 이론과 실천의 관계 및 연구자와 교사의 관계는 연구와 실천을 공동으로 만들어가는 특징이 있었다. 이러한 관점에서 연구의 윤리적 문제 또한 새롭게 바라볼 수 있다.

의심할 여지 없이 연구와 실제의 공동 생산 문제는 오래전부터 지금까지 논란거리이다. 아마 우리 모두가 세상에 무언가를 더하고 창조해 왔다는 점을 인식하는 것이 우선시되어야 한다. 그러나 중요한 점은 세상에 무언가를 더한다는 점은 다양한 실천에서 서로 다른 형태로 이루어져왔음을 인식하는 것이다. 연구와 실천이 만나 각각의 역할을 해 낼 수 있다. 강렬하고 예측 불가능한 공동의 실험을 통해 새로운 것이 만들어진다.

5장

교육적 기록

개요

3장에서는 첫 번째 핵심 사항을 설명하기 위해 미시정치학과 분할성의 개념을 다루었다. 4장에서는 두 번째 핵심 사항을 설명하기 위해 초험적 경험론의 개념을 다루었다. 이 장에서는 두 번째 핵심 사항을 설명하면서 사건the event[1]의 개념을 다룰 것으로, 경험적 자료empirical materials에 대해 소개할 것이다. 경험적 자료는 교육적 기록을 말하며, 이 연구에서는 학습과정을 관찰한 기록지와 사진 등이 그것이다. 사건이라는 개념은 과학적이고 교육학적인 방법론의 대안으로 등장했으며 교육적 기록들을 복잡하고 개방적인 사건으로 다룬다.

독자를 위해 두 번째 핵심 사항을 다시 설명하면 다음과 같다.

핵심 사항 2

유아교육기관에서 교사와 연구자들은 강렬하고 예측 불가능한 집단적 실험을 협력하여 실시한다. 이 과정에서 연구자와 교사는 관계의 장 속에 있다. 이것에 관한 이론을 만들기 위해서는 초월적 원리에 기반을 둔 의식적 비판이 아니라, 다른 대안적인 과학적 방법이 필요하다.

들뢰즈에 따르면, 사건은 주로 지시denotation, 표시manifestation, 의미 작용signification의 세 가지 방식으로 언어와 관련을 맺고 있다. 그러나 들뢰즈는 이러한 방식은 언어에 사건을 가둔다고 한다.Deleuze, 2004b: 16-18 세 가지의 일반적인 방식은 교육적 기록에 관한 연구와도 연계되어 있는데, 기록들을 언급하고 해석하며 성찰하는 방식으로 이를 통해 기록들은 특정 진리(주장)에 갇히게 된다.

들뢰즈는 사건과 언어가 연계된 세 가지 방식에 더하여 의미sense라는 네 번째 영역을 추가했다. 의미sense를 조건화되지 않은 진리의 생산으로 정의한다면 의미는 사물의 상태와 언어적 명제의 경계에 위치하고 있는 것으로, 의미를 통해 사건은 특정한 진리에서 벗어날 수 있게 된다.Deleuze, 2004b: 22-25, 83; 1994a: 154 들뢰즈가 언급한 바와 같이 지속적인 생산과정으로서의 의미sense가 어떻게 난센스nonsense, 문제, 학습, 문화와 연계되는지 앞으로 설명할 것이다.Deleuze, 2004b: 63-65, 78-93; 1994a: 155-166 또한 의미sense가 난센스를 통해 어떻게 표현되는지 설명할 것이며, 특히 해결 방안보다는 문제의 구성, 결과보다는 학습의 과정, 방법을 사용하는 방식보다는 교육적 기록에 존재하는 문화에 초점을 두려고 한다.

교육적 기록을 분석할 때 언어의 세 가지 방식인 지시, 표시, 의미작용을 필연적으로 사용해야 하지만 의미sense를 네 번째 영역으로 도입함으로써 교육적 기록에 관한 새로운 점을 발견할 수 있을 것으로 생각한다. 이 장의 마지막 부분에서 사건에 대하여 논의할 것이다. 마지막으로 경험적 자료를 어떻게 수집했는지, 그리고 연구 과정에서 윤리적 문제는 어떻게 다루고 있는지도 설명할 것이다.

사건과 언어
－언어를 다루는 세 가지 일반적인 방식과 방법론적 함의

들뢰즈에 따르면 사건과 언어는 긴밀하게 연계되어 있는데, 사건은 언어적 명제를 통해 표현된다. 언어적 명제는 보통 우리가 참여한 사건에서 무엇이 진실이고 거짓인지 판단할 수 있는 사고 체계라고 할 수 있다.Deleuze, 2004b: 16-18[2] 연구를 할 때 연구자는 경험적 자료를 통해 사건을 다룬다. 언어는 특정한 진실이라는 주장claims of truth과의 연관성을 고려해 선택된다. 들뢰즈는 사건과 언어적 명제가 연계되는 일반적인 방식 세 가지를 다음과 같이 설명했다.

　1. 지시denotation에 의해
　2. 표시manifestation에 의해
　3. 의미작용signification에 의해

'지시'는 사물의 외부 상태와 명제를 연계하는 방식이다. 예를 들어 '이것(this)', '저것(that)', '그것(it)', '여기(here)', '지금(now)' 등이 있다. 지시는 사실인 것과 거짓인 것을 지적하는 역할을 한다. 지적하는 사물로 지시가 채워져서 올바른 이미지가 선택되었다면 그것이 바로 진실이 된다. 거짓에 있어 지시는 잘못된 이미지가 선택되거나 전혀 부합되지 않는 이미지가 선택될 때를 일컫는다.Deleuze, 2004b: 16-17
어느 누군가는 지시는 지시된 대상 내에서만 존재한다고 말할 수 있

다. 사물에는 내적인 본질이 있고, 언어는 이 본질을 직접적으로 반영한다(혹은 거짓의 경우 반영하지 못한다). 이러한 방식은 유아학교에서 사건을 기록하는 방식과 유사한데, 이미 1990년대 중반에 비판을 받은 적이 있다. 사건뿐만 아니라 관찰지와 사진 속 아이와 교사 모두 발달심리학 연구의 기초 자료로 사용되었다. 사건 및 아이와 교사들은 관찰 기록물의 대상이었고, 발달심리학에서 표현하는 언어적 명제에 사건과 아이들의 행위가 부합하는지 평가할 수 있는 것으로 여겨졌다. 바꿔 말하면, 사건과 아이들, 그리고 교사들이 발달 이론에 의해 정해진 언어적 명제에 얼마나 잘 부합하는지 평가함으로써 진리를 찾을 수 있다는 것이다.

'표시'는 어떤 명제가 말하는 화자를 나타내는 방식이며, 명제에 부합하는 욕망과 믿음의 개인적인 표현이기도 하다. 예를 들어, '나', '너', '항상', '어디나(everywhere)' 등이 있다. '나(I)'를 표시한다는 것은 다른 표시 언어들이 '나'와 관련되어 있거나 혹은 '나'에 의해서 표현되기 때문에 아주 특별한 역할을 한다. '나'는 기본적인 표시 언어이다. 표시는 지시처럼 진실 혹은 거짓을 나타내는 것이 아니라 나(I)라는 표시어의 욕망과 믿음이 바르게 표현되었는지 아닌지를 나타낸다.[Deleuze, 2004b: 173]

표시를 사용할 때, 진리에 대한 주장은 대상이 아닌 주체 내부에 존재한다고 주장할 수 있다. 교육적 기록과 관련하여, 사물에 언어적 명제를 연계하는 이러한 방식은 아마도 기록들을 미리 정해진 자신의 관점 혹은 타인의 관점을 이용해 분석함을 의미한다. 사건 및 관찰지에 기록된 아이들과 교사는 하나의 주체 혹은 여러 개의 주체에 의해 '해석된다'(예를 들어, 연구자인 나, 여러 명의 연구자, 교사 또는 아이들, 혹은 이들 주제들의 조합에 의해 해석된다). 진실은 각각의 해석하는 주체 속에서 찾을 수 있다.

'의미작용'은 명제가 보편적인 개념을 나타내는 방식이다. 한 명제 속의 단어와 기표signifier를 연결 짓는 방식, 소위 말해서 '의미 연결 체계'로 의미작용이 부여된다. 이 체계에서 기표는 결론의 역할을 하는데, 부연하자면 한 단어의 조건에 의해 다른 단어의 의미가 결정되는 것과 동일하다. 대표적인 예로 '~을 나타내다(imply)'와 '따라서(therefore)'가 있다. 그러나 의미는 진실 혹은 거짓을 나타내거나, '나(I)'라는 단어가 그 욕망과 믿음을 제대로 표현하고 있는지 등과는 관계가 없다. 오히려 진실이 발현되는 조건을 나타낸다고 볼 수 있다.Deleuze, 2004b: 18

의미작용으로 언어를 사용할 때 진실은 대상 혹은 주체에 있는 것이 아니라 진리 체계를 형성하는 언어 구조 내에 존재한다. 이를 반영한다면, 교사와 연구자가 언어적으로 구축된 진리 체계를 해체하려는 노력으로 교육적 기록을 다시 검토할 수 있다. 관찰지와 사진이 표현하려는 진실이 무엇인지 찾기 위해 성찰한다. 유아교육기관에서는 교사가 자신만의 의미를 부여한 진실 체계를 가시화하고 이를 변화할 수 있도록 성찰하는 단계에서 활용할 수 있다. 또한 아이들이 나아가기 위한 방법으로 자신들의 학습과정을 성찰하고 가시화하는 단계에서도 활용 가능하다.

그러나 들뢰즈에 따르면, 세 가지 언어적 접근법 모두 사건을 진리라는 주장 안에 가두고 있다. 왜냐하면 세 가지 접근법 모두 추론에 따른 사실에 근거해 사건을 폐쇄 체제로 정의하고 있기 때문이다. 지시에서 진실이란 언어적 명제와 사물 간의 적합성에서 찾을 수 있다고 가정한다. 표시에서는 '나'라는 표현이 나의 믿음과 욕망을 정확히 나타낼 수 있다고 가정하며, 마치 진리가 각 개인의 내부에서 발견되며 진리란 개인적인 질문이라고 가정한다.

의미작용 안의 추론에 다다르면 좀 더 복잡해진다. 의미작용 안에서 우리는 진리를 찾지는 않지만 진리의 조건을 찾는다. 우리는 진리를 조건화하는 것이 가능하다고 여긴다. 그러나 들뢰즈에 따르면 진리를 가능성의 영역으로 옮겼지만 예전의 모습을 그대로 유지한 채 이동하는 잘못된 이동과 유사하다고 하였다.Deleuze, 2004b: 20-22

사건을 폐쇄한다는 위의 설명을 고려한다면, 교육적 기록을 분석할 때 사건을 복잡하고 개방적인 형태 그대로 두는 것은 어려운 일처럼 보인다. 언어의 제4의 영역인 의미sense를 도입하고 사건을 조건화되지 않은 생산으로 설명하는 들뢰즈의 주장을 수용하는 것이 한 가지 방법이 될 수 있을 것이다.

지식의 생산과 의미

들뢰즈는 진리를 조건화되지 않은 어떤 것으로 다루었다. 조건화되지 않은 어떤 것이란, 명제와 뒤섞이지 않고 미리 계획된 것, 주체적 재현, 그리고 의미작용 등에서 모두 벗어나는 것이다.

연구문제는 다음과 같다. 명제와 섞이지 않고, 명제의 상태와도 섞이지 않으며 '재현'이나 명제를 표현한 사람의 정신적 활동과도 뒤섞이지 않는 그러면서 의미작용과도 어우러지지 않는 어떤 것이란 무엇인가?Deleuze, 2004b: 23: original emphasis

진리를 '조건화되지 않은 생산물'이라고 본다면, 사건은 진리에 폐쇄되고 갇히는 것으로부터 벗어나는 새로운 방식으로 언어와 연계될 수 있다. 들뢰즈는 명제 내에 제4의 영역인 의미sense를 도입하여 이를 구축하려고 했다. 언어와 명제를 의미와 유사하게 만들어냄으로써 사건은 진리 안에 갇히지 않을 수 있다.

> 진리의 조건이 이러한 결점을 피하기 위해서는 자체적이고 독특한 요소를 가져야 한다. '조건화되지 않은 어떤 것'을 가져야 하며, 명제의 지시 및 다른 요소들이 독창적인 것인지를 확인할 수 있어야 한다. [……] 의미sense는 명제의 제4요소이다.Deleuze, 2004b: 22: original emphasis

들뢰즈에 따르면 진리란 단순한 지시, 표시, 의미작용에 관한 것이 아니다. 진리는 항상 의미sense와 동일한 비율의 상관관계를 가진다. 진리는 의미의 결과 혹은 효과일 뿐이다. 따라서 의미는 지시, 표시, 의미로 나타난 추론의 과정에서 벗어나는 방법이 될 수 있다.Deleuze, 1994a: 154

교육적 기록은 주체성에 근거해 기록물을 해석하고 해체한 어떤 것을 추가함으로써 사건과 유사하게 다룰 수 있다. 진리는 사건 내에서 지속적으로 만들어지며 의미와 밀접하고 관련된 것으로 이해해야 한다. 프로젝트의 교육적 기록을 분석한 예를 찾아볼 수 있다.

수업에서 아이들은 두 대의 자동차 경주를 통해 시간과 공간을 측정해보았다. 아이들은 좁은 튜브로 경주 트랙을 만들었고, 두 대의 차를 동시에 출발시켰을 때 차는 서로 뒤엉켜버렸다. 교사는 아이들이 이 문제를 가지고 함께 토의하도록 했다. 아이들은 두 대의 차를 동시에 출발시켜 어떤 차가 더 빠른지, 즉 튜브를 먼저 통과해 결승선을 빠져나오는 차가 가장 빠르다는 점을 판단하는 것이 중요하다는 사실을 알게 되었다. 논의 끝에 아이들은 차 한 대에 날개를 달기로 했다. 이

방식은 시간과 공간을 측정하기에는 다소 이해하기 어렵고 잘못된 방식으로 보이지만, 아이들이 자신의 눈으로 시간과 공간을 측정한다면 자체적으로 완벽한 합리성을 가지게 된다. 아이들이 시간과 공간을 측정하는 의미sense는 빨리 통과하는 차를 눈으로 보는 그 자체였다. 날개를 다는 해결 방안은 자체적인 진리라고 볼 수 있다. 만약 한 대의 차가 날아갈 수 있다면, 두 대의 차를 동시에 출발시켜서 어떤 것이 더 빠른지 눈으로 관찰할 수 있기 때문이다. 해결 방안과 진리는 (기초 자료를 수집하는 방식인) 의미와 상관관계를 가진다.

교육적 기록을 활용하는 데 사건을 활용하는 것은 주체의 운동성과 경험적 자료의 학습을 이해하는 데 유용한 방법이다. 경험적 자료를 해석하고 성찰하는 것에서 벗어나 아이들과 교사의 사고, 대화, 행위에서 만들어진 의미sense를 중요시한다면, 교육적 기록에 나타난 사건을, 복잡하고 개방적이며 움직이는 것으로 유지할 수 있다.

물론 의미sense는 하나 덧붙이는 것에 불과하다. 말하거나 글을 쓸 때, 앞서 말한 세 가지 영역을 사용하는 것을 피할 수는 없다. 그러나 의미sense를 더함으로써 교육적 기록을 다루는 데 있어 설명, 해석, 성찰만으로 이해될 수 없는 어떤 것을 더할 수도 있다.

의미sense란 무엇인가?

'사건 속에서 의미sense 찾기'라는 겉보기에 추상적인 이 미션을 어떻게 수행할 수 있을까? 들뢰즈는 언어의 네 번째 영역으로 의미sense를 찾아보는 노력을 루이스 캐럴Lewis Carroll의 스나크Snark(캐럴의 시에 등장한 상상하기 어려운 상상 속의 괴물)를 찾는 것과 유사하다고 했다.Deleuze, 2004b: 23 의미와 사건은 지속적인 활동으로 보인다. 이와 관련해, 들뢰즈는 성질을 표현한 '녹색green'을 '녹색 되기greening'로 바꾸는 것이라고 설명했다. '녹색 되기'는 '사물의 속성 혹은 사물의 현재 상태'를 이르는 말이다.Deleuze, 2004b: 24-25

그렇다면 '사물의 속성 혹은 상태'란 무엇인가? 들뢰즈에 따르면, 의미sense는 표현하고자 하는 명제 외부에서 독특하고 복잡한 상태로 존재한다.[4] 그러나 동시에 의미는 자체적인 '객관성'을 가지고 있는데, 이는 명제와는 다르다. 자체적으로 속성을 부여하지만 명제의 특성은 아니고, 사물의 속성 혹은 상태라고 할 수 있다.Deleuze, 2004b: 25 사물의 속성은 동사의 형태, 즉 되어간다는 형태로만 생각할 수 있다. 사물의 속성은 '동사에 의해 표현되는 사건'이다.

> 사물의 속성은 동사다. 예를 들어 녹색으로 되기(to green) 혹은 이 동사에 의해 표현되는 사건이다.Deleuze, 2004b: 25

우리는 의미의 양면성을 고려해야 하는데, 의미는 명제 내에 머물러야 하는 것이면서 한편으로는 사물의 속성 혹은 상태이다.

> 의미sense는 명제를 표현할 수 있거나 명제에 의해 표현된 것이면서 동시에 사건의 현 상태이다.Deleuze, 2004b: 25: original emphasis

그러나 어떤 경우에도 의미는 명제 혹은 사물의 현재 상태와 혼동되어서는 안 된다. 의미sense는 사물과 명제의 경계선에 위치하며 되어가는 그 순간이다. 따라서 다음의 조건을 만족한다면 의미는 사건 그 자체로 고려될 수 있다. 사건을 시공간 속에서 드러난 현실과 혼동해서는 안 된다.

> 사건을 시공간적으로 현실화된 것과 혼동해서는 안 된다. 이런 조
> 건하에서만 의미sense는 '사건'이다.Deleuze, 2004b: 25; original emphasis

교육적 기록도 시간과 공간 속에서 표현된 것으로 다루어야지 본질적 관점에서 다루어서는 안 된다. 반드시 기록에 나타난 동사적 표현, 즉 지속적으로 일어나는 사건에 주목해야 한다. 의미를 언어와 사물의 경계에서 지속적으로 생산되는 것으로 보는 개념은 상당히 복잡하다. 아마도 레지오 에밀리아 유아교육의 교육적 기록이 예로서 도움이 될 것이다.Reggio Children, 1997 일상에서 일어나는 사건을 우리는 당연하게 여긴다. 그래서 교육 기록을 분석할 때 이미 명백한 이야기를 다시 반복하는 위험성이 있다. 아이들과 학습에 대해 이미 아는 사실을 기록하여 사건의 운동성을 막고 폐쇄하는 위험이 도사리고 있다.

그러나 사건을 명백하게 드러나지 않는 무엇으로 고려한다면, 사건이 발현되는 과정에 초점을 둘 수 있다. 기록은 재현의 영역을 벗어난다. 이제 학습과정에서 도구로 사용될 수 있는 생생한 자료가 된다. 교육적 기록을 언어와 사물의 경계에서 지속적으로 의미sense가 만들어지는 사건으로 다룬다면 개방성을 유지할 수 있다. 하지만 반드시 지켜야 할 조건이 있는데, 바로 일어난 그 자체로 보는 것, 관찰지와 사진에서 볼 수 있는 것(즉 시간적-공간적 효과)을 사건 자체와 혼동해서는 안 된다는 것이다.

난센스

들뢰즈에 따르면, 우리는 의미sense와 난센스nonsense를 반의어로 생각하는 경향이 있다. 그러나 들뢰즈는 의미와 난센스는 서로의 반의어가 아닌 훨씬 더 복잡한 관계를 형성한다고 주장한다. 사실 난센스는 우리가 의미에 도달하는 방식이다. 들뢰즈의 관점에 따르면, 난센스는 그 자체로 의미를 얘기하는 단어이고, 쉽게 지시하거나 표시할 수 없는 단어이며, 추론과 결론으로 기능하지 않는 유일한 단어이다. '스나크Snark'와 같은 난센스는 단어 자체가 아닌 그 어떤 것과도 관계되지 않고, 자체적 존재로 볼 수 있다. 그러나 중요한 점은 난센스 단어만 자체적 존재성을 가지는 것이 아니라, 우리가 이해할 수 있는 모든 단어는 자기 참조와 존재의 순간을 반드시 거친다는 것이다.^{Deleuze, 2004b: 78-83; 1994a: 155}

들뢰즈의 관점에 따르면, 단어가 의미를 만들기 위해서는 순간적으로 난센스 형태, 즉 자체적 존재성을 거쳐야 한다. 의미와 난센스를 창조와 생산이라는 긴밀한 관계로 대입시킬 때 의미는 이미 정해진 것이라는 관점에서 벗어날 수 있다. 언어, 명제 및 사건은 이제 복합적이고 개방적인 것이 될 수 있다.

> 따라서 의미sense는 어떤 원칙이거나 원본이 아니라 만들어지는 것이다. 의미는 발견하고 채택할 수 있는 어떤 것이 아니라 새로운 기제에 의해 만들어진 어떤 것이다.^{Deleuze, 2004b: 83}

교육적 기록과 관련해 의미sense를 구성하려고 노력해야 한다. 그리고 난센스도 중요하다는 점을 고려해야 한다. 유아들은 의미와 난센스를 서로 반대되는 의미로 사용하지 않음을 실제 경험이 보여주고 있기 때문에 이러한 방식은 유아들의 학습과정을 이해하는 데 타당한 방식으로 보인다.

앞서 언급했듯이, 어린아이들은 언어를 만들면서 언어를 가지고 논다. 아이들은 단어의 첫 번째 글자를 바꾸고, 단어와 글자의 운율을 만들어 노래하며, 한 번도 들어본 적이 없는 새로운 단어를 만든다. 요약하자면, 아이들은 모든 단어가 어떤 순간 난센스 상태를 가진다는 것을 이용하는 것으로 보인다. 이것은 아이들이 언어를 대하는 태도일 뿐만 아니라 아이들이 배우는 모든 것에 대한 태도이기도 하다. 즉 모든 것은 고정된 것이 아니다. 난센스를 통해 의미를 만들어낸다는 관점으로 교육적 기록을 연구하는 것은 아이들이 참여하는 사건을 폐쇄하지 않고서 아이들의 학습을 이해할 수 있는 좋은 방식이 될 것이다.

문제와 해결

들뢰즈에 따르면 사건은 문제에 관한 것이다. "사건은 문제로 가득 차 있다."Deleuze, 2004b: 64 들뢰즈에 있어서 문제가 이미 주어진 것으로 미리 만들어진 것으로 해결 방안을 찾는 것이라면 문제는 사라진다. 교육과 연구 환경에서 문제의 중요성을 강조했었지만 너무 쉽게 그냥 얘기해버리는 것 같다. 지금까지 문제는 항상 해결 방안에 종속되어 있었다. 문제는 해결 방안이 나오면 없어지게 될 준비 단계로 인식되었다.Deleuze, 1994a: 159 이렇게 문제를 설명하는 일반적인 방식과 달리, 들뢰즈는 사건이 문제를 통해 어떻게 기능하는지 설명했으며 문제를 그 자체로 조건을 표현하는 특이성singularity의 조합으로 정의했다.

사건 그 자체는 문제적이며 문제화된다. 문제는 그 조건을 표현하는 특이점에 의해서만 정의된다.^{Deleuze, 2004b: 64-65}

특이점은 무엇인가? 존재하고 말하고 느끼며 생각하는 방식에서부터 세상의 모든 현상에 이르기까지 지시 표시, 의미작용으로 설명할 수 없다는 점이 가장 중요하다.

특이성은 전환점이자 꺾이는 점으로, 병목, 매듭, 현관, 중앙이고, 융합되고 응결되며 끓는점이다. 또한 슬픔과 기쁨, 아픔과 건강, 희망과 불안이자 "감성적인sensitive" 점이다. 그러나 특이성을 한 사람의 개성이나 개별성, 또는 기호화된 개념의 일반성 혹은 보편성과 혼동해서는 안 된다. 특이성은 지시, 표시 혹은 의미작용과는 다른 어떤 영역에 속하는 것이다. 이것은 선-개별적pre-individual이고 비인격적non-personal이며 반개념적a-conceptual이다.^{Deleuze, 2004b: 63}

이것은 이미 정해진 해결 방안을 가진 문제와는 다르다. 문제를 특이성으로 다룬다는 것은 이미 주어진 것이 될 수 없으며, 해결 방안이 나왔다고 해서 사라지지 않는다. 오히려 해결 방안을 만들고 나면 문제가 더욱 완전하게 구성될 수 있다.^{Deleuze, 1994a: 158} 특이점에 의해 만들어진 문제를 통해 사건을 연구할 수 있으며 문제는 언제나 의미sense와 관련되어 있다.

실제로 문제 안에는 의미가 존재한다.^{Deleuze, 1994a: 157} 그러나 앞서 말한 바와 같이 의미는 언어와 사물의 상태 간의 경계에서 지속적으로 만들어진다. 따라서 의미가 존재하는 문제는 주어진 것으로 다루어져서는 안 된다. 해결 방안은 문제의 결과라고 할 수 있다.

해결 방안을 고려하는 것과는 전혀 상관없이 참과 거짓은 일차적으로 문제에 영향을 준다. 다시 말하면, 문제의 의미에 따라 해결 방안을 가진다.Deleuze, 1994a: 159; original emphasis

교육적 기록을 분석할 때, 사건을 보는 것이 필요하며 해결 방안이 아닌 문제를 지속적으로 구성하는 것으로부터 출발해야 한다. 유아학교에서의 경험을 통해 볼 때, 아이들은 때로는 문제를 구성하는 과정 자체를 즐기고 있는 것으로 보이기 때문에 이러한 방식은 아이들의 학습에 접근하는 좋은 방식이다. 유아학교 교사들 또한 미리 정해진 문제를 해결하는 것이 아니라 문제를 구성하기 위해 좀 더 많이 노력했다.

유아학교에서의 경험에 따르면, 아이들은 이미 주어진 문제와 해결 방안을 수용하지는 않는다. 아이들은 의미의 원인이 아닌 결과로서 진리에 접근하는 것으로 보인다. 어른들은 이해하기 어려운 과정이지만, 아이들은 의미를 만드는 과정에 참여해 진리에 도달하고 있다. 따라서 아이들이 의미를 만들어가는 과정과 문제를 어떻게 구성하는지에 초점을 두고 교육 기록에 접근할 필요가 있다. 문제와 의미가 연계되지 않는다면 사건에서의 진리 혹은 거짓을 판단하는 것은 아무런 가치가 없다.

학습과 지식

문제와 해결 방안은 학습과 지식의 영역에 관한 것이다. 우리가 문제와 해결 방안을 어떻게 정의하는가에 따라, 학습과 지식을 특정 방식으로 정의할 수 있다. 문제는 절대 주어진 것이 아니라 특이성과 의미로부터 만들어진 것이라는 정의를 따른다면, 학습과 지식에 관한 새로운 관점을 생각해볼 수 있다. 이 관점으로 볼 때, 학습은 문제를 구성하는 특이성의 영역으로 들어간다. 들뢰즈는 수영을 배우는 방법을 예로 들어 학습의 개념을 설명했다. 수영을 배우는 것은 우리 몸의 독특한 점과 바다의 특이성이 만나서 문제적 영역을 형성하는 것이다.Deleuze, 1994a: 165

미리 결정된 문제를 그에 적합한 해결 방안으로 해결한다면 학습은 그저 모방과 재생산에서 벗어나지 못한다. 들뢰즈가 정의한 학습은 의미와 문제의 생산에 관한 것, 즉 문제 영역으로 들어가는 것이다. 교육과 연구 영역은 문제와 학습의 과정을 자주 강조하고 있지만, 모두가얘기하는 유행 같은 것이기 때문에 그냥 언급하는 것으로 보인다. 미리 습득된 지식의 내용으로 이미 정해진 결과물에 의해 평가되는 것으로 학습과정을 보는 것 같다. 이렇게 본다면 학습은 문제와 유사하게 그저 예비 단계로서 결과가 나타나면 사라지게 된다.Deleuze, 1994a: 166

들뢰즈가 수영을 배우는 방식을 예로 들면서 설명한 학습은 앞서 예측하고 계획하거나 미리 결정된 기준에 따라 감독하거나 평가될 수 없다. 또한 이런 유형의 학습은 익숙한 것이 아니기 때문에 항상 무의식 속에서 이루어진다. 어느 누구도 파도가 치는 방식을 완전히 결정할 수 없고, 물속에서 몸을 완전히 통제할 수도 없다. 이것은 자연과 마음의 만남으로 무의식의 세계에서 일어나는 것이다.

결과적으로 '학습'은 항상 무의식의 세계에서 무의식적으로 일어나는 것으로 자연과 마음의 만남처럼 깊은 관계를 구축한다.Deleuze, 1994a: 165

교육적 기록은 지식이나 목표가 아니라 학습의 과정에 초점을 두어야 한다. 그리고 학습은 예측하고 계획하거나 미리 정해진 기준에 따라 감독하거나 평가될 수 없는 것으로 다루어져야 한다. 이것은 오늘날 매우 힘든 과제로 대두되었는데 우리는 이번 연구를 통해 이것이 얼마나 중요한 문제인지를 알 수 있었다.

학습과 지식을 다시 생각해보자. 3장에서 설명한 바와 같이, 주관성과 학습을 평가하는 다양한 도구들이 만들어지고 있고, 자기성찰과 자기평가를 위한 도구도 개발되었다. 이러한 도구는 모두 주관성과 학습을 길들일 수 있다는 아이디어에서 출발했는데, 즉 예측 가능하고, 미리 정해진 기준에 따라 계획하고 감독하며 평가하는 것이 가능하다는 관점이다. 그러나 위에서 설명한 사건의 개념을 수용하면 학습을 다르게 정의할 수 있다. 즉 학습은 무의식적으로 일어나고, 성취의 과정이 아니며, 문제 영역으로 진입하는 것이다. 따라서 우리는 어떻게 주체가 의미와 문제를 만들어갈 수 있는지, 즉 문제적 영역에 진입할 수 있는지를 경험적 자료에서 찾아 구성해야 한다.

문화와 방법

문제가 해결 방안에 종속되었듯이 문제를 둘러싼 문화도 종속된다. 학습은 모방과 재생산에 관한 것이고 의미와 문제는 주어진 것이며 해결 방안은 이미 정해져 있다는 관점을 택한다면, 학습의 과정도 지식을 획득하기 위한 예비 단계에 불과하다. 이 상황에서는 해결 방안을 찾고 목표를 성취하는 가장 효과적인 방법을 찾는 것이 중요해진다. 반대로 문화는 문제적 영역에 진입하는 학습을 둘러싼 것이다.

문제를 둘러싼 문화를 고려해 어떻게 학습할 것인가를 결정하는 것은 효과적인 방법을 미리 결정하는 것과는 전혀 다른 문제이다.^{Deleuze,} 1994a: 165-166

교육적 기록에서 필요한 것은 학습 도구에 집중하지 않는 것이다. 3장에서 언급한 주관성과 학습에 관한 설명이 참고가 될 것이다. 목표를 성취하는 가장 효과적인 방법은 일상 속의 사건이 가지는 복잡성을 설명할 수 없다. 그러나 이 장에서 설명했던 사건의 관점에서 본다면 교육적 기록에 접근할 때는 반드시 구성한 문제를 둘러싸고 있는 전체적인 문화를 이해해야만 한다. 문제를 구성하는 의미는 무엇인가? 문제적 영역에 진입하는 것은 어떤 것인가? 관련된 사람들과 그들의 다양한 생각, 대화와 행위, 자료, 환경 등 모든 것에는 역할이 있다. 문제적 영역으로의 진입을 둘러싸고 있는 전체 문화가 어떻게 형성되는지를 교육적 기록에서 찾아보고 구성해야 할 필요가 있다.

경험적 자료와 교육적 기록 그리고 사건

앞서 말한 것처럼, 교육적 기록을 사건으로 다룰 때 언어적 명제의 모든 영역을 사용하는 것은 피할 수 없으며 이것은 보통 우리가 언어를 사용하는 방식이기도 하다. 교육적 기록을 사건으로 분석할 때는 기술, 해석 및 성찰의 요소가 포함된다. 그러나 새로운 요소를 더하는 것이 도움이 될 것으로 보인다. 진리의 조건화되지 않은 생산물인 의미의 영역을 더함으로써, 교육적 기록을 새로운 관점으로 분석하는 것이 가능해진다. 언어적 명제의 제4영역으로 의미를 도입한다면 교육적 기록을 사건으로 분석할 수 있는 방법이 생긴다.

언어와 언어적 명제를 분석하는 세 가지 일반적인 방식으로 사건과의 관계를 이해하고 기술, 해석, 성찰로 유형화하는 것을 접어두자. 대신 의미를 언어의 제4영역으로 추가해 교육적 기록에 관한 실험을 시작한다면, 사건에서 의미가 어떻게 구성돼가는지 알 수 있다. 당연히 진리로 보이는 것들에 현혹되지 말고 의미가 진리를 만들어낼 수 있도록 해야 한다.

교육적 기록에서 의미를 찾아서 구성할 때는 우리가 당연하게 여기지 않는 사람과 사물의 속성을 따를 필요가 있다. 사건을 동사 중심으로 구성하고, 앞으로 발생하게 될 현상에 주목한다. 난센스를 통해 의미의 생산물을 찾고 구성한다. 해결 방안을 찾지 말고, 문제를 구성하는 데 있어 의미가 어떻게 관련되어 있는지를 찾는다. 지식을 찾지 말고 학습과정에 초점을 두어야 한다. 주체가 문제적 영역에 어떻게 진입하는지 찾는다. 방법을 찾지 말고, 문제적 영역을 둘러싼 전체 문화가 어떻게 움직이는지 찾는다. 사고, 대화, 행위뿐만 아니라 자료와 환경까지 모두 고려하여 이해해야 한다.

분석 도구

지금까지는 분할성과 미시정치학, 욕망, 탈주선, 사건, 언어에 대해 다루었다. 6장에서는 욕망의 배치라는 개념을 OHP 프로젝트의 분석 도구로서 소개할 것이다. 욕망의 배치는 앞서 설명했던 네 가지의 요소, 욕망, 탈주선, 감응, 언어로 구성된다. 6장에서는 이러한 개념들을 앞서 말한 프로젝트를 분석하는 도구로서 좀 더 자세히 다룰 것이다.

문화

연구를 진행하면서 많은 양의 경험적 자료들이 축적되었다. 교사와 예비교사, 교사교육자 및 연구자들이 거의 10년에 걸친 실천을 통해 축적한 교육적 기록이 있었다. 이 중 일부를 선택해 1장에서 연구문제를 맥락화했으며, 3장에서는 사례로 활용했다. 이론적 관점은 실천과 연결 지어 소개하는 방식으로 연구를 진행했다. 스톡홀름 사범대학의 현직교사 연수과정을 연구하여 새로운 자료들이 만들어졌다. 이 자료는 다양한 유아학교에서 수집해 풍부한 내용을 가진 완전히 새롭고도 중요한 경험적 자료들이었다. 하나의 사례를 선택해 분석한 이유는 아주 작은 것으로 보이는 사건에서 가능한 한 많은 내용을 분석하기 위해서이다. 이것은 사건의 관점으로 분석할 때 유념해야 하는 방법인데 그 까닭은 다음과 같다.

아주 요란스러운 사건 이면에는 작은 규모의 침묵의 사건이 존재하기 때문이다.Deleuze, 1994a: 163 **5**

하나의 프로젝트를 선택함으로써 사건과 의미 및 문제 간의 복잡한 관계에 다가갈 수 있었다. 프로젝트는 아이들과 교사들이 문제 및 의미를 구성하는 방식에 관련된 특이점과 문화를 볼 수 있는 좋은 기회를 제공해주었다.

문화를 통해 문제를 결정한다는 원칙이 연구의 전체적인 구성, 틀, 방법론적 접근법을 선택할 때도 적용되었다. 연구의 목적은 문제를 구성하는 것이며 문제는 주어진 것이 아니라 의미와 관련하여 구성되어야 한다는 점을 알게 되는 것이다. 방법도 문제가 구성됨에 따라 만들어가야 한다. 모니카 상드Monica Sand[2008]는 '방법'이라는 단어는 '메타 meta'라는 명제에서 유래되었는데, '따라가다along' 또는 '길rodos: road'이 라는 뜻을 가진다고 주장했다. '방법'의 원래 의미는 '길을 따라서'이며 이것은 이 연구에서 사용된 방법론적 접근법이 추구하는 바다. 즉 방 법은 문제를 구성하는 과정에서 결정된다는 것과 같은 의미이다.[6]

연구의 첫 번째 단계는 '문제의 맥락화'이다. 맥락화는 문제를 둘러 싼 문화를 활용하는 것으로 이해할 수 있으며 문제를 구성할 때 관련 되는 이론적·실제적 요소들이 모두 포함된다. 연구에서는 이론적·실 제적 자료들을 드러내고 정치적 논쟁과 관련 있는 문제를 선정하는 것, 즉 문제를 구성할 때 활용된 주변 문화들을 고려함으로써 맥락화 가 이루어졌다.[7] '무언가 일어난 것'을 보여주는 경험적 자료에 근거해 개념을 선택했다.[8] 이러한 이론과 실천 간의 관계는 4장에서 기술했다. 개념의 선택은 합리적 사고나 의식적 선택에 의한 것이 아니라 감응의 논리에 따른 것이다. 연구 과정에서 어떤 방법을 사용할지 결정할 때 는 반드시 문제를 둘러싼 문화를 고려해야 한다. 그리고 문화는 이론 적 개념과 경험적 사건을 포함한 연구의 확장 혹은 한계에 관한 '느낌 feeling'을 포함하고 있다. 경험적 자료에서 나타난 사건과 특정한 개념 간의 만남에서 무엇인가 일어났다는 '느낌'이 들 때, 연구문제와 관련 해 어떤 새로운 것이나 흥미로운 것이 있는지 좀 더 탐색하게 된다. 연 구 과정은 어떤 일이 미리 정해진 방식에 따라 연쇄적으로 일어나는 일직선상의 논리적 흐름이 아니다. 경험적 자료와 이론 사이를 지속적 으로 오가면서 학술적으로 훈련된 의식적인 마인드가 아니라 직감에 의존하여 선택했다.

활용

들뢰즈와 가타리는 기존의 철학들을 만나면서 관계적인 장을 만들어냈다. 2장에서 언급했듯이, 들뢰즈와 가타리는 형이상학의 종말을 주장한 것이 아니고 오히려 현재의 문제와 관련지어 이러한 문제를 새로운 시각으로 분석했다.

이론의 약점을 밝혀내려고 하지 않았고, 다른 사람의 관점에 자신의 이론적·방법론적 관점을 대입하고 비교하려 하지 않았다. 그들이 중점을 둔 것은 특정 이론과 특정 실천과의 관계에 관해 무엇을 할 수 있는가(do)였다. 어떤 특정한 실천에 관해 특정 이론이 어떻게 활용(use)될 수 있는가? 이론과 실제는 함께 무엇을 만들어낼 수 있는가? 이러한 이유로 이 연구에서도 다른 연구 결과를 본 연구문제와 연계하려는 시도를 했다. 연구의 특정 맥락을 고려해 문제를 구성하는 데 필요한 여러 연구들을 분석하고 이해하려고 했다.

이 장에서 경험적 자료를 다루는 다양한 방식들에 관해 설명했다. 들뢰즈와 가타리가 활용한 다른 철학적·방법론적 관점은 주해를 참조하면 된다. 주해에서는 특히 과학적 방법론의 출발점으로 간주되는 철학을 소개했다. 이 연구는 철학이 아닌 교육학에 관한 연구이지만, 철학의 방식으로 존재론적·인식론적 질문을 끊임없이 고려하는 것이 중요하다.

철학은 실재reality와 '그것what is'에 대한 존재론적 질문과 우리가 무엇을, 언제, 어떻게 알 수 있는지에 관한 인식론적 질문을 한다. 이론은 이러한 존재론적·인식론적 질문과 관련된 특정 가설에 근거하고 있다. 이 과학적 방법은 과학의 존재론적·인식론적 선택의 결과이다. 따라서 선택한 이론이 가지는 존재론적·인식론적 특성을 고려해 방법론적 접근법을 개발하는 것을 중시한다. 종국적으로, 이러한 존재론적, 인식론적 관점의 철학은 특정 관점을 비판하고 비교하기 위해 시간이나 공간과 같은 것을 필요로 하지 않는다.

이 연구는 들뢰즈와 가타리의 철학의 유아교육적 적용에 초점을 맞추었다. 이 연구는 타당한가? 의미와 문제, 해결 방안 간의 관계를 설명했던 논리를 통해 이 질문을 설명해야 한다. 문제는 해결 방안을 찾으면서 적절하게 정의될 수 있지만, 문제와 해결 방안 간에 직접적으로 연계된 일대일 관계란 없다. 가장 중요한 것은 의미와 연계하여 문제를 구성하는 것이다. 본 연구의 모든 과정은 이러한 관점에서 설계되었다. 이 연구의 결론과 해결 방안은 반드시 의미와 연계하여 문제를 구성한다는 관점에 따라 평가되어야 한다. 진실 혹은 거짓에 대한 관점으로 평가되어서는 안 된다. 연구문제를 진실 혹은 거짓으로 판단하는 것이 아니라 '흥미로운가, 주목할 만한가, 또는 중요한가'의 질문으로 평가할 수 있다._{Deleuze & Guattari, 1994: 82}

이것이 타당성 등과 같은 좋은 연구를 판단하는 기준을 완전히 없애는 것은 아니다. 지속적으로 만들어져가는 진리만이 존재한다는 연구의 관점을 수용함으로써, 타당성을 다소 새롭게 정의하고 시도할 수 있다. 진실과 거짓의 이원적인 질문을 고려하지 않도록 노력한다. 연구문제와 의미 간 긴밀한 관련성을 고려할 때 '흥미로운가, 중요한가 혹은 주목할 만한가'라는 연구에 대한 색다른 기준을 적용시킬 수 있다.

스타일

이 연구는 페다고지 실천학에 바탕을 두었다. 이것은 철학에 관한 연구가 아니고 들뢰즈와 가타리의 개념적 틀의 실용성에 관한 연구이다. 경험적 자료와 관련해 필요한 만큼의 개념들만 사용했다. 들뢰즈와 가타리가 설명했던 수천 페이지에 달하는 아주 복잡한 개념들을 하나의 연구 범위 안에 모두 담아서 사용하는 것이 불가능했기 때문에 몇 가지 개념을 선택하는 것이 절대적으로 필요했다. 게다가 각각의 개념들은 아주 복잡하면서도 위계적이지 않은 관계로 정의되었기 때문에, 경험적 자료와 관련해 반드시 필요한 부분만 간추려서 개념을 설명했다. 연구 과정의 후반부에는 특정 개념을 가볍게 다루었다는 느낌이 들기도 했다. 들뢰즈와 가타리가 다른 사람들의 연구를 활용하는 방식에 대해 언급했던 부분이 도움이 되었다. 들뢰즈와 가타리와 함께 연구했던 리안느 모제르는 이것은 철학을 연구하는 특정한 '스타일style'이라고 설명했는데, 이 스타일은 1968년 이후 지식인의 삶에 변화를 가져왔다.

> 내가 '마음의 혁명revolution in the mind'이라고 부르는 것은 교육 행위와 교육과정을 극단적으로 변화시켰다. 몇몇 학자들은 1968년을 아주 중요한 해로 보는데, 1968년 이전까지는 새로운 세계와 가능성이 알려지지 않았다고 할 수 있다. 들뢰즈는 파리 근처의 뱅센vincennes에 새롭게 문을 연 대학의 연기로 가득 찬 어떤 작은 방에서 강의했는데, 이 대학은 고등학교 졸업장이 없어도 입학할 수 있었다. 사람들은 그의 강의 중간중간 질문을 했는데, vous(당신: 'you'의 높임말)가 아니라 tu(너: 'you'의 반말)를 사용했다. 들뢰즈는 "스타일style"에 관해 얘기했다. 들뢰즈가 철학을 사용한 방식은 새로웠으며, 사람들이 자신의 말을 경청하도록 하는 데 사용한 방법은 순응을 요구하지 않고 사람들 스스로 새로운 방식으로 실험하도록 하는 것이었다.Mozère, 2002: 4

사고를 모방하는 대신 철학을 연구하는 것이 실험과 창조의 스타일이다. 본 연구에서는 연구에 참여한 유아학교의 경험과 들뢰즈와 가타리 철학 간의 만남을 만들기 위해서 어떤 것이든지 실험하고 활용했다. 이것은 사고를 모방하거나 실천가들에게 부족한 점을 얘기하는 스타일은 전혀 아니다. 결핍과 필요에 초점을 두어 끊임없이 부정적인 것을 부각시키지 않으려는 스타일이다. 즉 결핍이 아닌 다른 관점으로 우리와 세계를 바라보았다. 이 스타일을 통해 우리는 유아학교에서의 일상과 연구 시스템에서 욕망이 어떻게 작용하는지 물음을 던질 수 있었다.

이 연구는 들뢰즈와 가타리의 이론적인 사고를 유아교육의 영역에 적용하려는 시도이다. 거대한 철학 체계의 부분을 차용한 실험으로, 들뢰즈와 가타리가 언급하지 않았던 것들을 얘기하는 건 아니지만 특정한 경험적 자료와 관련해서 필요한 부분만 가져와 그들의 생각을 활용했다. 이러한 시도는 의미에 활력을 불어넣는 것과 그리 다르지 않다.

이 연구는 물론 대규모의 양적 연구 방법을 사용한 것은 아니기 때문에 연구의 결과를 일반화할 가능성을 논하는 것은 바람직하지 않다. 그러나 일반화 문제에서 이 연구에서 설명하고 활용했던 들뢰즈와 가타리의 철학은 다른 사례들과 실제에서도 충분히 활용될 수 있다. 그들의 개념은 아주 자세하게 정의되었지만, 개방적인 속성으로 인해 다른 연구에서도 활용될 수 있을 것이다. 유아교육뿐 아니라 다른 교육학의 영역이나 고등교육과 글쓰기 훈련에서도 활용될 수 있을 것이다.

경험적 자료의 수집

이 연구의 경험적 자료는 관찰지, 사진, 비디오 필름 등 다양한 교육 기록들이다. 경험적 자료는 모두 연구자와 교사들이 수집한 것이다. 이미 언급한 바와 같이, 이 현장 연구는 오랜 기간 진행되었다. 경험적 자료의 분석은 4장에서 설명했던 연구와 실제관의 관계에 따라 공동으로 진행되었지만, 이론적 자료와 경험적 자료 간의 만남을 통해 무언가를 만들어내기 위해 연구자 혼자 분석한 경우에는 분석의 결과를 다른 교사들과 공유했다.

이 책의 마지막 부분에서 분석된 교육 기록은 한 유아학교의 아이들 15명에게서 수집한 것으로, 프로젝트를 시작할 때 1세 반에서 2세 사이의 아이들이었다. 이 프로젝트는 OHP에 관한 것으로, 아이들과 교사들, 그리고 연구자들이 2년에 걸쳐서 참여했다. 이 프로젝트를 선택한 이유는 교사들이 자세하게 기록했던 흥미로운 자료들이었고 나중에 분석하고 보니 4장에서 설명했던 방식으로 이론적인 개념의 접점이 가능한 자료들이었기 때문이다. 이 프로젝트에 참여했던 교사 한 명은 스톡홀름 사범대학의 현직 연수과정에도 참여했다. 이 교사가 아이들이 무엇을 하고 무엇을 말하는지 관찰해 기록하고 사진도 찍었다. 프로젝트 기간 동안, 연구자도 교사 및 다른 참가자들과 함께 한 달에 한 번씩 스톡홀름 사범대학에서 만났다. 프로젝트 과정 동안 우리는 기록들을 함께 분석했고 아이들과 함께 할 수 있는 다양한 방법을 논의했다. 또한 교사와 수업 중간에 따로 만나서 끊임없이 분석하고 연구자의 분석 결과를 공유했다.

윤리적 고려

이 연구에는 스웨덴 연구위원회에서 제정한 인문학 및 사회과학 연구를 위한 윤리 규정을 준수했다.Gustafsson, Hermerén & Petersson, 2006[9] 연구는 중요한 주제를 다루어야 하고 높은 질을 유지해야 한다는 기준과 개인정보를 보호해야 한다는 기준 등의 윤리 규정이 포함되었다. 두 번째 기준인 개인정보의 보호는 정보 동의, 비밀 유지 및 연구에서의 활용에 관한 네 가지 규칙으로 이루어져 있다. 연구와 관련 있는 교사들과 학부모들에게 초기 단계에 연구 목적에 관해 충분히 공지하여 이 규칙을 지키려고 했다. 모든 학부모들과 교사들에게 편지를 보내 연구의 목적을 설명했고, 연구 과정을 기록한 관찰지와 사진 사용에 관한 승인을 요청했다.부록 1과 2 참조 연구에 참여한 아이들의 학부모들은 사진과 분석 결과를 출판해도 좋다고 동의했고, 자료를 수집한 교사는 사진과 관찰지 등을 공동으로 분석한 결과를 사용해도 좋다는 동의서를 제출했다.

연구 과정에서 특히 중요한 윤리적인 문제는 비밀 유지와 연구 결과의 활용에 관한 세 번째와 네 번째 규칙이다. 예를 들어, 아이들의 사진을 출판해야 하는가? 연구 참여자들과 아이들의 표정이 현상 이해를 위해 분석될 필요가 있는지 여러 번 논의했다. 사진은 방법론적으로 매우 필수적인 요소이다. 그러나 비밀 유지 규칙과 관련된 윤리 문제가 대두되었고, 어떤 연구자도 연구 자료가 이후에 어떻게 다루어질지 장담할 수 없다는 사실도 고려해야 했다. 아마도 이 연구에 등장한 아이들은 이후 성장하면서 자신들이 정당하게 표현되지 않았다고 생각할 수 있고, 다른 사람들이 의도치 않은 방식으로 이 사진 자료를 사용할 수도 있다. 이런 문제에 대한 해결 방안은 사진을 다소 조작해서 아이들 개개인의 얼굴을 알아볼 수 없도록 하는 것이었다.

하지만 연구 참가자들은 물론 다른 연구자들과 논의한 결과, 아이들의 표정 사진을 조작하지 않기로 결정했다. 비밀 유지가 문제였지만, 아이들의 얼굴을 감추면 오히려 역효과가 생길 것이라는 판단이었다. 사진은 명확한 이미지를 보여줄 수 있고 이 연구가 진행되는 동안 한 번도 연구의 대상을 제거해야 한다는 문제를 생각해본 적이 없었기 때문이다. 이렇게 된다면 '생명력을 잃은dead' 대상이 되기 때문이다. 반대로 이 연구에서 제안했던 주체성에 따르면 연구 대상은 무엇보다 살아 있지만, 되어가는becoming 대상이기도 하며, 한 개인 그 이상의 것이다. 절대 반복될 수 없는 독특하면서도 특별한 대상이다. 게다가 이 연구의 주체성은 관계적 영역에서 다루어지고 있으며, 모든 개인의 생각, 대화 및 행위는 이 영역 자체를 창조하는 것이다. 그러나 중요한 점은 아이들 간에, 그리고 아이들과 교사 간에 일어나는 사건이다. 개별적으로 영향을 주는 것도 중요하지만, 각 개별 연구 대상이 공동의 과정에 참여하는 방식에 초점을 두어야 한다. 즉, 이 연구에서 말하고자 하는 바는 개별 아이들 혹은 교사들에 관한 것은 아니다.

연구 자료를 어떻게 사용할 것인가를 규정하는 규칙과 관련하여, 주체성이란 지속적으로 운동하고 있으면서 동시에 모든 것 그리고 모든 사람들과 관계를 맺고 있다고 이 연구는 제안한다. 우리는 이 연구에 등장하는 아이들에 관해 일정 기간 동안 그들이 참여했던 영역과 관련되어 나타난 그들의 특이성을 알고 있을 뿐이다. 그 아이들이 어디로 가고 있는지, 어떻게 자라게 될 것인지는 모른다. 이 연구에 참여했던 아이들은 이미 이동하여 다른 곳에 있으며, 전혀 다른 것을 하고 있다. 게다가 이 연구는 창의성과 생산성을 보여주었으며, 이 연구에서 언급한 아이들은 아주 특별하고 실제적·이론적 자료의 맥락 안에서 표현되어야 함을 의미한다. 이것은 아이들에 대한 실제 이야기가 아니다. 이것은 구성된 이야기이고, 이야기가 어떻게 구성되었는지 가능한 한 가시적으로 보여주려고 노력했다.

사진과 관련된 윤리적인 문제는 안전 및 위기와 관련지어 최근에 시작된 검열에 관한 논의를 불러일으켰다. 검열은 생각하지 못했던 부분을 포함하고 있었다. 벡Beck 1992이 '위기사회'라고 불렀던 사회에서는 어떤 것이든 발생하기 전에 차단하는 것이 중요하다. 검열은 현대사회에서 실제로 일어나지만 수용할 수 없는 사건에 대처하기 위한 움직임이다. 그러나 마수미Massumi, 2005가 지적한 바와 같이 이것은 공포를 통해 통제하는 새로운 방식이다. 우리가 공포의 통제 방식을 피하는 방법을 찾을 수 없다면, 아무것도 못하는 상태가 될 수도 있다. 예를 들어, 유아교육기관에서 한 아이와 접촉했다면 소아성애자로 고소당할 위험이 생기고, 아이들은 박테리아의 위험으로 인해 요리 시간에 더 이상 참여할 수 없게 된다. 또한 아이들은 비만 위험성 때문에 더 이상 생일파티에서 아이스크림을 먹지 못하게 될 수도 있다는 사례 등등 이야기는 끝도 없이 이어진다. 공포를 통해 통제하고 위험을 방지하려는 이러한 전략들은 유아교육의 영역에도 아주 빠르게 적용되고 있으며, 거의 모든 영역에 걸쳐 적용되는 경향을 보인다.[10]

다시 원래의 토의로 돌아와서, 사진을 조작하지 않기로 한 결정은 공포를 통한 통제 전략에 굴복하지 않으려는 희망으로부터 시작된 것으로, 공포를 통한 통제 전략은 우리 모두를 한자리에 몰아넣고 생각하고 말하고 행동하며 창조하고 실험하지 못하도록 구성된 전략이었다. 간단히 말해서 미리 정해진 올바른 방식 이외의 어떤 것도 하지 못하도록 하는 전략이다. 따라서 사진을 그대로 유지하고, 주체성은 고정된 것이 아니고 잃어버린 것도 아니라는 이 연구의 본래 메시지로 돌아가기를 선택했다. 이 선택은 실제 위험을 무시한 행위는 아니다. 왜냐하면 연구에서 보여준 것처럼 실제적으로, 이론적으로 운동과 실험을 지속하려는 방법은 윤리적·정치적 문제를 아주 조심스럽게 다룰 필요가 있기 때문이다.

3부
분석과 결론

6장

욕망의 배치와 유아교육

개요

이 장에서는 세 번째이자 마지막 중요한 사항으로 욕망의 배치 assemblages of desires라는 개념을 다루고자 한다. 주체성subjectivity과 학습에서 나타나는 운동movement과 실험experimentation을 설명할 것이며, 개인/사회의 이분적 관계에 대한 대안으로서 배치라는 개념을 다루었다. 여기에서는 OHP 프로젝트에 초점을 맞추고자 한다. OHP 프로젝트 참여자들은 강렬하고 예측 불가능한 실험을 하면서 관계의 장 relational field을 만들어갔다. OHP 프로젝트는 1.5세와 2세 유아들 15명이 참여했고 2년에 걸쳐 진행되었다. 세 번째 핵심 사항은 다음과 같다.

핵심 사항 3

유아교육기관의 모든 참여자들, 즉 유아들, 교사들, 예비교사들, 교사교육자들, 연구자들 모두는 주체성과 학습이 동반되는 실험에 대한 욕망에 사로잡혀 있다. 그들은 집단적이고, 강렬하고, 예측 불가능한 실험을 통해 관계의 장을 만들어내고 있다. 이러한 현상을 이론적으로 접근하기 위해서는 개인/사회의 관계를 재고해야 한다. 이것 또는 저것 하나만을 중요하게 여기지 않도록 사고를 전환해야 한다. 즉 이 원론적 사고의 전환이 필요하다.

이 장을 시작하면서 OHP 프로젝트의 첫해에 있었던 일을 간단히 소개하고자 한다. 들뢰즈와 가타리는 욕망을 "실재the real를 생산하는 무의식적 과정들"Deleuze & Guattari, 1984: 26, 49; 2004: 19-20, 313이라고 정의했다. 아이들이 자신의 욕망을 통해 어떻게 새로운 실재를 생산해내는지 교사들이 이를 알아차리는 방법과 관련이 있다. 들뢰즈와 가타리를 기점으로, 결핍으로서의 욕망은 '욕망의 배치'라는 개념으로 바뀌었다. 이러한 욕망의 배치는 기계적 욕망machined desire, 배치된 욕망assembled desire, 재영토화와 탈영토화re-and deterritorialization, 감응affect의 네 가지 요소로 정의된다. 들뢰즈와 가타리가 정의했던 이러한 요소들은 OHP 프로젝트 두 번째 해의 분석도구가 되었다.

OHP 프로젝트를 시작하다

15명의 유아들 중 다섯 명이 2년 동안 OHP 프로젝트에 참여했다.[1] 프로젝트를 시작할 무렵 아이들은 다양한 종류의 탈것에 많은 흥미를 가지고 있었다. 자동차나 오토바이, 버스, 기차를 보면 매우 신나 했다. 아이들의 관심에 따라 교사들은 아이들에게 탈것의 종류를 알아보도록 했다. 교사들은 버스, 자동차, 트럭 계기판 등 많은 종류의 탈것 사진을 찍어 OHP용 자료로 만들었고, 아이들이 사진 자료를 가지고 놀

수 있도록 OHP 프로젝터를 놀이실에 비치했다. 아이들은 그것들에 흥미를 보였고, 놀이실에 탈것들을 가져와 그 자료들을 보면서 놀려고 했다.

그런데 얼마 후 교사들은 아이들이 OHP 프로젝터와 빛과 그림자의 특성에 점점 더 관심을 가진다는 점을 발견하게 되었다. 교사들은 아이들이 OHP 프로젝터 주변에서 빛과 그림자의 특성을 탐색해보도록 했다. 교사들은 아이들이 기계를 사용해서 무엇을 하는지 주의 깊게 관찰하기 시작했다. 프로젝트의 초기에 교사들은 아이들이 기계에서 나오는 빛이나 기계 위에 물건들을 올려놓았을 때 나타나는 것에 사로잡히거나[사진 6.1], 프로젝터 위에 다양한 물체들을 올려놓고는 프로젝터에서 나오는 빛을 막아보려 한다거나, 벽에 나타난 그림자에 온통 빠져 있는 모습[사진 6.2]을 보게 되었다.

그러나 정말 놀랍게도, 아이들은 기계에서 일어나는 일과 벽에 나타나는 결과 간의 관계를 알지 못하는 것 같았다. 아이들은 그림자와 빛을 별개의 것으로 여기고 있었다.

대학원을 다니던 담임교사는 대학 강의 시간에 자신이 이러한 상황

[사진 6.1] 빛 탐색

에서 어떻게 행동해야 할지에 관해 토론을 제기했다. 담임교사와 동료 교사들은 프로젝터 위에 있던 것과 스크린에 나타난 그림자 간의 관계를 아이들에게 말해주어야 할지 말지 주저했다. 교사들은 아이들의 탐구 과정에 너무 많이 개입하고 싶지는 않았지만, 동시에 아이들에게 프로젝터와 그림자 간의 관계에 대해 어느 정도는 알려주고 싶었다. 교사가 개입하면 아이들이 빛과 그림자의 특성을 더 많이 탐색할 수 있을 것으로 생각했기 때문이다. 강의에서 이에 관해 토론했을 때, 그 상황에 개입하지 않는 것이 좋겠다는 쪽으로 결론이 났다. 아이들만의 방식으로 프로젝터에서 나오는 빛과 스크린에 투사된 그림자들 간의 관계를 발견할 수 있도록 내버려두었을 때 어떤 일이 나타나는지 살펴보자는 것이었다. 이러한 토론에 따라 담임교사와 동료 교사들은 개입하지 않고 아이들의 탐구를 좀 더 관찰하기로 결정을 내렸다.

어느 날 두 아이가 OHP를 켜두고 그 앞에 앉아 있었다. 교사들은 한 아이가 프로젝터 위에 올려둔 것을 옮기느라 몸을 돌려 움직였을 때[사진 6.3], 다른 아이가 그 움직임과 그림자의 관계를 발견하는 장면을 보게 되었다[사진 6.4].

이것을 본 여러 아이들이 스크린 앞으로 몰려와 몸을 흔들며 소리쳤다. "유령이다, 유령!" 아이들은 매우 흥분해서 뛰어다니며 소리를 질러댔다. 이를 기록했던 담임교사가 대학 강의 시간에 이것을 발표했고, 아이들이 스스로 발견할 수 있도록 기다려주는 것이 좋다는 것에 관해 다시금 토론이 이루어졌다. 발견의 기쁨이 얼마나 강렬한 것이었는지는 기록 자료에 나타난 아이들의 표정에서 드러났다[사진 6.5]. 아이들이 스스로 프로젝터와 스크린의 관계성을 발견할 수 있도록 그대로 두는 것, 그것이 중요했다.

교사들은 그러한 발견 후 나타난 아이들의 반응으로 인해 얼마간

[사진 6.2] 그림자 탐색

[사진 6.3] OHP에 물체 옮기기

[사진 6.4] 그림자 발견

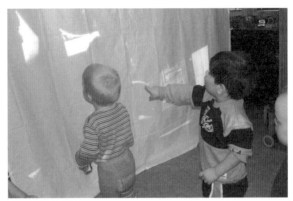

[사진 6.5] '유령'의 발견

[사진 6.6] "유령이다, 유령!"

혼란스러웠다. 아이들이 유령을 떠올렸을 때 무슨 행동을 할지 걱정스러웠다. 교사들은 종종 아이들의 유령놀이를 봐왔기 때문이다. 유령이 등장하면 아이들이 매우 흥분한다는 것을 이미 알고 있었다. 아이들은 모두 뛰어다니고 소리를 질러대었다. "유령, 유령이다!"[사진 6.6]

유령의 형상figure이 조금 덜 무섭게 보이기는 하지만, 그럼에도 불구하고 여전히 아이들에게는 흥미로운 것일까? 이것이 아이들이 하나의 상황을 파악하고 창조해낼 수 있다는 증거가 될 수 있을까? 유령놀이를 위해 유령 형태로 물체의 그림자를 만들 것인지에 관해 대학 강의에서 토론이 이루어졌다. 토론에서는 아이들에게 이러한 상황을 먼저 제시하기보다 유령이 나타날 때마다 좀 더 주의 깊게 관찰을 해보는 쪽으로 결론이 났다. 유령놀이가 아이들에게 어떤 영향을 줄까?

담임교사와 동료 교사들은 기다리기로 했다. 담임교사는 다음 대학 강의 시간에 그동안 관찰한 것을 가져갔다. 교사는 아이들이 유령을 처음 만들고 난 후에 생긴 일들을 찍어 사진으로 보여주었다. 그 사진들은 아이들의 탐색을 나타내는 것으로, 일단 유령이 사라지고 나면 아이들이 차분해진다는 것을 보여주었다. 담임교사는 자신과 동료 교사들이 생각한 것, 즉 아이들은 성인들이 생각하는 방식과는 전혀 다르게 유령을 이용할 수 있다고 설명했다. 아이들은 유령을 무섭고 흥분시키는 것으로 여기지 않았고, 무언가 새로운 것을 발견했거나 또는 이해는 안 되지만 재미있는 무언가의 앞에서 축하의례를 행하듯이 유령을 대했다.

관찰을 통해 교사들은 아이들이 무언가 새로운 것이나 예상치 못한 것을 발견했을 때 항상 유령이 등장한다는 것에 주목했다. 새롭거나 예상치 못한 것을 발견할 때마다 "유령이야, 유령이야"라고 소리 지르며 춤을 추는 원시적이고 자기도취적인 의례가 등장했다. 프로젝터의 빛과 스크린 위 그림자의 관계를 발견한 후로, 아이들은 빛과 그림자에 대해 질문이 많아졌다는 것이 기록 자료에서도 분명히 드러났다. 이를테면, 아이들은 다양한 방식으로 물체를 배열하고는 스크린 위에 나타나는 효과를 탐색했다. 아이들은 크기별로[사진 6.7] 그리고 어떤 범주별로[사진 6.8] 물체를 배열하기도 했고, 프로젝터 위에 둔 물건과 비슷한 것을 스크린 앞에 가져가서는 그것과 그림자의 크기가 다른 것에 대해 궁금해하기도 했다[사진 6.9]. 아이들은 역할놀이 의상을 입으면 스크린 위에 좀 더 흥미진진한 그림자가 만들어진다는 것을[사진 6.10],

[사진 6.7] 크기별 배치

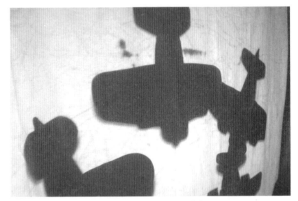

[사진 6.8] 범주별 배치

[사진 6.9] 비교하기

그리고 스크린 위에서 이야기를 만들어낼 수도 있다는 것을 발견하게 되었다[사진 6.11].

아이들은 그해 내내 교실의 중앙에 놓여 있는 OHP 프로젝터를 매일 사용했다. 교사들은 아이들이 기계를 가지고 무언가 하면서 기계 주변에서 일종의 의례 같은 것을 행하고 있다는 것을 관찰하게 되었다. 아이들은 항상 역할놀이 의상을 입고는 의례를 시작했다. 아이들은 꽤 많은 시간 동안 협상했고, 모두 자신이 입은 의상에 만족해야만 비로소 활동을 시작했다. 아이들은 줄곧 다른 것을 가지고 왔고 모두가 함께 탐구한다는 것을 중요하게 여겼다. 교사들은 관찰을 했고, 관찰한 것을 다시 보면서 아이들에게 개입했다. 교사들은 아이들에게 기록 자료를 보여주었는데, 이 시간은 아이들이 공동으로 탐구하는 순간이 되었다. 이러한 기록을 통해 교사들은 아이들의 활동에 대해 좀 더 이해를 할 수 있었고, 그것을 바탕으로 탐구가 지속되도록 새로운 상황의 배치에 보다 주의를 기울일 수 있었다.

교사들은 또한 기록한 것을 아이들 눈높이에 맞추어 벽에 걸어두었고, 아이들은 여기에 모여 사진이나 그들이 탐구했던 것에 대해 이야기를 나누었다[사진 6.12].

기록 자료 주변에 모여 아이들은 사진 속에서 자신들이 무엇을 하고 있는지 말하고 때로는 그 모습을 몸으로 다시 흉내 내곤 했다.

기록 자료 주변으로 아이들이 모일 때마다 그중 한 아이가 일어나 탐구활동으로 다른 아이를 불러들였다. "어서 와, 기계놀이 하자."

[사진 6.10] 역할놀이 의상

[사진 6.11] 이야기 만들기

[사진 6.12] 게시된 기록 자료 주변에 모여 있는 아이들

욕망, 다시 보기

앞서 보았듯이, 살아 있는 교실 실제를 만들었던 유아학교들은 욕망을 새롭게 볼 수 있도록 해준다. 욕망은 환상의 대상a fantasized object이 결핍된 것으로 여겨져왔다.Deleuze & Guattari, 1984: 25 이런 관점에서 욕망을 본다면, 학습하고 있는 유아는 항상 결핍의 상태, 무언가를 요구하는 상태로 간주된다. 결핍으로서 욕망을 보는 관점을 지닌 유아교육기관들은 아이들의 욕망을 길들이는 일, 즉 아이들을 예측하고, 통제하고, 감독하고, 미리 정해둔 기준에 맞추어 평가하는 그러한 일들을 하고 있다.

하지만 스톡홀름의 유아학교들은 욕망에 대한 이러한 주장을 바꾸어놓았다. OHP 프로젝트를 소개하는 부분에서 볼 수 있듯이, 교사들은 유아들이 욕망하는 것이 무엇인지 주의 깊게 살폈다. 교사들은 아이들이 품고 있는 질문과 문제들을 진지하게 그리고 진심으로 대했다. 교사들은 아이들의 질문이나 문제를 새로운 실재realities를 낳는 것으로 그리고 생각이나 말, 행동을 새로운 방식으로 이끄는 것으로 여겼다. 새로운 방식의 생각과 말, 행동 또한 이미 알고 있는 것만큼 중요한 것이 되었다. 이러한 교육 실천은 욕망이란 것이 결코 길들여진 무언가가 아님을 보여주는 한편, 강렬하고 예측 불가능한 실험을 예고해준다. 주체성과 학습은 운동성과 실험의 모습으로 드러난다. 이러한 실천은 아이들에 대해 이미 알고 있는 것에 대해서가 아니라 아이들의 학습에 연관된 동력driving forced으로서 욕망에 초점을 맞추며, 이러한 욕망은 집단적으로 이루어진 실험을 통해 드러난다.

3장에서 보았듯이, 들뢰즈와 가타리의 주체성과 학습에 대한 생각은 욕망에 뿌리를 두고 있다. 앞으로도 보겠지만, 욕망은 정상적인 것이 아니라 환상적 대상의 결핍으로 여겨져왔다. 이 유아학교에서 들뢰즈와 가타리의 욕망의 개념을 볼 수 있다. 그들에게 욕망은 "실재를 만들어내는 무의식적 과정들"이다.Deleuze & Guattari, 1984: 26, 49; 2004: 19-20, 313

들뢰즈와 가타리가 정의한 욕망에 대해 이야기하기에 앞서, 욕망을 환상적 대상의 결핍으로 보는 개념을 살펴보고자 한다.

결핍으로서의 욕망

들뢰즈와 가타리에 따르면, 정신분석학이 정신에 그리고 욕망과 무의식에 관심을 가졌다는 점에서[2] 공헌한 바 크다 하더라도, 정신분석학자들에 의해 욕망은 결핍의 원리에 억눌려 매도되었다. 또한 욕망은 정신분석학자들에 의해 환상적인 것으로 축소되었다. 사람은 무언가를 갖고 있지 않을 때 그것을 가짜 대상, 즉 환상적 대상으로 만든다는 것이다. 가지고 있지 않은 것을 욕망하게 되고, 그래서 그것은 꿈이나 소망으로 존재하게 된다는 것이다.

분명, 욕망에 대한 전통적인 논리logic는 애초부터 잘못되었다. 욕망에 대한 플라톤의 사유에 묶여 '생산'과 '습득production and acquisition' 중에서 하나를 선택하도록 강요해왔다. 습득의 측면에서만 욕망을 바라보는 순간, 욕망은 관념적인(변증법적, 허무주의적) 개념이 되어 대상의 결핍, 실재하는 대상의 결핍으로 보게 된다.Deleuze & Guattari, 1984: 25

결핍으로 욕망을 보는 관점으로 인해 욕망은 실재를 생산하는 무의식적 과정으로 인식되지 못한 채 심리학에서는 환상fantasies으로 취급되어왔다. 이러한 환상은 과대 코드화되어 오이디푸스Oedipus[3]와 같은 도식schemas으로 귀착되었다. 정신분석학에서는 모든 경험을 결핍으로서의 욕망이라는 공식으로 풀기 위해 오이디푸스라는 형상figure을 이용해왔다. 정신분석학자들은 환자들의 (욕망의 배치인) 행위나 말을 결핍으로 그리고 이미 정해져 있는 도식을 이용해 해석한다. 이런 식으로 분석자들은 이미 준비되어 있거나 기대하고 있는 것만 볼 수 있을 뿐, 그 외의 것은 보지 않았다.[4] 들뢰즈와 가타리[1984]에 따르면, 오이디푸스는 욕망의 억압desiring-repression을 표현하는 것으로, 주체가 말하고 행하는 모든 것을 결핍이라는 것으로 축소시키는 작업에 필요한 노식이다. 결핍이라는 오이디푸스적 형상은 정신분석학자에게만 두드러지는 것이 아니라, 욕망이 억압되고 있는 도처에서 분명히 드러난다.

정신분석학과는 다른 분야인 유아교육에서도 결핍은 여러 가지 방식으로 교육 실제를 지배하고 있다. 발달심리학의 과학적 패러다임을 근거로 아동의 이미지는 엄격하고 이원적으로 구성되어 있다. 아이들을 결핍된 욕망을 줄이고자 하는 '욕구needs'에 따라 행동한다고 보는 것, 그것이 욕망-억압의 증거다. 발달심리학의 관점[5]에서는 선천적으로 지닌 욕구에 따라 아이들이 행동한다고 간주한다.

욕망을 타고난 것으로 당연시해서는 안 된다. 발달심리학에서는 어린아이의 욕구를 조심스럽게 구성하고 정의해왔다. 이들 구성 개념들과 정의는 아이의 욕망을 억압하고 이미 정해진 발달이라는 도식에 욕망을 귀속시킨다. 아이는 자율적이고 유연하며 학습하고자 하는 끊임없는 욕망을 지닌다는 식으로 이원론적 관점을 좀 더 유연하게 받아들인다 하더라도, 또 다른 방식으로 욕망을 길들이자는 주장이 나타날 수 있다. 이 경우, 욕망은 유아교육기관이 미리 정해둔 목적과 기준,

즉 아이에게 결여되어 있는 것을 성취하는 데 필요한 출발점으로 여겨질 수 있다.

욕망을 보는 엄격한 관점이든 유연한 관점이든 간에, 두 입장 모두 아이들은 '결핍되어 있다'고 본다. 아이들은 무언가 부족하기 때문에 그것을 필요로 하거나, 너무 많이 가지고 있기 때문에(과대행동, 과다한 상상력 등) 그것을 없애고자 한다. 또는 아이들의 어떠한 욕망은 구체적인 목적이나 기준에 도달하기 위해 조정되어야 한다고 본다. 아이들에게 필요한 것을 채워주고 결과를 향해 욕구를 더 자극하거나 조절해주는 것, 그것이 유아교육기관의 역할이 된다. 들뢰즈와 가타리는 욕구나 결핍이 아이들에게 이미 존재해 있는 그 무언가가 아니라고 보았다. 그들은 욕구나 결핍은 사회의 산물이며, 욕망을 결핍과 환상이라고 보는 관점에 의해 만들어진 것이라고 주장한다.

> 우리는 결핍이라는 것이 주관적이고 상대적이라는 것을 잘 알고 있다. 결핍은 [……] 사회적인 생산을 통해 그리고 그 안에서 만들어지고 계획되고 조직된 것이다. [……] 그것은 결코 원래부터 있던 것이 아니다. 생산은 이미 존재하는 욕구나 결핍manque에 따라 조직되지 않는다. 결핍은 이미 자체 생산 기관을 지니고 있는 기관에 침투하여 빈 공간과 액포液胞를 만들고 번식한다.Deleuze & Guattari, 1984: 28

아이들에게 이미 존재하고 있는 욕구나 결핍은 없다. 결핍은 사회적 생산의 장 속에서 억압적인 구조와 연결되어 있는 유아교육기관과 기관의 모든 시간 속에 있다. 결핍은 욕망을 온순하게 만들기 위해 그리고 행동과 발달 모델에 어린아이들을 끼워 맞추기 위해 욕망을 변형시키고 길들이려고 한다. 유아교육기관은 욕망을 포착해서 그것을 기관이 추구하는 내용이나 형식의 틀에 끼워 맞추려고 한다.

아이를 정상인지 아니면 정상에서 벗어났는지의 관점으로만 본다면, 아이는 '생산적인' 존재가 아니라 도움이 필요한 정상적이지 않은 존재로 이해된다는 점에 주목해야 한다. 이러한 관점에서 이야기하는 비정상적인 아이들은 교육기관의 내용과 형식에 따른 결과일 뿐이다. 물론, 교육기관 내에서 아이들을 관리하고 조종하는 조건화된 방식이 다양하게 존재한다. 특정의 질환이나 장애를 당연시하거나 무시하자는 것도 아니다. 그러나 결핍과 환상으로서 욕망을 보는 입장과 마찬가지로, 이러한 질환이나 장애가 어떻게 사회적으로 '생산되어왔는지'에 의문을 가질 필요가 있다. 들뢰즈와 가타리는 "정신분석가 방의 의자에 누워 있는 신경증 환자보다 산책하는 정신분열증 환자의 모델이 필요하다"Deleuze & Guattari, 1984: 2라고 말한다.

들뢰즈와 가타리가 욕망하는 기계desiring machine라는 아이디어('나'를 말하기를 거부하고 오이디푸스적이 되기를 거부하는, 순수 생산으로서의 정신분열증)를 제시함으로써 정신분열적 동일성identity를 만들어내려고 한 것은 아니다. 그들은 정신분열적 동일성이 시설의 장벽 안에서 만들어진다는 것에 초점을 두었다. 정신분열적 동일성을 욕망하는 생산이라고 보면서, 들뢰즈와 가타리는 하나의 개체와 반복될 수 있는 하나의 이야기로 생명을 축소시키는 것에 반대했다. 그들은 정신분열증은 단순히 심리학에서 정의하는 정신분열증일 뿐이라고 강조했다. 숲 속에서는 보이지 않지만 그곳에서 멀리 떨어져 나와야만 숲의 여러 모습을 볼 수 있는 법이다. 들뢰즈와 가타리는 시설의 장벽 안에 머물기보다는 모험적이 되어 다른 것들을 볼 수 있어야 한다고 주장한다.

클레르 파르네Claire Parnet Boutang, 2004와의 인터뷰에서, 들뢰즈는 그와 가타리가 욕망에 관해 노력한 부분을 언급했다. "우리는 우리가 말하고 싶은 무언가를 정말 간단하게 말하고 싶었어요. 분석하고 해석하려 하지 말고 단지 우리가 어떻게 배치assemblages되어 있는지 실험한 것뿐 입니다." 그들에게 신경증 환자가 된다는 의미는 치료받아야 할 병으로 사회가 만들어낸 결과일 뿐이라는 것이다. 들뢰즈와 가타리는 우리는 재현representation과 억압repression이라는 도식에 함몰되지 말고 우리의 배치를 실험해보아야 한다고 주장한다.

정말이지 너무도 단순하다. 욕망은 실재를 생산하는 무의식적 과정이라는 개념을 받아들인다면 심리분석실이나 유아교육기관에서 심리이상자나 아이들에 대한 반응은 변화될 것이다. 심리분석실과 유아교육기관은 심리이상자나 아이들이 이미 가지고 있는 욕구에 반응해주고 있다고 말한다. 그러나 욕망이 실재를 생산한다고 주장함으로써, 결핍과 욕구는 원인이 아니라 결과가 될 수 있다. 결핍으로서의 욕망을 보는 관점에서는 심리이상자와 아이들은 무언가 '부족한' 상태다. 시설들에서는 실재를 생산하는 욕망을 파악하지 못한 채 그것을 줄이고 길들이려고만 한다. 이러한 논리가 대다수 사회의 여러 기관들을 지배하고 있다. 심리분석실뿐 아니라 유아교육기관 내에서도 이러한 욕망-억압의 현상을 쉽게 만날 수 있다.

정신분열증에서와 마찬가지로, 이미 설정해놓은 동일성identity으로 아이들을 억압하고 환원시키는 기이한 관습이 있다. 아이들이 가족 전통이나 형식적인 학교제도, 문화적 관습을 모방하고 반복할 준비가 되어 있다고 생각하는 경향이 너무도 많다.[6] 아이들의 욕망은 좀처럼 중요하거나 가치 있는 것으로 여겨지지 않는다. 단지 외부에서 만들어지는 욕망만을 심각하게 받아들인다. 이러한 외부로부터의 욕망은 가족, 학교, 문화가 아이들에게 부여하는 그들의 욕망일 뿐이다. 심리이상자와 아이를 자발적이고 순수하지만 경험이나 감각이 결핍된, 무시할 대상으로 여긴다. 이는 욕망의 생산성을 잘못 이해하는 데서 비롯된다. 아이가 태어나는 순간, 욕망하는 생산도 함께 시작된다. 물론 아이는 태어나는 그 순간부터 어머니, 아버지와 강력하고 중요한 사랑의 관계를 맺지만, 또 다른 관계들도 가진다. 우리는 의리 없는unfaithful 아이를 낳는 셈이다. 아이는 애초부터 우리의 소유물이 아니다.

> 아이는 시계 옆에서 가족과 함께 지낸다. 하지만 가족의 품에서 생의 첫날부터 아이는 정신분석학이 온전히 설명해내지 못한 가족 이외의 놀라운 경험을 한다. [……] 부모의 결정적인 중요성이나 부모와 아이가 맺는 사랑의 애착관계를 부정하는 것은 아니다. 오이디푸스라는 제한된 코드 안으로 욕망-기계의 상호작용을 끼워 맞추기 위한 반대나 강요가 아닌, 욕망-생산에서 부모가 어디에 위치하고 어떤 기능을 하는지에 관한 것이다.Deleuze & Guattari, 1984: 47

욕망-생산의 관점으로 본다면, 아이들은 가족이나 학교, 문화가 제공하는 욕망보다 훨씬 많은 욕망과 연결되어 있고 또 그것을 실험하고 있다. 아이는 가족의 전통이나 제도화된 학교 체제, 문화적 산물이라는 경계를 끊임없이 넘나든다. 우리는 욕망을 억압하면서 유아기라는 특정한 환경을 만들어놓지만, 아이들은 우리가 규정한 공간과 개념을 벗어난 곳에 살고 있다. 아이들은 우리와 똑같은 세상에 살고 있는 것이다. 아이들은 외계 은하에서 온 사람들이 아니다. 아이들은 욕망을 가지고 꽤 자주 실험을 하는데 이것이 아이의 선천적이고 자연스러운 특성이다[7]. 우리는 다음의 사실을 단순하게 받아들여야 한다. 우리는 아이들이 스스로 욕망-기계를 작동하도록 기다리지 않고 아이들에게 오이디푸스적인 그리고 억압적인 도식을 채워 넣고 있다는 사실.

아이의 삶을 오이디푸스 콤플렉스로 포장하고 가족을 아동기의 보편적인 중재물로 여기게 되면, 무의식 자체가 생산해내는 것을 이해하기 어렵다. 특히 무의식과 관계있는 집단 역학을 이해하기 어렵게 된다._{Deleuze & Guattari, 1984: 49}

우리가 아이들의 행위를 결핍이나 욕구의 논리로만 대한다면 우리는 욕망과 함께 나타나는 무의식적인 실재의 생산, 즉 욕망-억압과는 완전히 다른 방식으로 교사들뿐 아니라 아이들에게 나타날 수 있는 무의식적인 실재의 생산을 완전히 놓치게 된다.

생산으로서의 욕망

스톡홀름 유아학교들의 아이들과 교사들은 완전히 새롭고 다른 방식으로 욕망을 대했다. 유아학교들은 아이들의 욕망에 대한 억압으로부터 벗어나 욕망이 어떻게 사용되는지에 관심을 가졌다. 이미 정해둔 도식으로 아이들을 판단하는 대신, 아이들이 찾는 것이 무엇인지, 아이들이 관심을 가지는 것, 즉 아이들이 욕망하고 생산하는 것을 묻고 궁금해하는 것에 관심을 기울였다.

그곳에서는 새로운 실재를 생산하는 무의식적 과정으로 욕망을 이용함으로써 주체성과 학습의 과정이 발생했다. 아이들과 교사들이 욕망을 결핍이나 요구가 아닌 '생산_{production}'으로 받아들이게 되면서 주체성과 학습과정의 새로운 특성이 작동하고 '현실화_{realize}'될 수 있었다. 이러한 해석에서는 합리적으로 계획하는 의식적 주체_{conscious subject}를 전제할 수 없고, 욕망을 억압하고 길들이는 것과는 다른 방식으로 욕망을 정의할 수 있게 된다. 욕망을 온전히 이해하고 합리적으로 조절할 수 있는 의식의 능력에 따라 엄격하게 또는 다소 유연하게 욕망을 해석하는 관점은 실재를 생산하는 무의식적 욕망이라는 관점과는 다른 것이다. 스톡홀름 유아학교에서는 욕망에 대한 새로운 논리로 아이들에게 다가갔다. "지금 너의 욕망은 어디에 있니? 너는 어떤 배치 속에서 실험하고 있니?"

배치되는 욕망

들뢰즈와 가타리2004는 욕망이 결코 단독으로 나타나지 않고 항상 여러 가지와 함께, 즉 욕망은 배치 속에서 나타난다고 보았다. '욕망하는 기계desiring machines'는 '배치assemblages'를 만든다. 배치는 두 개의 축을 지니고 있다. 하나의 축은 발화speech나 기호signs와 같은 언표의 집단적 배치collective assemblage of enunciation와 신체나 행위의 물질적 과정인 '기계화된 배치machined assemblage'이다. 또 다른 하나의 축은 거주하는 영토를 떠나고 습관을 벗어나는 움직임인 탈영토화 지점points of deterritorialization과 그것을 안정시키고 습관 체계로 기능하도록 하는 '재영토화된 선reterritorialized lines'을 포함한다.Deleuze & Guattari, 2004: 97-98 배치가 변화되면, 신체는 '감응하거나affecting' 또는 '감응된다affected'.

감응은 들뢰즈와 가타리가 스피노자Spinoza에게서 가져온 개념으로 행위를 할 수 있는 몸의 용량을 의미한다. 하나의 배치에 관여되어 있는 몸은 확장되기도 하고 행위 용량 안에 제한되기도 한다. 이것은 '느낌feelings'으로 등록된다. 몸이 행위를 할 수 있는 용량을 확장시킬 때 그것은 강렬함, 즐거움, 만족 등의 느낌으로 등록되고 인식된다. 몸이 행위 용량 이내로 제한될 때는 수동성, 슬픔, 불만족과 같은 느낌으로 등록되어 알아차리게 된다.^{Deleuze, 1988a}

유아학교에서의 주체성과 학습에 나타나는 운동성과 실험은 하나의 '배치' 안에서 작용하는 욕망의 힘을 통해 가능해진다. 이성적이고 의식적인 계획을 통해 변화가 나타나는 것이 아니다. 인과관계를 바탕으로 하는 개인/사회의 이원론이 이러한 운동을 중단시키거나 실험을 방해하지는 못한다.[8] 스톡홀름 유아학교는 매우 강력한 힘을 보여준다. 이러한 힘은 합리적으로 사유하는 개인과 관련 있는 것이 아니다. 그 힘은 주체성과 학습(욕망하는 기계)에서 운동성과 실험을 생산하고 만들어간다. 유아학교에서의 배치는 행동하고 말하는 새로운 방식을 만든다(기계화된 배치와 집단적 언표의 배치). 새로운 종류의 학습은 아이들이 자신만의 질문과 탐구문제들을 구성하고 생산하는 곳에서, 그리고 미리 결정되어 있지 않지만 계속 이루어지고 있는 곳에서 생긴다. 새로운 어휘들이 그 장면에 등장하고 어떤 아이에 대해 새로운 방식으로 말하게 된다. 주체성과 학습은 관계의 장에 있는 것이다. 때로는 이미 존재하는 몸에 대한 도식과 기호들이 재생산되거나 모방되는 경우(재영토화된 선), 즉 유아학교들이 하나의 개체로서 순수하며 발달하는 아동으로 또는 자발적, 융통성 있는 아동이라는 고정적인 이미지를 가질 때도 있다.

때로는 매우 어린 유아를 새로운 그리고 다른 방식으로 상상하도록 하는 경험이 나타나기도 한다(탈영토화 지점 또는 탈주선points of deterritorialization or the lines of flight). 이를테면 관계의 장에서 행동하고 학습하는 것으로 보이는 경우다. 이때 특별히 강렬한, 종종 '소름 끼치는' 느낌으로 등록되기도 한다(감응의 증가 또는 몸의 행위 능력의 증가가 등록되는 것).

욕망의 배치는 다양한 수준에서 여러 모습으로 나타나기도 하고 확장되기도 한다. 유아학교의 대집단에 그 개념을 이용할 수도 있고 소집단에서 이용할 수도 있다. 아래에서는 기계화된 배치, 언표의 집단적 배치, 재영토화 및 탈영토화, 감응과 같은 요소들을 모두 가지고 있는 욕망의 배치에 대해 소개할 것이다. OHP 프로젝트의 두 번째 해를 분석하는 도구로서 욕망의 배치를 다루었다.

욕망의 배치-요소들

기계적 배치

> 욕망은 자연적 또는 자발적 결정과는 무관하다. 배치 없이 욕망은
> 없다.Deleuze & Guattari, 2004: 440

욕망의 흐름은 결코 순수하거나 자연적이지 않다. 욕망은 항상 배치되거나 '기계적'이 된다. 욕망의 배치의 한 부분인 '기계적 배치'는 몸과 행위의 물질적 과정과 관련된 것으로, 욕망이 생물학적이고 자연적이고 중요하고 선천적인 무언가라는 생각에서 벗어난 것이다. 앞서 언급했던 인터뷰Boutang, 2004에서, 들뢰즈는 그와 가타리가 욕망을 아주 구체적이고 단순하게 드러냈다고 말한 바 있다. 그들은 사람들이 '무언가something' 또는 '누군가someone'를 욕망한다는 아이디어에 반대했다. 사람은 항상 하나의 배치 안에서 욕망한다는 것이다. 예를 들면, 당신이 옷을 욕망한다면, 당신은 저녁 모임과의 관계 속에서 욕망하고 있는 것이다. 또는 당신은 저녁 모임에 참석하는 친구나 친구가 아닌 사

람들과의 관계 속에서 욕망하고 있는 것이다. 당신은 결코 하나의 대상을 욕망하는 것이 아니라, 항상 관계라는 배치 안에서 욕망한다.

욕망을 자연적 속성으로 오해하지 않아야 한다. 이미 말했듯이, 이러한 오해는 '자연으로서의 유아child as nature'를 인식하거나 욕망을 자연적이고 자발적인 것으로 미화시키는 중대한 실수를 만든다. 여기에서 말하고자 하는 것은 따로 있다. 하나의 배치 속에 있는 것은 자발적 또는 자연적 욕망이 아니라 '구성적인constructivist' 욕망이다. 인터뷰에서 들뢰즈는 욕망의 정의를 여러 번 언급하면서 그것이 구성주의적인 것이라고 했다.

> 만일 내가 욕망을 구체적인 용어로 말해야 한다면, 구성주의라고 말하고 싶다.
> 욕망한다는 것은 배치를 구성한다는 것이다.
> 욕망은 구성적이다.
> 언제든 누군가가 무언가를 욕망한다고 말한다면, 그것은 배치를 구성하려고 한다는 것을 의미한다.
>
> Deleuze in Boutang, 2004

욕망은 결코 배치 밖에 존재하지 않는다.[9] 여기에서 말하는 욕망은 실재를 무의식적으로 생산하는 공장과도 같다. 당신은 배치 안에서 욕망하고, 욕망을 통해 새로운 배치를 구성하고, 실재를 생산한다. 욕망이 기계로서 기능한다는 것은 은유가 아니다. 여기서 말하는 기계는 우리가 일반적으로 생각하는 기계의 의미가 아니다. 무의식적 생산의 상황에 있는 기계를 말한다. 즉 의식적인 주체가 가동시키는 기계를 의미하는 것이 아니다. 아무도 욕망의 기계를 켜고 끄는 버튼을 누를 수 없다. 배치의 구성은 이성적으로 계획한 방식에 따라 이루어지지 않는다. 욕망은 자체적으로 작동하고 아무도 통제할 수 없는 작은 기계다.Deleuze & Guattari, 1984: 4-16

언표의 집단적 배치

언표의 집단적 배치라고 불리는 배치의 한 부분은 기호나 발화와 관련이 있다. 즉 욕망의 배치 속에서 몸과 행위의 물질적 과정에 대응하는 어휘나 말하는 방식과 관련된다. 들뢰즈와 가타리에 따르면, 우리가 말하는 모든 것은 의식이 아니라 언표의 집단적 배치에 의존한다.Deleuze & Guattari, 2004: 93 언표의 집단적 배치는 비지시적 대화에 속하는 것으로, 모든 진술에는 또 다른 진술이 들어 있다. 또는 모든 언어는 명령어order-word로 존재한다. 우리는 단어나 기호들을 명령의 기능으로 사용한다. 즉 단어나 기호들은 무언가를 안내하기보다 행위를 만들어낸다. 언어는 정보를 주거나 믿을 만한 것이 되지 못한다. 언어는 복종을 요구한다. 이와 관련하여 들뢰즈와 가타리는 다음과 같이 이야기했다.

> 교사가 학생들에게 문법이나 산수 규칙을 가르칠 때, 교사는 학생들에게 질문할 때 안내하고 있는 것 이상의 것을 학생들에게 알려주지 않는다. 교사는 '중요한 무언가'를 많이 가르치기보다, 명령하고 지시한다. 교사의 명령은 가르치는 일의 외적이고 부가적인 일이다. 이때의 명령은 의미작용signification에 의해 생기거나 정보로부터 나타난 결과가 아니다. 명령은 항상 그리고 이미 앞선 명령과 관련되어 있다. 그것이 바로 명령이 반복적인 이유다.Deleuze & Guattari, 2004: 83-84

교사가 사용하는 단어들은 명령어다. 교사의 진술에는 명령어 그 이상의 것은 없다. 그러한 진술은 무언가를 재현하거나 의미화signifying하는 것이 아니라 직접적인 행위들이다. 명령은 즉각적이며 지시적이고 자발적으로 사회의 몸을 향한다. 그 진술이 표현하고자 하는 것을 변형시키면, 변형의 효과를 생산하는 것이 된다. 진술과 행위 간에는 직접적인 관계가 있고, 이러한 '발화–행위speech-acts'는 이미 존재하고 있는 의미signification나 정보information에 의해 행해지는 것이 아니며 간주관적 소통에 의존하지도 않는다.Deleuze & Guattari, 2004: 83-90 들뢰즈와 가타리에 따르면, 명령어 또는 발화–행위는 언표의 집단적 배치로부터 생긴다. "그러나 중요한 것은 이러한 집단적 배치가 자체적으로 끊임없이 변한다는 것이다."

명령은 항상 반복적으로 나타난다. 이러한 점에서 언어에는 이미 존재하는 구조란 없다. 즉 언어의 선구조 없이 항상 반복적이고 지속적인 변화의 상태에 놓여 있는 집단적 배치만이 있을 뿐이다. 의미화significance와 주체화subjectification뿐 아니라 정보와 의사소통 또한 반복적이다. 개별적인 언표도 없고 언표의 주체도 없다. 모든 진술들과 모든 주체화된 언표는 단지 집단적 배치에 의해 정해질 뿐이다.Deleuze & Guattari, 2004: 87-88

들뢰즈와 가타리는 일종의 화용론pragmatics을 제안했다. 여기서 말하는 화용론이란 언어의 외적 요인이 아니라 내재적 변인을 말한다. 언어가 의존하는 집단적 배치는 화용론의 상태에 있다. 화용론은 언표의 내부이지, 언어에 영향을 미치는 외부의 힘이 아니다. 들뢰즈와 가타리에게 화용적 언어의 첫 번째 조건이다. 언어는 이미 움직이고 있다. 언어는 여기저기서 흘러나온다. 집단적 배치는 끊임없이 변화하는데, 그것은 언어나 기호, 단어나 말하는 방식이 지속적으로 창조의 과정을 이어감을 시사한다. 언어는 내적으로 살아 움직인다. 기호는 그 어떤 것도 재현해내지 못한다. 기호는 정보나 의사소통이 아니라, 새로운 물질 과정을 생산할 수 있는 하나의 작은 기표기계a-signifying machines이다.^{Deleuze & Guattari, 2004: 91-94}[10]

재영토화와 탈영토화

위에서도 언급했던 클레르 파르네와의 인터뷰에서 들뢰즈는 영토 안에 산다는 것은 단순히 특정의 지리적 장소에 살고 있다는 것을 의미하는 것이 아니라고 했다. 그것은 어떤 사람의 습관이나 말과 행동의 방식 안에 산다는 것을 말한다. 즉 'chezsoi'(나의 공간)이라 불리는 환경을 창조하는 것이다.^{Boutang, 2004} 모든 영토는 재영토화된 선에 의해 다시 만들어지고, 탈영토화의 운동을 통해 해체되고 사라진다. 영토, 탈영토화, 재영토화의 세 개념들 모두 리듬 있는 활동을 만들어낸다. 영토는 항상 재영토화, 탈영토화라는 운동에 의해 영향을 받고, 재-탈영토화 운동은 뒤얽히고 동시적으로 이루어진다. 탈영토화한다는 것은 새로운 영토를 형성하고 산다는 것을 의미한다. 우리는 하나의 영토에 살고 활동하지만 가끔씩 현재 살고 있는 영토를 벗어나 새로운 영토를 만든다.^{Deleuze & Guattari, 2004: 559-562, 11장}

우리가 어떤 행동의 패턴들 그리고 개체들의 정의 속에 갇혀 있다고 생각해볼 수 있다. 우리는 아이, 성인, 여성, 남성, 백인, 흑인, 노동자 계급, 중산층 등으로 불리며, 우리 스스로를 그러한 존재로 만들고 있다. 그러나 가끔 우리는 우리의 영토 밖으로 나가려는, 탈영토화 운동을 생산해내기도 한다. 탈영토화는 욕망의 배치를 변화시킨다. 탈영토화는 물화된 신체와 말이나 기호와 같은 것의 구성을 변화시키지만, 항상 재영토화의 운동과 밀접하게 결합하여 나타난다. 동일한 영토로 회귀하는 것은 결코 가능하지 않으며, 무언가 변화되어 있다. 재영토화와 탈영토화가 반복되므로, 변화되지 않고 그대로인 영토는 없다.Deleuze & Guattari, 2004: 193-194

감응

욕망의 배치 안에서 신체는 감응하거나 감응된다. 감응affect이란 개념은 스피노자의 철학에서 유래한 것으로, 의식적 사유를 대신하는 몸body이라는 새로운 모델을 제공해준다. 스피노자는 "몸이 무엇을 할 수 있는지 우리는 모르고 있다"라고 언급했다. "몸은 우리가 소유하고 있는 지식을 뛰어넘고, '마찬가지로 사유는 우리의 의식을 능가한다."Deleuze, 1988a: 18 의식은 감응을 등록할 수 없으며, 감응의 '결과effects', 즉 느낌feeling만을 등록할 수 있다. 신체들이 만나면 서로를 구성하여 각각의 몸들이 확장되면서 창조될 수 있다. 또는 하나가 다른 하나를 분해하면서 행위용량이 제한될 수도 있다. 의식은 이러한 감응을 등록하지 못한다.Deleuze & Guattari, 2004: 285-287

예를 들어, 수영하는 것을 배울 때 물에 뜨도록 나의 신체가 물과 결합할 수도 있고, 물의 몸body of water이 우세하여 나의 몸의 행위용량을 분해시키고 제한할 수도 있다. 몸의 행위용량이 제한될 때, 우리는 수동성, 슬픔, 불만족과 같은 것을 느끼게 된다. 행위용량이 확장될 때는 강렬함, 즐거움, 만족감을 느낀다. 의식적으로는 우리가 이것을 경험한다고 생각하지만, 이러한 느낌은 감응의 결과일 뿐이다. 신체가 감응하거나 감응되면서 확장 또는 제한되는 행위용량, 그것이 느낌으로 등록된다. 여기에서 스피노자의 몸 모델을 거론하는 것은 의식을 과대평가하지 않기 위해서이다. 스피노자의 몸 모델은 '몸에 대한 무지unknown of the body'와 '사유의 무의식unconscious in thought'에 대한 강조

를 내포하고 있으며,Deleuze. 1988a: 19 모든 상황 속에 있는 특유의 가능성
에 주목할 수 있게끔 해준다.

앞서 언급한 욕망의 배치 요소들과 관련지어 OHP 프로젝트의 두
번째 해에 관해 기술하고자 한다.

OHP 프로젝트와 욕망의 배치-두 번째 해

OHP 프로젝터와 욕망하는 기계

두 번째 해에도 아이들은 여전히 매일 OHP 프로젝터를 사용했다.
프로젝트의 초기 때 소개했던 역할놀이 의상과 마찬가지로 OHP는 교
실의 필수품이 되었다. 매번 아이들은 역할놀이 의상을 입고 프로젝터
를 가지고 놀았다. 두 번째 해를 시작하면서, 교사들은 아이들의 이미
지를 쌓기블록에 붙여서 아이들에게 제시했다. 머리, 몸통, 다리의 세
부분으로 나누어 아이들의 사진을 찍어두었고, 이런 사진이 붙어 있는
블록들을 아이들은 다양하게 조합하며 놀이했다. 이것은 스톡홀름 대
학의 강의에서 시도했던 집단적 실험 중 하나였다. 이 실험은 아이들이
다양체multiple figure로서 동일성identity을 함께 탐구하는지에 관심을 둔
것으로, 교사들은 오랜 시간 동안 자료를 마련했고 어떻게 그것을 소
개할 것인지 세심히 준비했다.

어느 날 교사들이 아이들에게 블록을 보여주자, 아이들은 한동안
머뭇거렸다. 담임교사는 "선생님이 새로운 놀잇감을 만들었어. 가지고
놀래?"라고 말했다. 아이들은 처음에는 조용히 가만히 있다가 재빨리
일어나서 "그걸 가지고 놀려면 옷이 필요하겠어요"라며 역할놀이 의
상을 가지러 달려갔다[사진 6.13]. 아이들은 잠깐 동안 쌓기블록을 만

[사진 6.13] 역할놀이 의상을 가져오는 장면

[사진 6.14] 옷이 없는 사진이 붙은 블록을 발견하는 장면

[사진 6.15] 옷을 입고 있는 사진 블록을 골라내는 장면

[사진 6.16] 프로젝터에 블록을 가져간 장면

지더니 이내 옷이 없는 사진이 붙은 블록들을 발견했다[사진 6.14]. 아이들은 블록 중에서 옷을 입고 있는 아이들 사진이 붙은 블록만을 골라내고 그것들로 쌓기를 시작했다[사진 6.15]. 잠시 후 아이들은 블록을 OHP 프로젝터로 가지고 가서는 빛과 그림자를 만들었던 때처럼 놀이를 시작했다[사진 6.16].

분석

프로젝트 첫해에 나타난 것이 여기에서도 선명히 드러났다. 아이들은 계속 무언가를 하고 있었다. 아이들 간에 그리고 아이들과 기계 사이에 무언가가 발생했고, 그것은 쉽사리 길들여지지 않는 것들이었다. 아이들 간에 그리고 아이들과 기계 사이에 나타나는 운동 속에 욕망의 힘이 작용했고, 아이들은 자신이 원하는 특정의 아이덴티티로 행동하지 않았다. 평소 우리가 생각하는 개별적이면서 요구가 많은 아이들의 모습이 아니었다. 아이들은 자신들이 입고 있는 의상과 상관없이 블록을 선택했다. 아이들은 옷을 입고 있는 사진이 붙은 블록만을 골라내었다. 아이들에게는 블록에 붙어 있는 사진 속의 옷이 중요했고 사진에

누가 있는지는 중요하지 않았다. 아이들은 사진 속에 자기가 있는지 없는지가 아니라 다른 곳에 관심을 보였다. 지난 1년 내내 역할놀이 의상은 아이들의 탐구활동의 중요한 한 부분을 차지하고 있었다.

쌓기블록으로 활동하며 발견할 수 있었던 흥미로운 한 가지는 바로 옷이었다. 옷은 아이들이 집단적으로 추구하는 특별한 욕망과 관련되어 있었다. 블록 그 자체가 아이들의 흥미를 끌지는 않았다. 블록은 OHP 프로젝터와 연결될 때에만 아이들의 흥미를 끌었기 때문에, 아이들은 재빨리 블록을 프로젝터로 가져갔다. 아이들은 빛과 그림자 모양과 기계의 관계 속에서 의미sense와 문제들problems을 구성하고 생산해내었다. 그러한 과정 속으로 무엇이든 가져와서 구체적인 문제와 의미로 연결했다. 그것이 바로 재빨리 블록을 프로젝터로 가져온 이유다. 아이들은 늘 기계와 연결해야만 하는 것처럼 활동했다.

아이들은 OHP 프로젝터를 무언가와 연결 지으면서 그것을 하나의 기계 이상으로 만들었다. 아이들은 프로젝터를 유기체처럼 여기고, 하나의 비유기체적 물체가 아니라 온전한 생명을 가지고 있는 것처럼 대했다. 아이들이 프로젝터에 무엇을 가져오는가에 따라 프로젝터의 형식과 기능은 완전히 바뀌었다. 집단적인 탐구 과정에서 아이들은 욕망하는 개별 인간 그 이상의 존재가 되었다. 아이들은 기계였다. 즉 OHP 프로젝터의 형식과 기능이 완전히 바뀌는 것처럼 아이들은 욕망하는 기계였다. 아이들은 유기체적인 몸인 동시에 비유기체적인 기계로서 기능했다. 아이들 사이에 그리고 아이들과 기계 사이에는 작동과 중지 버튼이 필요하지 않은 욕망하는 기계가 있었다. 교사들도 같은 방식으로 욕망하는 기계였으며, 아무도 소유하지 않는 그러한 과정을 추구했다. 새로운 자료를 준비하느라 관심이나 시간, 노력이 많이 들었음에도 불구하고, 교사들은 아이들을 새로운 프로젝트로 이끌지 않았다.

지금까지 교사들은 욕망 억압의 논리하에 자신들이 기대하거나 아이들에게 필요하다고 생각한 것을 중요한 사건event처럼 행해왔다. 그러나 아이들이 스스로 자신들만의 질문과 탐구거리를 만들어가도록 그대로 둠으로써, 그리고 기록하고 기록한 것을 되돌아보며 아이들을 지원해줌으로써, 결핍으로서의 욕망이라는 논리는 변화되었다. 교사들은 아이들에게 이렇게 묻게 되었다. 너의 욕망은 무엇이니? 너는 실험하면서 어떤 배치에 있었니? 이러한 접근은 새로운 자료의 작동을 위한 공간을 마련해준다. 아이들은 매일 새로운 방식으로 실재reality를 생산하고 있다.

역할놀이 의상과 교육적 기록, 그리고 배치된 욕망

담임교사는 아이들이 OHP 프로젝터에 옷 사진이 있는 블록만 가져오는 것을 기록하고 그것을 대학 강의 시간에 소개했다. 강의에서는 옷의 특별한 기능을 보다 자세히 관찰하는 것이 중요하다는 쪽으로 논의가 이루어졌다[사진 6.17]. 담임교사는 동료 교사들 그리고 아이들과 함께 기록 자료를 한 번 더 자세히 살펴보기로 마음먹었다. 교사들은 아이들에게 왜 그토록 옷이 중요했는지 발견하고자 노력했다. 활동을 하면서 만들어진 일종의 의례일까? 전문가들이 일을 할 때 종종 특수한 작업복을 입는다는 사실에 영향을 받은 것일까? 교사들은 역할놀이 의상을 입은 아이들의 사진을 다시 살펴보았다[사진 6.18].

아이들이 자신들의 사진이 담긴 기록 자료를 보면서 나눈 이야기가 교사들에게 새로운 아이디어를 주었다[사진 6.19].

"네가 옷을 입지 않았으니까 너를 볼 수가 없어. 그러니까 옷을 입어야 해."

"좋아, 다시 해보자!"

아이들은 프로젝터 앞으로 달려갔다[사진 6.20-6.24].

[사진 6.17] 역할놀이 의상에 관해 토론하는 장면

[사진 6.18] 사진에 있는 의상을 가리키는 장면

[사진 6.19] "네가 옷을 입지 않았으니까, 넌 안 보여."

"저기 봐! 배트맨이야."

"그런데 난 어디 있지?"

"넌 옷을 입지 않았으니까 여기 없어."

"아냐, 나 옷 입고 있어."

"넌 배트맨 아니야. 저건 나야!"

"이제 배트맨이 두 개야. 이제 나도 저기 있어."

역할놀이 옷을 입지 않은 다른 한 아이가 스크린 앞에 서서 말했다.

"보라고, 옷이 없어도 내가 보여!"

"봐! 보라고! 나, 보여!"

그러나 아무도 이러한 발견을 알아채지 못한 채 아이들은 탐구를 이어갔다.

분석

아이들은 왜 스크린에 자신이 보이는지 보이지 않는지를 역할놀이 의상에 의존해서 생각할까? 아이들은 옷이 없어도 보인다는 사실을 뒷받침할 증거를 많이 가지고 있었다. 어떤 한 아이가 그것을 증명하려고 했지만, 다른 아이들은 알아차리지 못했다. 아마도 아이들은 계속 탐구하기 위해 알면서도 모른 척하기로 한 건지 모르겠다. 만약 아이들이 옷을 입어야만 보인다는 것을 사실로 받아들였다면, 흥분되는 탐구와 신기한 문제들은 사라졌을 것이다. 아이들은 자신들의 문제가 지속되어 의미sense와 연결되기를 원했고, 여전히 구성과 생산의 과정 속에 머물고 싶어 했다.

이 과정에서 구성되고 있는 의미와 문제는 분명해 보인다. 아이들은 보이는지 안 보이는지 그리고 언제 그러한지에 대한 의미와 문제를 계속 구성하고 생산해내고 있는 듯했다. 이때, 역할놀이 의상은 의례를 행하

[사진 6.20] "저기 봐! 배트맨이야."

[사진 6.21] "그런데 난 어디 있지?"

[사진 6.22] "이제 배트맨이 두 개야. 이제 나도 저기 있어."

[사진 6.23] "보라고, 옷이 없어도 내가 보여!"

[사진 6.24] "봐! 보라고! 나, 보여!"

기 위해 입거나 어른들이 일할 때 입는 특수복을 흉내 낸 것이 아니었
다. 그 옷들은 나타남과 사라짐을 탐구하는 데 매우 중요한 도구의 기
능을 하고 있었다. 아이들은 자신들의 질문을 구성하고 빛과 그림자에
관한 의미 그리고 역할놀이 의상을 통해 가시성과 비가시성에 대한 의
미를 생산해내었다. 아이들이 그 의상을 대상으로서 욕망한 것이 아니
라, 그 옷들이 욕망의 배치 중 한 부분으로 기능한 것이다.

　우리는 항상 배치 안에서 욕망한다. 역할놀이 의상들은 작업복 또
는 특정 인물을 재현해내기 위한 것이 아니라, OHP 프로젝터 주변의

배치라는 집단적 구성의 부분이었다. 아이들과 교사들은 배치된 욕망에 빠져 있었다. 아무도 그 과정을 독점하려 하지 않았고, 모두가 그 과정에 참여했다. 배치된 욕망이라는 맥락 내에 기록을 해야 아이들의 구체적인 모습들을 볼 수 있게 된다.

교사들은 기록 자료를 다시 검토한 후, 아이들이 추구하는, 즉 아이들이 욕망하는 것을 이해하는 데 필요한 새로운 방식을 구성할 수 있었다. 교사들은 의도적으로 예측하고, 계획하고, 감독하고, 평가하기 위해 기록 자료를 이용하지 않았다. 교사들은 아이들과 함께 기록 자료를 사용했으며, 그러한 기록을 새로운 과정을 이끌어주는 살아 있는 것으로 여겼다. 우리는 이미 OHP 프로젝트 첫해에 이러한 현상을 발견했다. 아이들에게 기록 자료는 자기반성적 행위가 아니었다. 그것은 새로운 과정을 촉발시키는 도구였다. 아이들은 기록 자료를 가지고 무언가를 했다.

배치 안에서 욕망은 결코 혼자가 아니다. OHP 프로젝트에서 볼 수 있었던 욕망은 교사들 사이에, 교사들과 아이들, 교사들과 기계, 아이들, 아이들과 기계 사이의 배치 안에서 기계가 움직이는 것처럼 기능했다. 교육적인 기록 자료는 공간, 즉 배치되어 있는 행위자들이 이후 구성할 문제와 의미를 시각화하고 자극하기 위해 잠깐 동안 모일 수 있는 그런 공간을 제공했다. 기록 자료는 아이들, 교사들, 그리고 OHP 프로젝터가 배치되어 있는 관계의 장에서 연결점 역할을 한 것이다. 이러한 공간에서 그리고 이러한 연결점 위에서 아이들과 교사들은 타자들의 욕망과 연결될 수 있다.

유령놀이로의 회귀와 언표의 집단적 배치

아이들이 OHP 프로젝터에 쌓기블록을 가져와 놀 때, 여자아이 하나가 기계 표면 위에 블록 하나를 올려놓았다. 다른 아이들은 스크린 뒤에 앉아 있었고 스크린의 다른 면에 거대한 그림자가 생기는 것을 보았다. 첫해에 나타난 유령놀이로 되돌아가는 순간이었다. 프로젝트 첫해 동안, 아이들은 매번 유령 주변에서 의례를 행했고, 무언가를 거의 발견할 뻔하거나 새로이 발견했었다. 아이들은 스크린의 뒷면에서도 블록 그림자를 볼 수 있다는 것을 발견하게 되면서, 그 유령으로 다시 되돌아왔다. 아이들은 쌓기블록 덕분에 다시 그 유령 이야기를 끌어내어 움직이는 이미지를 만들어내었다.

한 아이가 쌓기블록 중 하나를 프로젝터 위에 놓고 이리저리 움직였다[사진 6.25-6.27].

"저것 봐!"

아이들은 흥분해서 웃고 소리치기 시작했다.

"유령, 유령이다!"

아이들은 새로운 이야기를 만들기 시작했고, 쌓기블록을 유령이 보내는 편지인 것으로 가정하고 그것을 잡으러 다녔다[사진 6.28, 6.29].

"저것 봐, 편지야!"

"나한테 온 편지야. 유령이 가져갔어!"

"나야, 내가 그랬지!"

분석

언표의 집단적 배치란 언어를 내적으로 살아 있는 그리고 화용적인 것으로 구성하는 것을 의미한다. 이는 아이들이 언어를 어떻게 대하는지와 관련이 있다. 프로젝트 전반에 걸쳐 유령이 등장하는데, 아이들은 쉽사리 그것을 상상해내지 않았다. 유령을 조금 무서워하기는 했지만 여전히 흥미롭게 여겼다. 유령은 일련의 의례를 위한 기호, 즉 '기표

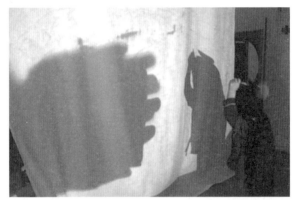

[사진 6.25] 블록 그림자의 구성(그림자를 구성하는 장면)

[사진 6.26] "저것 봐!"

[사진 6.27] 유령의 회귀

[사진 6.28] 유령에게서 온 편지

[사진 6.29] "나야, 내가 그랬지!"

기계a-signifying machine'였으며, 그 기능은 정말이지 강력했다. 무언가 새로운 것이 나타나려 할 때 긴장감이 돌았고, 그럴 때마다 유령은 아이들이 계속해서 탐구하게끔 자극하는 일종의 기표적 자극제a-signifying trigger로 작용했다.

'유령'이라는 단어는 성인들이 사용하는 방식의 특정한 의미와는 다르게 쓰이고 있었다. 아이들은 언어의 잠재성과 화용론을 이용했다. 아이들은 그들만의 명령어 체계 내에서 또 다른 명령어를 만들어냈다. '유령'은 즉각적인 언어 행위로, '유령'이라는 기표적 자극제는 몸과 동시에 작동되었다. '유령'은 몸의 의례적 행위들, 즉 뛰기, 춤추기, 소리지르기를 이끌어내고, 새로운 탐구로 나아가도록 한다. 아이들이 소리내어 말하는 '유령'은 전형적으로 난센스nonsense다. 그러나 여기에서 의미sense와 난센스의 관계가 분명해진다. 난센스를 통해 의미가 만들어진다는 것.

교사들은 특정의 의미와는 아무 상관이 없는 난센스인 '유령'에 대해 비난하지 않으면서 신중하게 언어의 화용론적 형태를 활성화시킬 수 있다. 그렇게 함으로써 교사들은 아이들의 의미-생산과 문제-구성에 접근할 수 있었다. 종종 아이들은 언어적인 면에서 결핍되어 있다고 여겨져왔다. 많은 성인들은 아이들이 적절한 언어를 지니고 있지 않으며 언어를 잘못 사용하는 경우가 많다고 생각한다. 그러나 이 예는 언어와 관련해 아이들과 아이들의 학습과정을 재평가해야 함을 보여준다. 아이들은 의미를 생산하고 문제를 구성하기 위해 언어를 화용론적으로 그리고 창의적으로 사용한다.

스크린 뒤에서 보기와 재영토화와 탈영토화

유령만 되돌아온 것이 아니다. 이 강렬한 탐구 동안, 아이들은 프로젝트 맨 처음에 탐구했던 것으로 되돌아가서 계속 같은 종류의 탐구를 진행해나갔다. 쌓기블록 그림자의 장면에서 볼 수 있었던 스크린 뒤의 발견은 정말이지 새로운 것이 아니다. 뒤에서 보기와 스크린의 다른 한쪽 면에서 그림자를 보게 될 가능성은 아이들이 프로젝트 첫해에 이미 경험한 것임을 교사들은 알고 있었다. 하지만 아이들은 이 현상을 반복해서 다시 발견했고, 아이들은 똑같은 방식으로 탐구를 되풀이했다. 아이들은 스크린 뒤쪽에 서서 그림자를 만들려고 했다. 아래의 예는 빛이 움직이지 않으니까 아이들이 스크린의 앞이나 뒤에서 움직여서 자신들이 언제 그리고 어떤 조건하에 보이고 보이지 않는지 탐구하는 모습을 묘사한 것이다.

먼저 아이들은 빛을 바로 받지 않는 스크린의 뒤에 있을 때 자신이 보이는지 어떤지를 탐구했다. 한 아이가 스크린 뒤에서 담임교사와 친구들에게 질문했다[사진 6.30].

"나 보이니?"

"아니."

"보일 텐데."

"아니, 너 안 보여."

한 아이는 스크린에 좀 더 가까이 다가가 스크린을 가볍게 만지며 친구들에게 소리쳤다. "그래, 여기 있네, 여기 있어"[사진 6.31]. 아이는 친구가 몸으로 스크린을 밀어서 생긴 몸의 윤곽을 보고는 친구를 볼 수 있다고 결론 내린 것이다.

잠시 후, 아이들은 자신들이 스크린 앞에 있을 때 보이는지, 빛을 정면으로 받을 때 그러한지 상황을 정돈했다. 스크린 뒤에 있던 아이가 이제는 스크린 앞에 쌓아둔 블록 위에 올라가 엎드렸다. 그러고는

[사진 6.30] "나 보이니?"

[사진 6.31] "그래, 여기 있네, 여기 있어."

[사진 6.32] "나 여기서 이렇게 하고 있을게. 콰지모도처럼."

[사진 6.33] 같은 방식으로 엎드리기

[사진 6.34] "저기, 저기 네가 있어."

친구에게 스크린 뒤로 가서 자신이 보이는지를 말해달라고 했다[사진 6.32].

"난 여기서 이렇게 하고 있을게, 콰지모도처럼. 사진 찍어줘! 뒤로 가면 내 그림자가 보일 거야."

그렇게 말하고는 같은 방식으로 다른 친구를 엎드리도록 했다[사진 6.33-6.34].

"여기 엎드려, 그러면 네 그림자를 봐줄게."

"저기, 저기 네가 있어."

다시 또 다른 친구도 같은 방식으로 시도해보도록 했다[사진 6.35].

아이들은 반복해서 탐구하다가 블록을 가져와서 다시 탐구를 계속했다. 블록이 스크린 뒤에 있을 때 그것이 보이는지 보이지 않는지 알아내려고 했다. 여자아이 하나가 블록을 스크린 뒤로 가져가서 그림자를 보려고 시도했다[사진 6.36-6.37]. 그러나 그 아이는 친구들 때문에 블록을 볼 수 없다고 생각하고는 이렇게 말했다.

"안 돼, 저리 비켜, 내 블록이 안 보여."

[사진 6.35] 세 번째 아이가 엎드린 장면

[사진 6.36] 스크린 뒤에 서 있는 장면

[사진 6.37] "안 돼, 저리 비켜, 내 블록이 안 보여."

분석

여기에서는 두서 없이 등장하는 다양한 학습과 지식의 윤곽을 그려냈다. 이 과정에서 지식은 이미 존재해 있던 것도 아니고 선형적인 논리적 방식으로 만들어지지도 않았다. 이것은 혼란스러운 학습의 과정으로, 여러 가지 모든 방향에서 나타났다. 완전히 다른 것들이 이 과정으로 들어왔다. "난 여기서 이렇게 하고 있을게, 콰지모도처럼. 사진 찍어줘!"라는 말에서도 알 수 있듯이, 아이들을 통해 많은 것들을 볼 수 있다. 의미sense의 구성과 생산 그리고 언제 어떻게 해야 보이는지 아닌지와 같은 문제, 스크린 뒤에서 보기, 콰지모도처럼 보이도록 시도해보기, 그 과정을 기록하는 교사의 중요성 등.

아이들이 이미 해보았거나 지금까지 알게 된 것, 이미 끝냈다고 생각했던 것들과 지겨울 법한 것들로 되돌아갔다. 그러나 그곳에서 학습이 이루어졌으며, 스크린 뒤에서 보기는 반복적으로 시도되었다. 겉으로 보기에 아이들은 똑같은 탐구를 계속 반복하는 것처럼 보였다. 하지만 유심히 살펴보면, 아이들이 탐구를 반복할 때마다 무언가가 변한다는 것을 알 수 있다. 친구들 없이 어떤 아이가 자기 몸을 움직였다면 그 아이는 그림자를 볼 수 있었을까? 다른 그림자는 볼 수 있었을까? 쌓기블록을 가지고 시도해서 그림자를 만들 수 있었을까? 탈영토화와 재영토화의 리듬처럼 아이들은 움직이며 탐구해나갔고, 결코 단순히 모방하는 질문을 만들어내지 않았으며, 조금씩 탐구 조건을 변화시켜갔다. 스크린 뒤에서 본 것을 통해 문제의 지식 영토는 조금씩 변화되고 대체되어갔다. 결코 똑같은 것이 되풀이되지는 않았다.

무질서한 비선형적 학습과정이었으며, 이러한 과정은 이성적인 사고에 따라 나타나지 않았다. 계속해서 변화되었고, 스크린 뒤에서 보기

를 시도하면서 지식 영토는 꾸준히 바뀌었다. 아이들이 구성하는 문제
는 꽤 명확해졌다. 전 과정을 통해 구성되고 있던 그 문제는 바로 무언
가가 보이거나 보이지 않는 조건에 관한 것이었다. 아이들은 항상 그
문제로 되돌아왔다. 앞서 이루어졌던 탐구 과정 내내 구성되고 있는
문제는 이런 것들이었다. 아이들이 쌓기블록을 프로젝터로 가져왔을
때 블록 위의 사진이 보이는지 아닌지, 역할놀이 의상을 고집했을 때,
옷을 입고 있을 때 아니면 입지 않았을 때 사람이 보이는지 아닌지와
같은 문제였다. '유령'은 언제나 무언가를 축하할 때 의례처럼 등장했
다. 스크린 뒤에서 보는 것을 탐구하고 있는 그때, 아이들이 구성하고
있는 문제는 바로 누군가가 보이는지 보이지 않는지에 있었다.

배트맨 복장과 감응

보이는지 보이지 않는지의 문제는 프로젝트 전 과정에서 역할놀이
의상과 연결되어 있었다. 역할놀이 의상은 분명 중요했다. 어느 날 아
침 한 아이가 자기가 입으려고 했던 배트맨 옷이 없어지는 바람에 속
상해하는 일이 생겼다. 아이들은 모두 그 아이를 도와주려고 했다[사진
6.38, 6.39].

"너 이거 입고 싶어?"

"이봐, 이걸 입으면 괜찮을 거야. 괜찮아질 거야."

실망한 아이는 친구들에게 말했다.

"오, 그걸 입고 싶은 게 아니야!"

다른 쪽에 앉아 있던 아이 하나가 자기가 입고 있던 옷을 제안했다
[사진 6.40].

"내 거 가져도 돼, 내 거 할래?"

하지만 그 아이는 고개를 흔들었다.

[사진 6.38] "너 이거 입고 싶어?"

[사진 6.39] "이봐, 이걸 입으면 괜찮을 거야."

[사진 6.40] 옷을 제안하는 장면

[사진 6.41] 다른 옷을 가지러 가는 장면

[사진 6.42] "어떤 옷이 필요하니?"

[사진 6.43] 다른 교실로 가는 장면

[사진 6.44] 호랑이 옷을 찾은 장면

"싫어."

다른 아이들이 그 아이에게 주려고 다른 옷을 가지러 뛰어갔다[사진 6.41, 6.42]. 아이들은 모두 그 사태를 해결하는 방법을 찾으려고 노력했다.

"어떤 옷이 필요하니?"

"내가 입고 있는 것을 줄까?"

"음… 글쎄… 아니, 싫어."

"배트맨 옷을 입고 싶어?"(교사에게 돌아서 묻는다) "배트맨 옷, 어디 있어요?"(그러고는 재빨리 말한다) "다른 반에 가서 있는지 물어봐야지."

아이들은 다른 학급으로 달려가 배트맨 옷이 있는지 물어보았다[사진 6.43]. 아이들은 호랑이 옷을 찾고는 모두 기뻐했다[사진 6.44]. 한 아이가 말했다.

"이 옷을 입고 보이지 않으면, 내 걸 입어."

분석

욕망의 배치에서는 몸의 행위용량이 증가하거나 축소된다. 몸의 감응용량이 줄어들 때 우리는 슬픔을 느끼게 되고, 증가하면 기쁨을 느낀다. 한 아이가 "이걸 입으면 괜찮아질 거야"라고 말한 것에서 볼 수 있듯이, 역할놀이 의상은 몸의 잠재력을 증가시켜준다. 역할놀이 의상이 사람을 보일 수 있도록 그리고 살아 있도록 만들어준 것이다. 역할놀이 의상은 구성되고 있는 문제, 즉 언제 보이는지 아닌지와 관련해 신체적 잠재력을 증가시켜주기 위해 사용되었다. 우리는 의상이 없으면 줄어드는 감응의 잠재력이라는 측면에서 의상이 없어 실망하는 아이를 이해해야 한다. 그 아이는 의상 없이는 그 문제를 완전히 구성할 수 없었을 것이다.

마찬가지로 우리는 왜 아이들이 그 상황에 개입해서 연대하고 연민과 즐거움을 느끼는지 그 이유를 이해해야 한다. 프로젝트 전체에 걸쳐 아이들 개인의 몸과 집단적 몸의 감응 잠재력이 증가했다는 데서 그 이유를 찾을 수 있다. 감응과 몸의 잠재력이 증가한 결과로서 아이들은 연민을 느끼고 연대감과 즐거움을 가지고 함께 움직일 수 있었던 것이다. 그 장면을 주로 느낌feeling이라는 관점으로 해석한다면, 아이들이 착하고 OHP 주변에 집단으로 아이들이 모이게 되어 연대감과 같은 좋은 결과가 생겼다고 할 수 있다. 그러나 그렇게 느낌의 관점에서 해석한다면, 특별한 감응적 잠재력을 놓치게 된다. 다른 집단에게 동일한 것을 시도하더라도, 아이들이 같은 방식으로 협동할지는 전혀 확신할 수 없다. 아이들의 욕망은 어딘가에 있으며 그 배치는 동일한 방식으로 구성되지 않는다.

여기에 개입되어 있는 것은 움직일 수 있는 능력을 확장시켜주는 아이들의 몸만이 아니다. 아이들은 이야기나누기 시간에 교사에게 귀 기울기 위해 가만히 앉아 있지 않고 여기저기 돌아다니며 탐구를 계속한다. 여기에는 아이들뿐 아니라 OHP 기계에 대한 지식과 학습이라는 물질적 몸도 개입되어 있으며, 빛과 그림자의 몸도 확장되었다. 아이들은 빛과 그림자를 각자 마주치게 되는 고정된 실체fixed entities로 대하지 않고, 함께 공명하는 가소성 있고 탄력적인 몸으로 대했다. 아이들은 자신들의 몸뿐 아니라 빛과 그림자의 몸을 다루었으며, 그것들을 관계의 장 속에서 발견했다.

더 이상 지식체body of knowledge는 이미 설치되어 있는 도구를 통해 얻을 수 있는 것이 아니며, 학습의 과정은 예측, 계획, 감독, 평가될 수 없다. 이 프로젝트에서 지식체는 스피노자의 논리에 따라 움직였고, 우리는 여전히 몸이 어떤 일을 하는지 모른다. 즉, 우리는 아이가 할 수 있는 일을 그리고 OHP가 할 수 있는 일을 모른다.

흥미로운 제안, 두 개의 그림자, 그리고 관계의 장으로서 주체성과 학습

아이들이 보이는지 아닌지 탐구하고 있던 어느 날, 누군가 흥미로운 제안을 했다. '다른 램프를 켜보자, 그러면 나를 볼 수 있을 거야.'

프로젝트의 새로운 차원, 즉 두 개의 빛이 갖는 가능성과 두 개의 그림자를 여는 매우 중요한 순간이었다. 교사들은 그 제안을 지지했고, 아이들이 다른 프로젝터를 사용해보도록 제안했다[사진 6.45-6.48].

"이것 봐, 저기 배트맨이 두 개다!"

"그래, 저건 엄마야. 배트맨의 엄마!"

아이들은 프로젝터 중 하나를 껐다.

"오, 안 돼! 엄마가 없어졌어."

"오! 저건 내 동생이야. 안녕, 동생아!"(자신의 작은 그림자를 안으며)

"이것 봐, 손이 두 개야!"

[사진 6.45] 두 개의 빛

[사진 6.46] "안녕, 동생아!"

[사진 6.47] "이것 봐, 손이 두 개야!"

[사진 6.48] "와아! 문어 같다. 저길 봐, 문어야!"

[사진 6.49] 아이들이 토론하는 장면

"와아! 문어 같다. 저길 봐, 문어야!"

아이들은 토론을 벌였다[사진 6.49].

"엄마를 봐, 아주 커, 우리보다 훨씬 커!"

"넌 배트맨이야."

"아니야, 그건 너야."

"저게 나야. 저 그림자."

"저기 저 건너편에 우리 선생님이 있어."

"아니야, 선생님이 아냐."

"맞아! 저건 나야. 저건 너… 아니, 나야. 아니, 배트맨이야…."

"와아! 기계가 두 개야, 기계가 두 개 있어!"(아이들은 노래하고 춤을 추었다)

종합적 분석

쌓기블록을 도입하며 교사들이 가졌던 교육적인 욕심은 아이들의 다양한 아이덴티티 놀이로 변모되었다. 교사들은 많은 시간과 노력을 기울여 준비했지만 실상 아이들에게 거부당한 셈이다. 아이들은 무엇을 했나? 아이들은 함께 활동했다. OHP 기계에 관한 집단적인 프로젝트에 몰두하기, 옷을 입고 있는 사진이 붙어 있는 블록만 고르기, 아이들의 강렬하고 지속적으로 다양하게 이루어진 탐구의 초점이었던 언제 보이고 보이지 않는지에 관한 질문과 의미sense를 생산하고 구성하기, 토론하고 협상하기, 그리고 배트맨의 엄마, 자신의 엄마, 자신의 동생, 문어와 같이 다양한 전략과 역할을 창조하고 소멸시키기 등. 이 모든 것이 아이들이 정말 다양한 아이덴티티로 살아가고 있음을 보여주는 것이 아닌가?

우리가 가지고 있는 개념보다 그리고 열광적으로 시도하고 이론적으로 동기화하는 것보다 훨씬 더 많은 다양한 아이덴티티가 존재하고 있는 듯하다. 아이들이 하려고 했던 것은 다양한 아이덴티티로 '사는 것live'이며, 이것은 학습과정에 있는 모든 사람들 사이에서 나타났다. 이러한 다양한 아이덴티티와 학습의 과정은 관계의 장으로서 주체성과 학습으로 나타난다. 아이들은 감응하는 몸의 논리에 따라 주체성과 학습으로 살아간다. 이때의 몸들, 즉 가소성과 탄력성의 원칙을 따르는 유기적 또는 비유기적인 몸들은 힘들과 서로 연결되기도 하고 해체되기도 한다.

쌓기블록을 이용해 다양한 아이덴티티로 집단적인 실험을 한 것은 스톡홀름 사범대학 강의에서 제안된 것이다. 그러나 아이들이 문제를 구성하는 방법에 대해 분명한 관점을 가지고 있는 상황에서 제안된 것은 아니었다. 성인들은 위치시키기positioning라는 아이디어, 즉 하나의 동일성을 만들기 위해 다른 부분들을 함께 모은다는 생각에 갇혀 있다. 배치를 배열하고 재배열하는 것, 거기에는 배치된 욕망과 연결된 구성주의적 행위가 포함된다. 이미 존재하고 있는 부분들을 함께 모으는 것은 배치를 구성하는 것이 아니다. 다양한 아이덴티티는 '의식적으로' 계획해서 만들어지거나 쌓기블록의 종류에 상관없이 만들어지는 것이 아니다. 우리는 통제할 수 없는 무의식적 욕망에서 시작된 배치 속에서 행동하고 살아가고 있으며, 다른 사람들을 통해 그리고 다른 사람들과 함께 배치를 만들어가고 있다.

프로젝트 내내 아이들은 언제 보이는지 보이지 않는지의 문제와 관련하여 의미를 생산하는 데 매달려 있었다. 아이들은 OHP 프로젝터에 블록을 가져왔지만, 블록을 가지고 모양을 만드는 일에는 흥미를 갖지 않았다. 문제는 오로지 무언가가 보이는지 보이지 않는지에 관한 것이었다. 아이들이 계속 사용했던 역할놀이 의상은 주체성과 학습의 문제 국면으로 들어가기 위해 필요한 것이었다. 아이들은 보이는지 보이지 않는지의 문제와 관련하여 흥미로운 현상이 생겼을 때 유령을 일종의 '출발점trigger'으로 이용했다. 아이들은 항상 이 문제를 탐구하느라 이리저리 움직여 다녔다. 모든 것이 일어날 수 있다. 나와 함께 활동할 수도 있고, 당신과 함께 활동할 수도 있으며, 쌓기블록과 함께 활동할 수도 있다.

'보이는가, 아니면 보이지 않는가', 이것은 일반적으로 존재being의 문제에 대한 매우 창의적인 반응이다. 아이들은 빛과 그림자와 함께 공명하며 존재의 문제를 창의적으로 답했다. 존재의 문제를 더 이상 '사느냐 죽느냐to be or not to be'가 아니라, '볼 수 있는지, 볼 수 없는지' 또는 '보이는지, 보이지 않는지'와 같은 가시성vision의 문제로 재구성한 것이다. 아이들의 모든 탐구는 가시성에 관한 것이었다. 이때의 가시성은 인식적 시선과 재현적 시선을 통한 가시성이 아니라, 감응적 시선을 통한 가시성을 뜻한다. 아이들은 내재성immanence과 감응의 논리로 보다 많은 주체성과 학습을 드러내었다. 빛과 그림자의 몸뿐 아니라 아이들의 몸은 각각의 고정된 실체가 아니라 관계의 장 속에서 함께 연결되어 계속 운동하고 있었다.

7장
결론

지금까지 사례와 연구를 통해 주체성과 학습에서 운동성과 실험이 어떻게 작용하는지 살펴보았다. 이제 몇 가지 결론을 내리고자 한다.

주체성과 학습에 운동성이 작용한다는 것은 이미 작용하고 있고 앞으로도 계속 작용할 것이라는 아이디어에서 비롯되었다. 이는 집단적이고 강렬한 그리고 예측 불가능한 실험을 했던 유아교육 실천과 연구에서도 드러났다. 그 실험에서는 모든 사물과 사람들이 관계의 장을 이루고 있었다. 미시정치학micro-politics과 분할성segmentarity, 초험적 경험론transcendental empiricism, 사건event, 욕망의 배치assemblages of desire와 같은 개념을 통해, 주체성과 학습의 운동성과 실험성은 다음과 같은 방식으로 유아교육 연구와 실천에서 드러날 수 있다.

분할성과 미시정치학을 통해 운동성이 주체성과 학습에 이미 존재하는 것으로 볼 수 있다. 주체성과 학습에서 나타나는 모든 변화는 이미 존재하는 신념이나 욕망의 흐름과는 거리가 멀다. 사회는 고정되어 있지 않다. 미리 정해진 기준에 따라 예측하고 준비하고 통제하고 감독함으로써 주체성과 학습을 의식적으로 길들이고자 하는 논리는 결코 제대로 기능할 수 없다. 모든 것이 예측 불가능하다. 따라서 주체성과 학습을 의식적으로 길들이려는 학교와 연구 제도는 이미 존재하고 있는 신념과 욕망에 귀를 기울여야 하고 새로운 실험을 시도해야 한다. 그렇게 해야 교사들은 아이들이 이미 추구하고 있는 욕망이 무엇인지를 볼 수 있게 되고, 이러한 욕망에 관심을 기울여 아이들과 함께 탈주선lines of flight의 공간을 만들 수 있다. 같은 방식으로 연구자들 또한 미리 정해둔 개념과 입장에서 벗어나 교육 현장으로 들어가서 아이들과 교사들과 함께 집단적 실험에 참여하며 더 많은 탈주선을 만들어 낼 수 있을 것이다.

스톡홀름의 유아학교들은 탈주선을 지닌 집단적 실험이 새롭고 흥미로운 주체성과 학습과정을 지닌 교육 실제와 연구를 이끌 수 있음을 분명히 보여주었다. 그들은 기존 모델의 사용 없이 생성의 과정에 참여했으며 끊임없이 협상하면서 관계의 장 안에서 그리고 운동성 안에서 학습해나갔다. 욕망과 감응을 통해서 작동하는 힘을 드러내는 그런 생산적인 방식을 행했다. 학술단체나 교육기관들이 자신들의 욕망을 알아차리지 못하는 한, 그들은 분명 퇴보할 것이다. 그들만의 감응과 욕망을 통해서만 감응과 욕망의 변조가 가능하기 때문이다.

탈주선을 따라가는 집단적인 실험 그리고 감응과 욕망의 변조는 윤리-심미적 패러다임ethico-aesthetic paradigm 안에서 발생한다. 윤리-심미적 환경은 무언가를 스스로 해야 하는 것을 의미하는 것이 아니라 위치해 있는 장소와 관련이 있다. 그리고 귀 기울임listening, 실험 experimentation, 잠재성potentiality, 소속감belonging의 윤리학과 정치학을 바탕으로 실험이 발생하는 그러한 환경을 의미한다. 오늘날은 개인에게 과도하게 초점이 맞추어져 있고 이것을 대단히 중요하게 여긴다. 어린아이들은 자기 자신과 학습을 의식적으로 발달시켜야 할 걱정스러운 존재로 간주되고 있다. 앞서 말했듯이, 개인이 자신의 탈주선과 다른 탈주선들을 연결할 수 없다면 탈주선 자체가 위험해질 수 있으며, 탈주선이 파괴의 원천이 될 수도 있다. 개인의 자기반성을 위한 도구들과 측정, 평가는 각자 개인을 잊어버리지 않도록 하는 중요한 도구로 인식되고 있다. 그러나 아이들이 여러 탈주선들을 접속할 수 있는 환경이 마련되지 않는다면 그러한 것들은 매우 위험한 도구일 뿐이다.

우리는 주의해야 한다. 윤리-심미적 패러다임에는 많은 위험이 있다. 언제 끝날지 예측할 수 없고 안전하지 않기 때문이다. 스톡홀름과 인근 지역 유아학교에서도 보았듯이, 그러한 공간은 혼란스럽다. 따라서 실험은 조심스럽게 이루어져야 한다. 모든 선과 분할에는 공포, 명확성, 권력, 혐오와 같은 위험이 있기 때문이다.

욕망과 신념을 따라가는 집단적이고 강렬하며 예측 불가능한 실험은 연구자들뿐 아니라 교사들로 하여금 '청취자listener', '집단적 실험자collective experimenter'의 역할을 하도록 한다. 귀를 기울여야 욕망을 읽어낼 수 있고, 탈주선을 따라가며 집단적 실험에 적절히 개입할 수 있다. 귀 기울이며 실험하는 교사와 연구자는 상부 또는 외부에 자리를 차지하고 있으면서 어떤 원칙을 쫓아가는 그런 사람이 아니다.

이 책에서는 대안적인 과학적 방법을 제시했다. 그리고 이론적 개념들로만 설명되지 않는 이론과 실제의 관계에 대해 기술했다. 이론적 개념은 교육 실제 또는 예시와 관련지어 기술했다. 개념과 실제가 함께 연결되면 무언가 발생하기 마련이다. 실제와 이론은 각각 별개의 의미means를 지니지만, 실제와 이론이 서로 마주침으로써 새로운 형태의 관계성을 만들어낸다. 교육 실제는 주체성과 학습이 일어나는 관계의 장이다. 이 책에서는 사례를 통해 이러한 관계의 장이 모든 곳에 내재해 있음을 보여주었다. 관계의 장은 의식의 공간이 아닌, 전의식pre-conscious의 공간이다. 내재성과 초험적 경험론이라는 아이디어를 통해 이미 운동성은 존재하고 있으며 또한 지속될 것이라는 것을 강조한다.

교사들과 연구자들은 이미 무언가가 진행되고 있고, 그 무언가에 들어가서 집중하고 사람들과 함께 실험하는 것이 필요하다는 아이디어를 가져야 한다. 또한 여타 정해진 기준에 따라 예측하고 통제하고 감독하고 평가하는 등 주체성과 학습을 길들이고자 하는 시도들을 멈추어야 한다. 대신, 모르고 있는 것 그리고 예측하지 못한 놀라운 것에 대해 준비해야 한다. 초험적 경험론은 사고thought보다 더 강력한 것으로서 생명을 지닌 존재life being라는 내재적 아이디어를 제시하며, 연구와 교육 실제에 새로운 목적과 방법들에 관한 아이디어를 제공해준다.

일련의 사건들events이라는 관점으로 교육적 기록을 대한다면, 대안적인 과학적 방법론 접근과 페다고지적 방법론 접근이 가능해질 것이며 주체성과 학습에서 드러나는 운동성을 보여줄 수 있을 것이다. 언어에 의미를 끌어들이고 추가한 사건들에 대한 기록을 통해 이미 지속적으로 이루어지고 있는 운동으로서 주체성과 학습을 볼 수 있다. 의미는 끊임없이 생산되는 것으로서, 난센스nonsense, 문제들/해결책들, 학습/지식, 문화/방법과 밀접히 관련된다. 이 책에서는 코멘트하기, 해석하기, 반성하기와 같은 연구의 대안적 방법을 제시했다. 이러한 방법은 모두 가까이에서 사건을 살펴보고 진리truth에 다가가는 것을 강조한다. 그러나 언어와 사물의 경계를 바탕으로 진리를 무조건적으로 받아들인다면, 사건은 복잡한 채 결말 없이 남게 된다. 사건이라는 관점에서 접근해야만 의미와 문제의 지속적인 창조와 생산, 그와 결부되어 있는 운동으로서 주체성과 학습을 이해할 수 있을 것이다.

사건이라는 관점에서 볼 때, 아이들이 의미를 만들기 위해 난센스를 이용하는 것은 매우 적절하다. 그러나 의미와 난센스를 정반대인 것으로 보면서, 아이들을 항상 틀린 존재로 여긴다면 상황들은 완전히 달라진다. 사건의 초점은 문제해결에 있는 것이 아니라 문제가 어떻게 구성되는가에 있다. 해결책은 의미를 구성하면서 나타날 뿐이다. 의미의 생산과 문제의 구성이라는 관점에서 아이들의 행위는 중요하다. 이러한 관점에서 아이들의 말과 행위는 재평가되어 아이들이 세계에 기여하고 세계를 구성하는 존재로서 인식될 수 있다. OHP 프로젝트에서 아이들은 의미를 생산했고 유연한 원칙에 따라 가시성이라는 측면에서 문제(보이는지의 여부와 언제 보이는가의 문제)를 구성했다.

아이들은 문제를 구성하는 데 관심을 가지기 때문에, 과학 문제에 부딪히더라도 물러서지 않을 것이다. 왜 아이들은 문제를 구성하는 것만큼 과학에 관심을 가지려고 하지 않을까? 중요한 것은 아이들이 문제와 어떻게 마주치는가에 있다. 교사들과 연구자들이 발명하고 세계에 무언가를 더하며 살아가듯이, 아이들 또한 의미와 문제를 지속적으로 생산해내고 있다. 교사들은 이미 알려진 과학적인 것을 학습의 과정으로 끌어들일 것인지 아닌지 여부를 고민하기보다 그 방법과 시기에 주목해야 한다.

그러한 학습에서는 생산된 의미와 구성된 문제들이 함께 변주하며 지식을 만들어내는데, 가장 흥미로운 것은 이러한 변주가 언제 드러나는가에 있다. 이미 정해진 내용지식에 따라 공식화된 목표나 결과가 아니라 학습의 과정에 초점을 맞추어야 한다. 내용지식을 무시하라는 것이 아니라, 내용지식에 무언가를 추가하자는 뜻이다. 끊임없이 생산하고 구성되는 의미와 문제로서 내용지식을 이해해야 한다.

혹자는 학습과 지식에 대한 이러한 접근을 '문제 구성의 예술art of constructing a problem'이라고 말한다. 이것은 교육에서 내용지식에 접근하는 매우 엄격하고 복잡한 방식이다. 게다가 대다수는 오래전부터 지식이 고정적이고 불변한 것이 아니라는 사실을 알고 있다. 특히 오늘날과 같이 급속히 발전하는 지식사회에서, 학습과 지식을 미리 정의된 기준에 맞추어 준비하고, 감독하고, 통제하고, 평가하고 측정해야 하는 것으로 단순화하는 것은 잘못된 일이다.

그러나 여전히 교육 실제 전반에서 그리고 아주 어린 아이들에게조차도 예측하고, 통제하고, 감독하고, 이들을 평가하기 위한 도구를 만드는 데 노력을 쏟고 있다. 통제와 평가도구를 만들고 구성하는 데 너무 많은 노력을 기울이고 있으며, 이들이 실제 명확하게 측정하고 있는 것이 '무엇what'인지에 대한 질문은 완전히 잊어버린 채 그저 당연한 것으로만 받아들여지고 있다. 이 책에서 이야기하는 페다고지적 접근은 '모든 것이 교육이다'라며 종종 묵살당하기도 한다. 실제 내용지식은 학습과 지식에 대한 보다 복잡하고 엄격한 새로운 접근 그 이상의 것으로 구성되는데 그러한 사실도 진지하게 받아들여지지 않고 있다. 이 책에 나오는 아이들은 의미와 문제를 구성하면서 활동했고, 현대사회의 급속히 발전하는 지식 생산에 참여했다. 아이들은 주체성과 학습이라는 세계에서 소리의 묘사, 전략의 교환, 빛과 그림자, 가시성을 발명해내었다. 그렇게 함으로써 아이들은 우리가 살아가고 있는 오늘날의 지식사회를 탐색하고 다루는 법을 배웠다.

또한 아이들은 학습의 즐거움을 배웠다. 아이들은 미리 정해진 답과 해결책이 있는 질문과 문제에 답하고 해결하는 것 이상의 많은 것을 배웠다. 이것은 단순히 '재미있는 학습fun learning'을 말하는 것이 아니다. 아이들은 세계 속 하나의 의미sense를 창조했다. 세계와 다른 사람들은 '나'의 부분이고 '나'는 홀로 존재하지 않는다. 생각하고 말하고 느끼고 놀이하고 일하고 꿈을 꾼다는 것, 즉 '산다는 것live'은 충만한 의미 속에 있다. 삶은 나와 상관없는 외부 사람들이 무언가를 결정 내리는 그러한 고립된 섬으로 환원될 수 없다.

방법론적의 측면에서도 시사점을 찾을 수 있다. 방법을 더 이상 교수원리처럼 받아들이지 말고, 의미와 문제를 생산하고 구성하고 과정에서 적용되는 것으로 여겨야 한다. 하나의 방법이 여러 사례에 적용될 수는 없으며, 문제를 둘러싸고 있는 문화에 따라 다양한 방법이 나타날 수 있다. 앞서 언급했듯이, 방법은 문제의 구성과정에서 만들어진다. '메타meta'는 '~을 따라'를 그리고 'rodos'는 '길'을 의미한다. 즉 방법이라는 것은 '길을 따라가다along the road'라는 말이다. 문제는 구성되는 것이기 때문에 목표나 방법을 문제에 앞서 계획할 수는 없다. 방법은 이러한 구성과정에서 그리고 문제를 둘러싼 전반적 문화 내에서 적용되거나 만들어지는 것이다.

한편, 준비는 대단히 중요하다. 다양한 의미와 문제들이 머무를 수 있는 그리고 집단적으로 의미와 문제를 구성할 수 있는 공간과 수용성을 확보하기 위해서는 준비해야 한다. 교사들이나 연구자들은 아이들과 함께 진행할 프로젝트를 준비하면서 내용지식에 관해 많이 읽어야 한다. 학구적인 강의를 하기 위해서가 아니라, 가능한 한 많은 관점들을 아이들에게 보여주기 위해 그리고 여기에 아이들이 추가하는 것을 받아들이기 위해 준비가 필요한 것이다.

또한 교사들과 연구자들은 일련의 결정과 선택을 해야 한다. 무엇이 중요한가? 왜 내용지식을 가지고 아이들을 대해야 하는가? 교사는 결정과 선택의 과정에서 존재론뿐 아니라 정치적이고 윤리적인 측면을 고려해야 한다. 이 프로젝트에서 아이들과 함께 어떤 학습과 지식을 생산해내고 싶은가? 이 프로젝트를 사회의 정치적인 그리고 윤리적인 양상과 어떻게 연결시킬 것인가? 성인인 우리는 이미 경험한 또는 곧 경험할 것이 분명한 양상들을 아이들이 만날 수 있도록 어떻게 도와야 할까? OHP 프로젝트에서는 빛에 대해 다양한 이론적, 과학적 관점이 필요했다. 프로젝트와 관련지어 몸bodies과 힘forces에 관한 스피노자의 철학을 공부하지 않았다면, 가시성vision이라는 유연한 원칙을 만들어 빛과 그림자를 대한 아이들의 이야기를 담아내지 못했을 것이다.

또 다른 질문은 이론에 관한 것이다. 무엇을 향해 교육 실제가 고군분투하고 있는지, 그에 관한 존재론적, 정치적, 윤리적인 질문이다. 위에서 언급했듯이, 연구와 교육 실제 간의 집단적 실험을 통해 이론이 선택될 수 있다. 그 선택은 맥락적 상황 내에서 이루어지고 각각의 사례들이 지니고 있는 매우 구체적인 조건에 따라 달라질 수 있다. 이러한 관점에서 볼 때, 방법보다는 문제를 둘러싼 전체 문화라는 맥락에서 필요한 것을 준비해야 한다. 선택을 위해 이러한 준비가 필요하며 준비함으로써 수용성이 높아진다. 그러한 선택과 아이들이 만나게 되면, 무언가 나타날 것이다.

욕망의 배치라는 개념은 아이들과 교육 실제에 항상 무언가가 진행되고 있다는 것, 그리고 이러한 것들은 새로운 실재realities를 만드는 무의식적 생산이라는 점을 강조한다. 주체성과 학습에서 나타나는 변화는 더 이상 개인 대 사회라는 이원론적 인과관계에 놓여 있는 것이 아니다. 욕망에 대한 생각을 바꾼다면, 아이들 또는 교육 실제에 부족한 것은 무엇인지, 그래서 무엇이 필요한지에 대해 더 이상 물을 필요가 없어진다. 대신 교사든 연구자든 누군가가 욕망의 집단적 배치에 참여하는 것이 필요하다. 가장 중요한 질문은 새로운 실재, 즉 아이들과 교사들이 욕망을 통해 이미 그리고 지속적으로 생산하고 있는 새로운 실재가 무엇인가에 있다. 이 책에서 묘사한 교육 실제는 아이들에게 다음과 같은 질문을 던졌다. '지금, 너의 욕망은 어디에 있니?', '실험하는 동안 너는 어떤 배치 속에 있었니?' 욕망은 생산의 무의식적인 과정이다. 따라서 이미 결정되어 있는 기준에 따라 길들이고 예측하고 감독하고 통제하는 것이 아닌, 학습 그 자체에 관심을 가져야 한다.

교사가 아무것도 하지 말고 아이들에게 모두 맡겨야 한다는 뜻은 아니다. 무조건 아이들의 욕망에 따르고 아이들이 무엇을 선택하든 그대로 두라는 것도 아니다. 앞서 말했듯이, 교사들과 연구자들 또한 배치의 부분들이다. 욕망의 배치를 통해, 관계의 장 속에서 새로운 실재들이 생산된다. 아이들은 결코 욕망과 문제 구성을 멈추지 않는다. 또한 아이들은 성인들과 함께 놀기를 원하며 성인의 요청에도 매우 민감하다. 이는 OHP 프로젝트에서도 분명하게 드러났었다. 아이들은 교사들이 바라는 것 이상의 다양한 방식으로 여러 인물들을 만들어내면서 교사의 요청에 응답했다. 아이들은 재빠르게 교사의 관심이 어디에 있는지 알아차렸고, 문제와 질문을 교사와 함께 구성하려고 했다. 교사들이 모든 것을 포기하고 아이들만을 따라가야 한다고 믿는 것은 오해다. 아이들은 성인이 자신을 부르는 소리에 민감하기 때문에, 교사는 아이들과 만나야 한다. 다시 말해, 언제 어떻게 만날지가 중요한 것이다.

이 책에 등장하는 교사들은 매우 유연하고 화용론적인 방식으로 아이들과의 배치 속으로 들어갔다. 형식적인 학교제도 안에서 훌륭한 교사가 설 자리는 충분치 않다. 여전히 학교는 그럭저럭 운영되고 있고, 아이들은 형식적인 학교제도 속에서 관리를 받고 있다. 우리는 아이들의 학습에 실제 무슨 일이 일어나는지 거의 모르고 있다. 아이들에게 내재되어 있는 세상의 지식에 접근하는 아이들만의 방식에 관해서도 거의 아는 바가 없다. 우리는 무슨 일이 일어나고 있는지 모르며, 아이들의 다양한 학습 방식을 보려고도 하지 않는다. 또한 형식적인 학교제도를 개선하는 방법이나 도구를 찾거나 이용하려는 노력도 하지 않는다. 아이들의 학습은 형식적인 학교제도에서 시도하는 것보다 훨씬 더 민감하고 다양한 방식으로 이루어지기 때문에, 아이들의 학습을 이해하는 일은 어렵다.

이제, 아이의 본성이 아니라 기계로서의 아이에 관해 이야기하고자 한다. 기계로서의 욕망을 분석할 때 아이들은 좋은 예가 된다. 왜냐하면, 아이들은 아직까지는 모든 억압적이고 조직화된 욕망에 익숙하거나 개체화되어 있지 않기 때문이다. 학교에서 생활하는 동안에도 아이들은 매일 집단적인 욕망을 지속시킬 장소를 찾아다닌다. 오늘날의 학교제도는 조직생활 이면에 놓인 풍부한 기회를 놓치고 있다. 지속적인 운동성과 실험을 이론적으로나 실제적으로 개념화하지 못하고, 관계의 장 속에서 발생하는 다소 덜 길들여진 학습과정을 이해하지 못하고 있다.

아이들과 교사들 그리고 연구자들이 욕망의 배치 속에 놓여 있음을 인식한다면, 형식적인 학교제도는 개선될 수 있을 것이다. 그리고 주체성과 학습에 관한 다양한 관점을 위한 공간, 즉 모든 종류의 다양한 관점과 도구를 통해 학습할 수 있는, 그리고 모든 다양한 종류의 욕망으로부터 학습할 수 있는 그러한 공간을 만들 수 있을 것이다. 이 책에서는 주체성과 학습을 관계의 장이라고 표현했다. 그러한 관계의 장은 인과논리의 관계를 의미하는 것이 아니라, 끊임없이 스스로 운동하고 있는 관계성이 존재하는 곳을 뜻한다. 실재의 무의식적 생산 그리고 항상 배치되어 있는 것으로서 욕망을 바라볼 수 있다면, 집단적으로 추구하는 그리고 페다고지적인 실제를 가능하게 하는 아이들의 힘을 더욱 중요하게 여길 수 있을 것이다.

아이들에게 언어는 그들 내면에 살아 있으며 항상 변화하는 언표의 집단적 배치에 따라 달라진다. 아이들은 기호 상징을 무언가 행위를 하는 데 사용하며 그러한 기호들을 종종 성인들이 의미화하는 것과는 다르게 쓴다. 언어를 기표화된 단어signifying words로 구성된, 이미 정의되어 있는 고정적 시스템이라는 관점에서 본다면, 아이들은 종종 부족하고 대부분 잘못되어 있다고 간주된다. 그러나 언어를 화용론적이고 내적으로 살아 있는 것으로 본다면, 아이들이 구성하고 있는 문제와 의미sense를 보다 잘 이해할 수 있을 것이다.

재영토화와 탈영토화의 운동성이라는 아이디어를 통해, 학습과정은 이미 정해져 있는 발달 진로를 따라가는 것이 아닌 그 무언가로 생각될 수 있다. 학습의 과정은 여기저기 왔다 갔다 하면서 소용돌이친다. 매번 영토는 조금씩 변화되며, 그러한 변화는 단순한 모방이 아니다. 재영토화와 탈영토화 운동은 영토를 끊임없이 재구축하는 창조적 행위인 것이다.

감응을 통해 의식의 논리logic of consciousness와는 다른 논리로 학습과정을 볼 수 있다. 여기서 말하는 학습은 생물뿐 아니라 무생물의 몸의 용량capacity과 관련된다. 모든 사건들에는 그 특유의 잠재성potentiality이 있어서 그러한 감응적 학습을 하나의 페다고지 모델로 공식화할 수는 없다. 우리가 할 수 있는 유일한 방법은 욕망하는 몸이 용량을 확장할 수 있도록 보다 많은 공간을 창조하는 것이다. 우리는 한 아이 또는 한 대의 OHP 프로젝터가 무슨 일을 해낼 것인지 짐작할 수 없다. 감응은 유아교육기관의 실제에서 매우 중요한 개념이다. 유아교육기관의 실제는 때로 감정emotion과 도덕적 가치moral values로 포화상태를 이루고 있다. 사실, 최악은 아이들의 욕망을 길들임으로써 모든 감응적 잠재성affective potential을 막아버린다는 데 있다. 아이들은 좋은 친구가 되는 방법-'지금, 미안하다고 말해'-을 배운다. 하지만 아이들이 감응적 잠재성에서 솟아나는 진정한 즐거움의 열정을 발견할 기회는 드물다.

앞서 묘사한 교육 실제에서 보았듯이, 아이들은 다른 프로젝트에 참여하고 있던 다른 집단으로부터 질문과 문제를 가져왔다. 종종 이러한 상황은 감응적 잠재성을 증가시키고 즐거움이 가득 찬 열정, 즉 즐거움과 연대감과 같은 것을 만들어주었다. 이러한 예는 다른 상황에서 모방하거나 적용될 수 있는 그러한 교수원리가 아니다.

유아교육 연구와 교육 실제에서 주체성과 학습의 운동성을 나타내는 다양한 방법과 도구들은 형식적인 학교와 연구 체제에 도입될 수 있다. 이들은 다른 시도와 배타적이지 않다. 단지 운동성과 실험에 초점을 맞추면서, 주체성과 학습의 문제를 다양하게 구성하는 것에 관한 물음일 뿐이다. 공식적인 학교와 연구 체제 안에서는 운동성과 실험에 초점을 맞추기 위해 필요한 모호함을 감당해내야 하는 한편, 무엇을 기대하는지에 대해서도 답해야 한다. 유아교육기관은 목적과 목표를 가지고 있는 정치적인 기관이며, 또한 아동의 교육받을 권리를 보장하는 곳이다. 이미 목적과 결과에 초점이 있다는 점을 감안하면서 약간의 운동성, 실험, 발견을 그 세계에 추가하는 것도 가능할 것이다. 그리고 유아교육기관 체제에 좀처럼 적응하지 못하거나 그 체제에 의해 조종되지 않는 아이들에게 도움이 될 수 있다. 이 책의 관점에서 바라보면, 아이들의 욕망은 차단되어왔고 어떠한 이유들로 인해 다양한 탈주선들에 접속하지 못하고 있다. 아마도 아이들은 세계에 관해 이미 설정되어 있는 사실들과는 꽤 다른 의미나 문제들을 구성하며 살아가고 있을 것이다. 욕망과 의미, 문제들을 생산하는 것은 이러한 아이들에게 매우 유익할 것이다.

스톡홀름 유아학교의 예를 통해, 아이들의 사고와 발화, 행위가 특정 이론과 연결되면 아이들에게 꽤 강력한 마주침이 일어난다는 것을 볼 수 있었다. 아이들은 이미 내재적 원리에 따르는 주체성과 학습의 양태로 살아가고 있다. 그리고 아이들은 이미 운동하고 있으며 또한 앞으로도 운동할 것이다. 그리고 아이들 대부분이 무언가를 밝혀내기를 좋아한다는 것을 알게 되었다. 아이들에게 이미 알고 있는 것은 덜 흥미롭다. 아이들은 자신들이 구성하고 있는 물체와 문제들에 몰입되어 집단적으로 실험을 했다. 우리는 어떻게 아이들이 난센스와 연결 지으며 의미를 지속적으로 생산해내는지, 그리고 문제를 구성하는 과정을 좋아하는지 목격했다. 아이들은 달성해야 할 목적이나 지식보다 학습의 과정에 보다 더 집중했다. 그러한 과정에서 아이들은 특정 방식에 갇혀 자신들의 문화를 종속시키지 않았고, 문제를 둘러싸고 있는 모든 것들을 이용할 수 있었다.

아이들은 항상 배치된 욕망에 참여했다. 그리고 새로운 사건들을 의미화하는 출발점으로서 언어뿐 아니라 몸을 이용했다. 아이들은 학습 과정 속에서 이리저리 움직이며, 끊임없이 학습과 지식의 영토를 재구축해나갔다. 아이들은 각각의 상황이 갖는 잠재성을 찾아다녔는데, 이는 자신들의 몸이나 OHP 프로젝터가 무슨 일을 할 수 있는지를 모르기 때문이었다. 주체성과 학습뿐 아니라 빛과 그림자는 끊임없이 움직이는 관계 안에서 마주치게 되는 몸과 힘이었다.

"아이는 스피노자다Children are Spinozists."Deleuze & Guattari, 2004: 282 OHP 프로젝트에서 아이들은 주체성과 학습의 과정을 알아차리는 성인의 방법보다 앞서 있었다. 필자는 아이의 특성을 말하려 하거나 아이에게 들뢰즈와 가타리를 단순히 가져다 붙이려는 것은 아니다. 필자는 예에 등장하는 아이들과 들뢰즈와 가타리의 이론이 만들어낸 다양한 사유의 이미지를 강조하고자 했다. 결론은 이것이다. 주체성과 학습에서 운동성과 실험이 어떻게 작용하는지의 해답은 유아교육 연구와 교육 실천의 장에서 살아 숨 쉬고 있는 아이들에게 있다는 것.

만약 유아교육기관에서 아이들이 저항할 수 있다면, 아니 질문이
라도 할 수 있다면, 전체 교육 시스템은 충분히 바뀔 것이다.^{Deleuze,}
2004a: 208

에필로그: 넘어서며

결정체 시간 속의 잠재적 아동

문제problem란 특이점points of singularities들의 배열이다. 학습이란 문제적 장에 들어가기 위해 문제의 특이점들에 연결하는 것이다. 걸음을 배우는 아이는 땅에, 서핑을 배우는 서퍼는 바다의 특이점들에 몸을 연결시킨다. 이 책의 기반이 된 박사논문 또한 하나의 문제를 가지고 글쓰기에 들어가는 것이었으며 직면한 문제들의 특이점들과 한 지점씩 연결해나가는 작업이었다.

우리는 문제를 선택하지는 못한다. 도리어 문제가 우리를 선택한다는 말이 맞을 것이다. '세상의 무엇인가가 우리들을 사유하게 한다.' 연구는 여러 방식으로 여러 개념들을 연결 지으면서 문제를 구성해가는 과정이었다. 이 책에 기록되어 있는 구체적인 연구 사례들은 미시정치학micro-politics과 분할성segmentarity, 초험적 경험론transcendental empiricism, 사건event과 욕망의 배치desire of assemblage와 같은 다양한 개념들과 함께하는 작업이었다. 이 개념들이 유아교육 실제와 연구에서 어떻게 주체성과 학습에 있어서 운동과 실험을 통해 문제에 접근할 수 있을지를 고민하도록 이끌고 있다. 이 문제와 관련하여 지속적으로 연구해야 할 부분은 시간과 공간을 다시 형성하고 다시 활성화시키는 일이다.

주체성과 학습에 있어서의 운동과 실험을 더 구체적으로 설명하려면 하나의 생명들a-lives, 잠재성virtuality, 결정체 시간crystal time과 되기becoming 등의 개념을 추가하면 가능하다. 이러한 개념들을 가지고 철저한 작업이 후속 연구에서 이루어져야 할 것이며 여기서는 몇 가지 초기 아이디어들에 대해서 언급한다. 본 연구가 다음 프로젝트를 초대하는 것은 결코 우연이 아니다. 이것이 바로 아는 것과 알지 못하는 것 사이인, 지식의 경계선에서 우리가 연구해나가는 방식이다. 바로 그곳에서 모든 것이 발생한다.

특정 생명들

걸음을 배울 때 스텔라 노나는 '특정a' 아이였다. 파도타기를 배울 때 서퍼는 '특정' 서퍼였다. 아이와 서퍼의 신체 깊숙이에는 자신들selves이 없는 생명들a-lives이었다. 그들은 개인들이 아니며 개인화의 과정들이었다. 아이들은 끊임없이 무한한 읽을거리에 붙어서 우리에게 이것을 알려준다. 그들은 특정 사람, 특정 리듬, 특정 빛, 특정 그림자에 대해 질문한다. 아이들, 서퍼들, 빛, 그림자와 리듬은 흔하면서 동시에 완전히 특이적singular이며 비인칭적이면서 여전히 특이적이다. 모든 땅과 파동들은 '특정' 생명체들이다. 그것들은 모두 흔하지만 완벽하게 특이적이다. 바다는 늘 운동하고 있고, 파도는 무한히 운동하지만 각각은 완전히 특이한 운동성을 지니고 있다.

노나가 걸음을 배울 때 많은 다른 아이들이 걸음을 배우는 것과 유사했지만, 여전히 노나는 독자적인 방식으로 땅과 접속했다. 한 아동이 걸음을 배울 때 하는 반복적인 행동과 미리 결정된 특성에 따라 규정한 아동의 이미지로부터 벗어나 있었다. 이것은 노나의 반복적이고 지속적인 운동에 의한 학습이다. 이러한 관점에서 어떤 아동도 다른 아동과 똑같은 방식으로 걷기를 배우지 못한다. 아동 각각은 자아 self 없이 특이성singularity으로 걸음을 배운다. 자아는 운동성을 설명하지 못한다. 그것은 정의의 포지션에 묶여 있다. 자아는 초월성의 평면 plane of transcendence에서만 설명 가능하다. 그때는 자아들이 이미 배치되어 있고, 정의되어 있으며 위치가 정해져 있을 때이다.

이와 달리 내재성의 평면plane of the immanence 위에는 다른 속도로 느리게 운동하는 몸과 힘만이 있을 뿐이며, 서로서로 접속하고 서로를 분리시킨다. 몸들, 다른 속도의 힘들, 그리고 느림은 각각이 생명들이다. 내재성의 평면에는 전개체적 특이성pre-individual singularities과 비인칭적 공통성impersonal commons만 있다. 이것이 바로 우리가 아이들이 특정 사람, 특정 리듬, 특정 빛, 특정 그림자에 대해 질문을 할 때 주의 깊게 들어야 하는 이유이다. 그것은 무지에서 나오는 질문들이 아니다. 아이들은 운동을 넘어서는 운동을 하고 있으면서 묻고 있는 것이다.Deleuze, 2001; Deleuze & Guattari, 2004: 10장

잠재적 차원

하나의 생명은 잠재들virtuals로만 구성되어 있다. 그것은 잠재성들, 사건들, 독자성들로 구성된다. 우리가 잠재라고 부르는 것은 현실성이 부족한 어떤 것을 의미하는 것이 아니라 특수한particular 현실에 평면을 따라 현실화되는 과정에 참여하고 있는 무엇을 말한다.Deleuze, 2001: 31

생명의 내부와 내재성의 평면에는 잠재들만 있을 뿐이다. 잠재들은 우리가 알고자 하는 개념과 위치에 스스로를 현실화시킨다. 걸음을 배우고 있는 아이와 서핑을 배우고 있는 서퍼가 이미 결정된 객체로 주어진 선에 따라 점진적으로 각각 발달하고 있다고 볼 때, 우리는 현실의 차원만을 지각하게 된다. 그것은 현실적actual 차원이다. 물론 현실적actual 아동은 완벽하게 실재하며, 우리가 매일 만나는 구체적인 아이이다. 유아교육기관에서 현실의 아이 존재를 부정하라는 것이 아니다. 여기서의 관점은 실재reality가 현실화된 차원 그 이상을 포함한다는 것이다. 다시 말해 잠재적 차원을 동반한다.

잠재적 차원은 실재적 차원의 반대를 의미하지 않는다. 그것은 현실의 반대일 뿐이다. 잠재적 차원은 적절한 실재성을 갖고 있다. 그것은 실재가 아닌 현실적 차원이다. 잠재적 아동은 현실화된 아동만큼 실재적인데, 아직 정의되지 않았고 초월성의 평면에서 지각되지 않았기 때문이다. 잠재적 아동이란 내재성의 평면에서 이미 지각된 것이 아니라 지각이 되어질 수만 있다. 잠재적 아동은 이처럼 두 가지를 다 갖고 포함하는 이중의 아동 이미지이지만 서로 완전히 유사함이 없는 것도 아니고 완전한 복사도 아니다. 잠재계가 현실화된다 할지라도 현실은 그것이 무엇이든 잠재와 같지 않다. 잠재계는 현실계에 선행하지 못한다. 잠재와 현실은 실재의 두 차원으로 서로 아주 밀착되어 엉켜 있지만 여전히 분리되어 있다. 잠재성의 관점에서 아동을 바라보게 된다는 것은 우리가 지각하지 못하는 아동의 잠재성을 더 가치 있게 고려함을 의미한다. 한 가지 이상의 차원이 실재가 된다는 이와 같은 생각은 우리의 기존 관념을 불안정하게 만든다. 잠재적 아동은 운동성의 아동이다. 따라서 주체성과 학습과정을 잠재적 관점에서 고려하게 되면, 아동은 늘 운동 중이고, 변화될 준비를 하고 있으며, 무진장한 풍부성 자체이다.

잠재계the virtual는 잠재성potentiality을 포함하고 있지만, 가능계the possible와 의미가 같은 것은 아니다. 가능계란 여전히 우리가 이미 알고 있는 것에 대한 다른 형태로 '실재화시키는' 능력만을 의미한다. 가능계 내에서는 노나와 서퍼를 서로 구분하지 않고, 서퍼처럼 노나도 가능한 것처럼 이미지화되어 잘못 이해할 수 있다. 이미 주어진 현실과 밀접한 관계를 유지하긴 하지만 이것만으로는 충분하지 않다. 잠재계는 결코 스스로 실재화시키지 않으며, 현실화만 가능하다. 현실화란 잠재계와 같을 수 없다. 같은 이유로 잠재계는 환상을 의미하지 않으며, 실재의 반대도 아니다.

아이들의 놀이를 환상/현실의 관점이 아닌 잠재/현실의 관점에서 보게 된다면 어떤 부분에서 도움이 될 수 있을까? 아이들은 놀이를 할 때 아마도 잠재성의 가장 강도 높은 현실화에 들어가고 있을지도 모른다. 우리가 놀이를 이렇게 바라보지 않는 한, 놀이는 신중하게 접근해야 할 가치가 없는 것이 될지도 모른다. 이 경우 놀이는 마치 놀이자들도 진심으로 몰입할 필요가 없는 단어게임과 같은 것으로 비유될 수 있다. 요점은 아이들은 즐겁게 그리고 진심으로 놀이를 한다는 점이다.

아이들의 놀이는 심리학의 침약으로, 혹은 가치 없거나 의미 없는 것으로 무시되면서 어설프게 이해되어왔다. 두 경우 모두 놀이를 환상으로 간주하거나 이미 주어진 현실과 밀접한 관계를 갖는 것으로 이해되어왔다. 아이들의 놀이를 잠재성의 강도 높은 수준의 현실화로 돌입하는 것으로 볼 때 실재에 대한 새로운 차원으로 다가갈 수 있다. 잠재적 아동은 완전한 실재적 아동이지만 우리는 아직 경험해보지 못해 알 수 없고, 주어진 것도 아니며, 현실화의 과정 속에 있는 것이다. 이처럼 잠재적 아동이 가상세계 속의 아동이나 디지털 세계 속의 아동과 같은 의미로 혼용되어서는 안 된다. 잠재성은 가상공간이나 디지털 세계와 아무런 관련이 없다. 잠재성을 가능성과 혼동해 사용하고, 목적, 방법과 절차적 측면에서 잠재를 실재와 반대되는 것으로 구분하여 쓰는 한 가상공간과 디지털 세계에서의 가상성은 잠재성과 같은 의미가 아니다. 우리는 가상공간에서 잠재적 아동을 찾을 수 없다. 잠재적 아동은 바로 당신의 눈앞에 있으며 우리가 알고 있는 시공간의 개념을 넘어 다른 평면에, 다른 차원에 그리고 다른 시간에만 있다.Deleuze, 1994a, 2001; Deleuze & Guattari, 2004: 10장; Massumi, 2003: 137-138; Zourabichvili, 2003: 22

결정체의 시간

잠재적 아동은 단계에 따라 발달하는 아동의 이미지 차원이 아닌 시간의 다른 차원 속에서는 기능한다. 성인으로 발달하는 아동의 이미지에서는 이미 결정되어 있는 발달 단계에 따르고 시간을 연대순의 선형적인 것으로 보기 때문에 우리는 현실화된 아동만을 보게 된다. 결정체 시간 속에서 시간은 순차적이고 선형적인 것으로 여겨지지 않는다. 대신 시간은 바로 그 순간 두 가지 비대칭적인 방향으로 이중적으로 분할된다. 첫 번째는 과거로 향하고 있고 두 번째는 미래로 향하고 있다. 과거는 현실의 잠재적 차원이고 현재는 실재의 현실적 차원이다. 현실적 현재와 잠재적 과거가 다르다 하더라도, 순차적으로 연속해서 일어나는 것이 아니다. 현실계는 잠재적 과거 다음에 오는 것이 아니라 완전히 동시에 발생한다. 새로운 현재가 오더라도 현재는 계속해서 지나가고 있기 때문에 현재가 더 이상 존재하지 않는 과거를 대체했다고 말할 수 없다. 왜냐하면 현재는 현재가 지나가도록 하는 각각의 특정 현재의 과거이기 때문이다.

따라서 이미지는 과거이고 현재이어야 한다. 여전히 현재이며 이미 과거이고, 즉시이며 동시에이다. 현재임과 동시에 이미 과거가 아니라면 현재는 지나갈 수 없다. 과거는 더 이상 존재하지 않는 현재를 따라가는 것이 아니라, 그 자체로 현재와 공존하는 것이다. 현재는 실재적 이미지이며, '그것의' 동시 발생적 과거가 바로 잠재적 이미지로, 거울 속에 투영된 이미지이다.Deleuze, 1989: 79

과거는 이전에 있었고 이제 더 이상 존재하지 않는 어떤 것이 아니다. 모든 과거는 구체적인 그 현재의 과거로 보아야 한다. 모든 순간은 과거 전체를 수반하고 있고 그 순간은 이 과거이자, 현재와 동시 발생적이고, 바로 이 현재에 특정적이며, 현재를 지나가게 한다. 과거를 오래된 과거로 보게 되면 현재와 과거는 고정되므로, 결코 움직일 수 없는 정적인 개체가 되어버린다. 이렇게 되면 운동성은 다시 사라진다. 현재의 운동성을 설명하기 위해서는 과거는 단순한 일화가 아니라 현재와 공존해야 한다. 결정체 안에서 우리는 시간이 현실의 실재적 차원(현재)과 현실의 잠재적 차원(과거)으로 나뉘는 것을 볼 수 있다. 목표를 향해 나아가는 중간에 멈추기 전 주체성과 학습에 운동성의 특질로 부여하는 것은 결정체를 통해 보이는 시간이다. 이것은 되기의 특질을 갖는 주체성과 학습이기도 하다.

지각 불가능-되기와 운동
서퍼와 함께 있는 사진에서 스텔라 노나는 서퍼가 아니다. 서퍼도 아이가 되지 않았다. 서퍼와 아동에 대한 분자적인 정의로 볼 때조차도, 서퍼는 아이가 되지 않는다. 오히려 걷기와 서핑 사이에는 서로를 접속하는 무엇인가가 있으며, 서로 간에 무엇인가가 있다. 서퍼는 바다의 힘과 운동에 접속했고, 아이는 땅의 힘과 운동에 접속했다. 서핑의 분자들에 가까운 걷기의 분자들이 있고, 반대로 걷기의 분자들에 가까운 서핑의 분자들이 있을 뿐이다. 개와 노는 아이들은 개를 모방하거나 그들과 정체성을 같이하는 것이 아니다. 오히려 몸을 접속함으로써 '개의 특질dogginess'로부터 무엇인가를 취했다는 것이 맞다.

어떤 면에서는, 우리는 다음과 같이 결말에서부터 시작해야 한다. 즉, 모든 되기는 이미 분자적이다. 되기는 무엇인가를 도는 누군가를 모방하거나 그것들과 동일해지는 것이 아니기 때문이다. 또한 되기는 형식적 관계들의 비율을 맞추는 것도 아니다. 즉, 주체의 모방이나 형식의 비율관계라는 유비analogy의 두 가지 형상이 되기에 모두 적용되지 못한다. 되기는 주체의 모방도 아니며 형식의 비율관계proportionality도 아니다. 되기는 누군가가 가진 형식들, 누군가가 속해 있는 주체, 누군가가 소유하고 있는 기관들, 또 누군가가 수행하고 있는 기능들에서 시작해서 분자들을 추출하는 일이다. 그리고 이 입자들 사이의 운동과 정지, 빠름과 느림의 관계들이 누군가가 지금 되려고 하는 것에 가장 '가까우며' 그것들을 통해 되어간다.Deleuze & Guattari, 2004: 300

우리는 분자적이다. 아이들은 분자적인 개의 '개의 특질'로부터 무엇인가를 취한다. 아이들은 성인들에 비해 많은 것의 되기가 가능하다. 그 이유가 선천적으로 되기에 적합하기 때문이거나 아이들이 단순히 성인이나 개의 분자적 위치들positions에 적응하지 않았고 그것을 해독하지 않았기 때문이 아니다. 따라서 아이들은 되기 그 자체라고 말하는 편이 정확한 표현일 것이다. 아이들은 성인이 되지 않는다. 모든 연령의 되기가 바로 아이들이다. '어리게 살자' 혹은 '아이처럼 행동해'와 같은 말이 아니다. 그것은 모든 연령에 특정적인 되기의 추출과 관련된다.

이와 같은 관점에서 볼 때, 아이들의 걷기 학습이나 서퍼의 서핑 학습은 발달하는 것, 진전하는 것evolve이 아니라 관여하는 것involve으로 보아야 한다. 각각 바다와 땅에 접속하면서 관여한다는 이미지로 볼 때, 되기의 한 블록이 창조되며 그것은 아동이 자라나서 성인이 되어 간다는 것, 잠재적으로 서퍼가 된다는 것, 혹은 서퍼가 아이와 같은 상태로 회귀한다는 것 등과는 관련이 없다. 되기는 사이에서 발생하며, 시작과 끝이 없으며 중간으로부터 들어가게 될 뿐이다.

되기의 최종 단계가 있다. 그것은 아마도 되기의 극한점일 것이다. 그것은 바로 지각 불가능-되기becoming-imperceptible이다. 지각 불가능 되기는 완전한 몰입으로, '되기의 내재적 결말이자 우주적 형식'이다.Deleuze & Guattari, 2004: 308 그것은 모든 것과 접속될 때, 모든 것과의 관계가 지속적으로 바뀌면서 용해될 때 일어난다. 누군가가 되는 것이 아니라 아무도 되지 않을 때, 동시에 모든 것이 되며, 아무것도 되지 않을 때가 바로 지각 불가능 되기이다. 바로 여기가 운동이 발견되는 곳이며, 지각 불가능 지대이다.

그때 우리는 마치 풀과 같다. 즉, 우리는 세계를, 세상 모든 사람들과 만물을 하나의 되기로 만드는 것이다. 왜냐하면 우리는 필연적으로 소통하는 세계를 만들었기 때문이며, 우리가 사물들 사이로 미끄러져 들어가 사물들 한가운데서 자라나지 못하도록 방해하는 모든 것을 우리 자신으로부터 하나도 남김없이 제거했기 때문이다. [······] 운동은 지각 불가능한 것과 본질적인 관계를 맺고 있다. 운동은 본래 지각할 수 없다. 지각은 운동을 운동하는 몸체나 형태의 발전으로만 파악할 수 있다. 다시 말해, 운동과 생성, 빠름과 느림의 순수한 관계와 순수한 감응은 모두 지각의 문턱 아래나 위에 있다.Deleuze & Guattari, 2004: 309

이와 같이, 아동을 성인으로 발달하는 상태로 보게 되면 우리는 우리가 결코 해본 적이 없는 운동을 보는 척하는 것이며, 목표를 향해 나아가고 있는 중간의 정지점만을 보는 것이다. 즉, 운동을 잘못된 장소에서 찾고 있는 것이 된다. 잘못된 장소는 초월성의 평면이고, 조직과 발달의 평면이다. 이 평면은 우리의 지각을 조건화시켜 운동을 지각하지 못하도록 한다. 어떤 것은 지각 가능하게 하고 다른 것은 지각할 수 없게 하며, 이렇게 조건화시키는 원리를 항상 숨긴다. 아이들이 넘어질 때 발생하지 걸을 때 발생하지 않기 때문에 우리는 아이들의 운동을 지각할 수 없게 된다. 우리가 아이를 '걷고 있는 아이'라고 위치 짓기 전에 발생한다. 이것이 바로 다른 평면, 즉, 내재성이 평면에서만 운동을 지각할 수 있는 이유이다. 사실 내재성의 평면에서 '우리는 운동을 지각하지 않을 수 없다'. 이 평면은 구성composition의 원리가 지각되는 동시에 구성한다. 내재성의 평면에서 지각은 땅과 아동, 서퍼와 바다를 분리된 것으로 보지 않으며, 관계적 장에서의 운동의 관점에서 지각한다.

지각은 주체와 대상 사이의 관계에 있는 것이 아니라 이 관계의 한계로서 역할을 하는 운동 속에, 주체와 대상이 서로 연합되는 주기 속에 있게 될 것이다. 이리하여 지각은 제 자신의 한계에 직면한다. 지각은 사물들 사이에, 자신의 고유한 근방의 전체 내에, 어떤 '이것임' 안에 있는 다른 어떤 '이것임'의 현존으로서, 어떤 '이것임'에 의한 다른 어떤 '이것임'의 포착으로서, 어떤 '이것임'에서 다른 어떤 '이것임'으로의 이행으로서 있게 될 것이다. 운동만을 주시하자.Deleuze & Guattari, 2004: 311

'운동만을 주시하자.' 말은 쉬우나 행하기는 힘들다. 개념들이 연결되어 있고 관계되어 있는 평면으로 나타나는 내재성이라는 사유에서 출발하여 엄청난 도약이 있어야 가능하며 이때 내재성은 유아교육기관의 일상이다. 그러나 사유로서의 내재성이 매일의 실재들에 강렬하고 예측 불가능한 집단적 실험의 특징을 가져다줄 수 있다면 그것을 왜 이용하지 않는가? 우리가 중간에 들어가서 실험을 계속할 경우, 어떤 다른 대안이 있을까? 완전히 이해할 수 없고, 이 순간 이미 내재되어 있는 잠재성들을 실험하고자 하는 의지와 그 순간의 신념으로 쌍을 이루는 무엇인가로서 주체성과 학습 앞에서 무엇보다도 우선적으로 필요한 것은 어느 정도의 경계심과 겸손함일 것이다.

가끔은 걸으려는 아이와 서퍼를 평온하게 내버려둘 필요도 있다. 우리는 이들을 길들이려 하고 더 오래 기능하도록 하려고 집요하게 시도한다. 우리는 삶을 길들이려고, 절대로 그렇게 기능하지 않는 방식으로 기능하게 만들며, 그것은 이렇게 기능한다고 말을 뱉는 그것과 똑같이 기능하게 하려 한다. 삶이란 저마다 고유의 적합한 방식으로 지속되고 유지된다. 우리 주변을 둘러싸고 있는, 우리 내부에 있는 모든 것들이 떨어져 나가거나 부서져 나갈 때 가끔 이것을 느끼게 된다. 바로 그때가 삶이 가장 강도 높고 아름다운 순간이며, 진짜 기능하고 있을 때이다. 기계는 부서졌을 때만 기능한다. 질서는 질서에서 벗어나 일시적으로 정체되는 순간만이 유일하게 질서이다. 그것이 바로 운동을 넘어서 운동할 때이다.

역자 후기

2014년 더운 여름날 어느 연구실에서 처음 이 책을 접하고 역자들은 짧은 시간이었지만 꽤나 흥분되어 있었다. 그 출발은 공부에 대한 갈증과 욕망이었고, 들뢰즈를 공부하는 과정으로 여기자는 지극히 개인적인 욕심들이었을 것이다. 들뢰즈와 가타리, 게다가 유아교실에서 이루어진 실천 연구라… 얼마나 매혹적인가? 그것도 북유럽이 사회 전반에서 지속적으로 관심을 받고 있던 그때 스웨덴에서 이루어진 연구라 하니… 그때만 하더라도 이 책의 번역이 이토록 혹독하면서 신중해야 하는 작업이자 역자들을 매 순간 부끄러움으로 내몰아가는, 자신들을 한없이 초라하게 만들어가게 될 것임은 미처 알지 못했던 것이다.

단지 이 책의 배경에 대한 몇 가지 사실만으로도 역자들은 기꺼이 번역에 동참하기로 했다. 결론적으로 번역을 끝낸 지금, 부끄러움과 부족함은 여전하나 들뢰즈와 가타리를 올슨의 글을 통해 만나게 된 경험은 앞으로 역자들의 연구와 실천에서 분명히 많은 변화를 가져오게 될 대단히 중요한 계기가 되었음에는 의심의 여지가 없다. 이토록 역자들을 흥분시켰던 이 책의 배경은 다음과 같다.

이 책은 유아교육의 지배적인 담론에 의문을 제기하며 새로운 관점과 논쟁을 불러일으킬 만한 다양한 글들을 모은 〈유아교육 다시 읽기〉 시리즈 중 하나이다. 유아교육의 다양한 대안적 이야기를 통해 지금의 유아교육에 풍부한 토론을 제공하고자 하는 목적으로 기획되었다. 특히나 이 책 『Movement and Experimentation in Young Children's Learning: Deleuze and Guattari in Early Childhood Education』의 저자인 리세롯 마리엣 올슨(현재 스웨덴 스톡홀름 대학교 과학교육/유아교육학부 교수)은 서문에서 이 책에 대해 이미 결정된 기준에 따라 예측, 감독, 평가되어 지나치게 유아와 학습이 통제되어 있다는 것에 이의를 제기하며 들뢰즈와 가타리의 이론적 자원을 토대로 유아학교에서 얻은 실천적 사례들을 해석함을 목적으로 한다고 했다. 이를 토대로 기존의 지배적인 사고방식에 새로운 변화의 가능성을 열어두고자 했다.

글 전체에서 올슨은 유아에 대한 이미지, 유아와 교사의 주체성과 학습을 들뢰즈와 가타리 개념 중 미시정치학micro-politics과 분할성 segmentarity, 초험적 경험론transcendental empiricism, 사건event, 욕망의 배치assemblages of desire라는 개념을 선별해 설명하고 있다. 글 전체에서 이 개념들을 바탕으로 유아 학습에서 운동과 실험에 대한 이론을 실제 협력적 관계(교사, 유아, 연구자 등)로 진행된 실천 연구를 통해 구축했다.

1부는 연구의 문제 제기로 1장에서는 실천적 자원(스톡홀름 유아학교, 학습에서의 주체성, 관계적 장과 프로젝트)에 대해 기술했고, 2장에서는 이론적 자원으로 들뢰즈와 가타리의 철학과 이들에 관한 다양한 연구들을 소개했다. 3장에서는 본 연구를 정치학과 윤리학의 특성과 관련지어 설명했다. 2부는 연구의 방법론으로 4장에서는 프로젝트가 진행된 유아학교에서의 강렬한 경험과 들뢰즈와 가타리의 초험적 경험론에 대해 기술했으며, 5장에서는 언어, 의미, 사건, 교육적 기록 및 연구의 윤리적 이슈 등을 기술했다. 3부는 연구의 결과 분석과 결론으로 6장은 만 2세 교실에서의 프로젝트를 소개했고 7장에서는 연구를 요약하면서 최종 결론을 기술했다.

대단히 매력적이고 도전적인 이 책의 번역 작업은 그러나 몇 가지 어려움과 아쉬움을 가지고 있다. 우선 들뢰즈 철학의 독특성이다. 초월론과 경험론의 이분법을 해체하고 둘 간의 만남 혹은 또 다른 영역의 접속을 통한 변화된 산물과 초험적 경험론이라는 들뢰즈 인식론의 독특함과 모호함으로 번역 과정은 들뢰즈의 개념을 확인하고 다시 확인하는 작업의 연속이었다(물론 이 불확실함은 번역이 거의 끝나가는 지금도 여전히 그러하다). 둘째는 저자의 글쓰기 양식의 낯섦이다. 글쓰기부터 장과 장을 구성하는 스타일의 낯섦이었다. 흔히 연구의 필요성 및 목적, 문헌 고찰, 연구 방법, 연구 결과, 결론으로 이어지는 우리나라 논문 쓰기의 양식과 다름에서 오는 혼란이 있었다. 마지막으로 아직은 유아교육에서 들뢰즈의 개념이 생소하다는 점이다. 이는 역시나 번역자들에게도 상당히 힘든 점이었다. 들뢰즈의 생소한 개념을 철학, 예술, 인문학, 언어학, 교육학 저서들을 구해 읽으면서 확인해갔으나, 용어에 대한 정의가 모호하고 통일되지 않은 부분이 있었다. 그러나 이 또한 들뢰즈의 글을 통해 위안을 얻고자 한다.

세상의 모든 것은 마주침이다. 그 무엇도 재인이 될 수 없으며 그런 의미에서 정답은 없다. 따라서 우리의 역서도 순간의 마주침으로 그 의미를 갖고자 한다. 읽는 독자들에게 글 한 줄 한 줄이 정답이 아닌 하나의 가능성으로 읽히기를 바랄 뿐이다. 또한 들뢰즈에게 실천은 바로 실험이었다. 실험은 실패의 위험을 늘 안고 있다. 예측 불가능하나 강렬한 실험은 불확실성과 모호함으로 가득 차 있다. 따라서 이 책을 출판하는 번역자들의 예측 불가능하고 불확실한 이 실험이 독자들에게 실패의 위험을 당연히 수반하는 강렬한 시도로 읽히기를 바란다(이 작업이 스스로 성공적이라 여기지 않는 데 대한 핑계일 수도 있겠다). 마지막으로 들뢰즈에게 이론은 또 하나의 실제이다. 이론과 실제는 무엇도 상위에 있을 수 없다. 따라서 이 글이 한국 상황에 적용되어야 하는 이론이 아니라 다양한 이론의 창출이자 하나의 실제와 실제 간의 만남의 과정이 되길 진정으로 바란다.

마지막으로 힘든 번역 작업을 해나가면서 서로를 더 잘 이해하게 되는 소중한 경험이 되었음에 번역자 서로에게 따뜻한 수고의 한마디를 전하고 싶다. 그럼에도 불구하고 상당히 어설프고 거친 번역서를 세상에 내놓게 되는 부족함에 대한 용서를 독자들에게 구하니 너그러이 읽어주시기를….

2017년 2월

연구참여 동의서

학부모님께

　저의 이름은 리세롯 올슨Liselott Olsson입니다. 스톡홀름 사범대학에서 유아의 학습에 관한 주제로 박사논문을 준비하고 있는 박사과정 학생입니다. 최근 몇 년간 현장에 계시는 유아교사를 대상으로 대학에서 강의를 담당해왔습니다. 대학원 코스 중에 선생님들이 학급에서 가져왔던 교육적인 기록화 자료들을 함께 살펴보면서, 유아들의 학습과정과 그들이 지니고 있는 지식을 구성하는 능력에 관심을 가지게 되었습니다.

　유아교사를 대상으로 강의를 하고 연구를 진행하면서 제가 초점을 맞춘 것은 교사들이 학습과정을 사진이나 관찰 자료들로 기록하면서 유아들의 관심과 그들의 학습 전략에 귀 기울이려고 진정으로 노력할 때, 그때 어떠한 일이 발생하는지에 관한 것입니다. 본 연구의 목적은 집단적 실험을 통해 아이들과 교사가 가지고 있는 학습에 대한 욕망을 탐구하는 데 있습니다.

　제가 담당하는 대학원 수업에 학부모님 자녀의 담임선생님들이 참여하고 있습니다. 선생님들이 만든 기록화 자료들은 매우 흥미롭고 의미 있는 것이므로 제 박사논문에 이러한 자료들을 사용하고 싶습니다. 가능하다면 스톡홀름 사범대학 강의에서 그리고 학회지에 논문을 투고할 때도 사용하고 싶고, 스웨덴이나 다른 국제학회에 논문을 발표할 때에도 사용하고 싶습니다.

제가 부모님께 이 편지를 쓰는 이유는 자녀의 교실에서 이루어지는 'OHP', '심장박동' 프로젝트의 관찰 기록과 사진들을 사용해도 되는지 허가를 얻기 위해서입니다. 앞서 기술한 자료들을 제가 연구에 사용하는 것에 대한 동의 여부를 아래에 기록해주시기 바랍니다.

이 연구는 스웨덴 연구윤리위원회에서 제시한 인문학과 사회과학 분야의 연구윤리 원칙을 준수합니다. 질문이 있거나 궁금한 점이 있으면 언제든지 저에게 연락해주십시오.

■ 내 아이가 참여하는 'OHP', '심장박동' 프로젝트의 기록 자료를 위에 기술된 목적으로 사용하는 것에 동의합니다. (   )

■ 내 아이가 참여하는 'OHP', '심장박동' 프로젝트의 기록 자료를 위에 기술된 목적으로 사용하는 것에 동의하지 않습니다. (   )

서명 ＿＿＿＿＿＿＿＿

연구참여 동의서

선생님께

저의 이름은 리세롯 올슨Liselott Olsson입니다. 스톡홀름 사범대
학에서 유아의 학습에 관한 주제로 박사논문을 준비하고 있는 박
사과정 학생입니다. 제 연구의 초점은 교사들이 학습과정을 사진
이나 관찰 자료들로 기록하면서 유아들의 관심과 그들의 학습 전
략에 귀 기울이려고 진정으로 노력할 때, 그때 어떠한 일이 발생
하는지에 관한 것입니다. 본 연구의 목적은 집단적 실험을 통해
아이들과 교사가 가지고 있는 학습에 대한 욕망을 탐구하는 데
있습니다.

선생님들의 프로젝트 과정에서 만들어지는 자료들은 흥미롭고
상당히 의미 있는 것들입니다. 제 박사논문에 이러한 자료들을
연구 자료로 이용하고 싶습니다. 가능하다면 스톡홀름 사범대학
에서 강의를 할 때도 사용하고 싶고, 학회지에 논문을 투고할 때
도 사용하고 싶고, 스웨덴이나 다른 국제 학회에서 논문을 발표
할 때에도 사용하고 싶습니다.

제가 선생님께 이 편지를 드리는 이유는 선생님의 학급에서 이루어지는 'OHP', '심장박동' 프로젝트의 기록화 자료들과 관찰 자료 혹은 사진들의 사용 허가를 얻기 위해서입니다. 앞서 기술한 자료들을 제가 연구에 사용하는 것에 대한 동의 여부를 아래에 기록해주시기 바랍니다.

이 연구는 스웨덴 연구윤리위원회에서 제시한 인문학과 사회과학 분야의 연구윤리 원칙을 준수합니다. 질문이 있거나 궁금한 점이 있으면 언제든지 저에게 연락해주십시오.

- 'OHP', '심장박동' 프로젝트의 기록 자료를 위에 기술된 목적으로 사용하는 것에 동의합니다. (   )

- 'OHP', '심장박동' 프로젝트의 기록 자료를 위에 기술된 목적으로 사용하는 것에 동의하지 않습니다. (   )

서명 _____

프롤로그 | 문제에 들어가기

1. 프롤로그는 본 저서를 통해 구성해나가고자 하는 방향, 즉 유아교육 실제와 연구에서 운동과 실험을 어떻게 다룰 것인가에 초점을 두고 그 문제에 접근하고 있다. 이 책은 스웨덴의 스톡홀름 시와 그 주변에 위치한 유아학교로부터 얻은 다양한 실천적 사례들과 프랑스 철학자인 들뢰즈와 가타리의 이론들을 바탕으로 쓰였다. 프롤로그에서는 참고 문헌이나 인용 없이 학문적으로 자유롭게 글을 써 내려갔다. 프롤로그는 연구가 끝났을 때쯤 기술되었고 주관성과 유아의 학습에서 운동과 실험에 초점을 두고 진술하려고 노력했으며, 바라건대 이 두 부분에 집중하는 분위기가 형성되었기를 희망한다.

2. 프롤로그에서 아동과 서퍼를 표현함에 있어 은유적이고 비유적인 표현들이 다소 많아 읽기 어려울 수도 있음을 지적해준 엘리자베스Elisabeth에게 감사의 뜻을 전한다.

3. 스웨덴 스톡홀름 시의 로열 공과대학Royal College of Technology의 박사과정 학생이자 예술가인 상드Sand는 전진 이동이 아닌 리듬의 관점에서 걷기를 탐구했다. 상드는 시인이자 작사가인 안데르손Anderson이 쓴 아래의 구절을 통해 걷기를 넘어지고 일어서는 행동의 리듬으로 이해할 수 있는지를 보여준다.

> 너는 걷고 있지. 걷는다는 것을 알아차리지는 못하지만,
> 항상 넘어지지만
> 한 걸음씩 넘어지며 앞으로 나아가지.
> 그러고는 다시 일어나.
> 그렇게 넘어지고 또 넘어지고
> 그리고 다시 일어나고
> 걷는 것과 넘어지는 것은 이렇게 함께인 거야.Anderson, 1982

상드2008는 자신의 박사논문에서 몸, 공간, 시간과 지식 생산과의 관계를 다양한 방식으로 연구하면서 고정된 공간의 개념이 아닌 리듬으로서 관계들 간의 사이in between에 주목했다. 그녀는 걷기의 기능적인 측면뿐 아니라 진행과정progress의 의미에 대해서도 의문을 가졌다. 그녀는 앞으로 나아가고 위로 성장한다는 개념을 기반으로 하는 발달과 지식 생산에 대한 전반적인 생각에 도전하기 위해 그 출발점으로 걷기의 운동을 탐구했다.

그녀는 페넬로페와 오디세우스의 이야기를 언급하면서, 지금까지 우리가 신체운동을 어떻게 하여 성장과 생산의 관점에서만 보게 되었는지를 보여주었다. 오디세우스는 바다 여덟 곳을 여행하면서 영웅적인 일을 많이 한 영웅이다. 페넬로페는 오디세우스가 돌아오기를 기다리면서 늘 앉아 있다. 시간이 지나면서 사람들은 그가 돌아오지 않을 것이라고 점점 더 확신하게 되었다. 주변의 구혼자들은 페넬로페를 꼬드기기 시작했고 새로운 남편감으로 자신을 선택해달라고 구원하기 시작했다. 페넬로페는 그때부터 직물을 짜기 시작했고 주변의 구혼자들에게 직물 짜기가 완성되면 한 사람을 선택해 남편으로 맞이하겠다고 약속했다. 페넬로페는 많은 구혼자 중 어느 누구와도 결혼하기를 원하지 않았기 때문에 밤 시간 동안은 직물을 짜지 않았다. 낮 시간 동안에는 직물을 짜고 밤에는 멈추었다. 얼핏 보기에, 이러한 행동은 어떠한 것도 성취하지 않으려는 행동처럼 보인다. 좀처럼 진도는 나가지 않고 생산되는 것은 아무것도 없으며, 계속 기다리는 것처럼 보인다. 그러나 상드는 페넬로페가 그녀 자신을 위한 공간과 시간을 생산해내는 리듬을 만들어가고 있다고 해석했다. 그녀는 어떠한 영웅적인 일도 하지 않았고 진도가 나가는 것도 아니었으나, 계속해서 생산하고 있었던 것이다.

상드는 발달과 성장에 대한 지금까지의 아이디어에 대해 도전하고자 다음의 예를 들었다. 스웨덴의 서부 해안에 있는 예테보리 지역의 다리 위에 상드는 40미터 높이의 그네를 설치하고 밤낮으로 댄서에게 그네를 타도록 했다. 그네를 처음 타면, 그 순간 그네는 가장 높은 위치까지 올라갔다가 다시 내려오는데, 바로 아주 짧은 그 순간 무게는 0이다. 상드는 그네 타기를 리듬으로 읽으며 운동을 걷기와 파도타기에서의 리듬과 매우 유사한 것으로 보고 있다. 그네 타기는 어느 방향으로도 우리를 이끌지 않으며, 앞으로 나아가지도 않고, 어떤 것도 생산해내지 않는다. 그러나 그네를 타본 사람은 누구나 기억하는 그네를 타면서 느끼는 그 이상하고 엄청난 기분은 어디로부터 오는가? 상드는 이때의 기분을 해방의 순간으로 읽어내며, 우리를 지구로부터 끌어당기는 중력에서 벗어나는 순간으로 보고 있다. 상드가 해석하기를, 이때의 중력은 문화이자 정체성에 대한 지배적인 생각으로 번역될 수 있다는 것이다. 즉, 우리의 삶은 중력, 문화, 정체성에 대한 한정되고 특수화된 개념 등에 의해서 사로잡혀 있는 순간들로 구성된다. 또한 우리의 삶은 중력, 문화, 그리고 이미 결정된 수많은 정체성들로부터 떨어져 나가 있는 많은 순간들로 구성되기도 한다. 우리가 보통 생각할 때 중력이나 문화로부터 떨어져 나가 있는 순간들은 발달과 성장과는 전혀 관련이 없는 것처럼 보인다. 그러한 순간들은 잊힌 공간들이지만, 다시 활성화되기 위해 완전하게 열려 있다.Sand, 2008

4. 1992년부터 2001년까지 나는 트랑선드 지역에서 유아학교 교사와 주임교사로 근무했었다. 2002년에서 2007년까지 스톡홀름 사범대학에서 박사학위를 받았고, 스톡홀름 대학에서 교사 재교육을 담당하며 교사들을 가르치는 일을 해왔다. 이 책에서 언급한 과정들에는 여러 지역 자치단체들이 참여했고 함께 협력했다.

5. 해체 작업의 결과를 보면서 상상했던 그 이상으로 우리는 이미 발달심리학이 복잡한 분야임을 알고 있었다. 발달심리학이 그 자체로 복잡하고 다양한 학문임을 아는 것은 중요하다. 발달심리학을 동질적인 담론으로 쉽게 환원해버리지는 않아야 한다. 그러나 유아학교에서 이러한 발달심리학적 이론들을 어떻게 선택하고 사용하고 또 변형시키고 있는지에 관해서는 관심을 가져야 한다.

1장 실천 사례:
스톡홀름의 유아학교에서 만난 주체성과 학습

1. 스톡홀름 교육대학과 스톡홀름 대학에는 2008년 1월 1일부터 다녔다.

2. 예를 들어, 푸코의 주체화subjectification의 역사에 관한 저서들은 유아교육기관의 모든 일상과 관련이 있었다. 이런 면에서 연구자들과 교사들은 그들의 실험에 포함된 몇몇 담론 체제들을 확인할 수 있었다. 또한 다른 방면에서 이러한 실제 practices들을 다시 발명할 수 있었다.

3. 이 개념은 레지오 에밀리아의 유치원들과 '관계 장으로서의 학습learning as a relational place'에 대한 그들의 생각에 영감으로 부터 얻은 것이다.Giudici, Rinaldi, Krechevsky, 2001

2장 이론적 배경: 들뢰즈와 가타리의 관계와 창조, 실험적 경험론

1. '새로운' 것은 몇 가지를 주의하면서 다루어져야 한다고 말하는 것은 이미 이 단계에서 중요할지도 모른다. '새로운' 것은 명백한 신선함으로 우리를 매료시키는 위험을 무릅쓰지만 들뢰즈와 가타리의 많은 작업을 통해 우리가 '새로운' 것이라고 여기는 것에 대항하는 기술적인 혁신, 정보 사회, 새로운 의약품 등의 의사소통의 새로운 형태 개발 등의 의심스러움에 대해 말하기 시작했다. 모든 '새로운' 혁신들이 반드시 새롭지는 않다. 그것들은 종종 '유사한 것'으로 판명되기도 한다. '새로운 것'은 아마도 '나타나는 것', 즉 인식 불가능하고 재현하지 못하는 것들이 발생할 수 있는 통제변수나 결과 없이 실험하거나 행동할 때 훨씬 더 잘 이해될 수 있다.

2. 이것은 들뢰즈와 가타리가 어디로든 수출되거나 수입될 때 매우 쉽게 잊히는 무엇이다. 그들은 추상적이고 신비주의의 사상가가 되었다. 그러나 들뢰즈와 가타리는 그들의 철학을 그려나갈 때 실재적이고 구체적인 사건들을 반복적으로 언급한다. 그것은 그들의 철학을 구성하는 사례들과 함께 사고에 직면함으로써 가능하다. 들뢰즈와 가타리가 참여한 파리의 많은 정치적 프로젝트에 적극적이었던 모제르와 일하면서, 더 많이 강화되었고 진정한 경험주의자 프로젝트로 이 철학의 개념으로 이어졌다. 그러나 특히 들뢰즈와 가타리에게서 영감을 받은 연구들이 꾸준히 증가하고 광범위하게 논의되고 있기 때문에 글들과 개념들을 진지하게 연구하는 것이 매우 중요하다. 이러한 이유로 이 책은 주로 들뢰즈와 가타리의 고유의 글들에 기반을 둔다.

3. 이것은 물론 들뢰즈와 가타리의 철학을 사용하는 유일한 방법이 아니다. 스핀들러Spindler(2007년 10월 17일, 스톡홀름 교육대학의 들뢰즈 세미나)에 따르면, 들뢰즈와 가타리를 다루는 최소 두 가지의 일반적 방법들이 있다. 다른 분야나 실제와 접속하기 위해 그들의 연구 일부를 사용하면서 화용론적으로 묘사하거나, 철학사와 관련시켜 그들의 연구를 설명하는 좀 더 철학적인 방식이 있다.

4. 한 철학자나 이론의 특이한 개념을 사용하는 것은 특히 현명한 방법은 아니다. 성급한 태도로 일부를 간과하거나 오용할 수 있는 가능성을 갖고 있게 된다. 그러나 이 철학자들의 어떤 연구에 들어가든 (당연히 가장 적절한 방법이 되겠지만) 최소한 두 번째의 책을 내는 만큼의 시간과 노력을 요구할 것이다.

5. 에필로그에서 시작 부분은 운동과 실험의 관계에 대한 시공간의 개념을 연구하는 새로운 프로젝트로 이어진다. 또한 에필로그를 보면, 문제를 구성할 때 프로젝트 과정의 끝에서도 명확하고 완벽한 해결책이 없는 스스로를 발견하게 됨이 점점 명확해진다. 오히려, 당신은 다른 수단들을 통해 문제의 새로운 재공식화를 연구할 필요를 느끼게 된다. 여기서도 또한 유사한 일이 일어났다. 이 책이 기반을 둔 연구는 선택된 개념을 통해 운동과 실험의 문제를 구성하면서 시작되었고, 시간과 공간에 대한 개념들을 더 자세하게 볼 필요성을 느끼면서 끝이 났다.

6. 들뢰즈와 가타리의 몇몇 글들은 불어와 영어로 옮겨졌는데, 특히 『의미의 논리』Logique du sens, 1969/The Logic of Sense, 2004b는 매우 난해하나 본 연구에서 매우 중요한 책이다. 사건event의 개념을 사용할 수 있으려면 이 책의 불어판과 영어판을 모두 읽어야 했다. 불어판과 영어판을 모두 참고했고 이 연구에서 들뢰즈와 가타리의 저서들을 광범위하게 사용했기 때문에, 참고 문헌에서 그들 작품의 원본 또한 인정하는 것이 타당했다. 그러나 독자들을 혼란시키지 않기 위해, 몇 가지 예외를 제외하고 연구 내내 모든 참조와 인용들은 영어로 번역되었다. 36페이지에서 들뢰즈의 가장 초반에 출판된 작품을 기술할 때 기존 저서에 대한 다섯 가지 참고 도서들이 있다. 그것은 들뢰즈의 학위 논문 『차이와 반복』,Difference et Repetition, 1994a 흄,1953 니체,1962 베르그송1966 그리고 스피노자1968b에 대한 그의 저서와 연관이 있다. 참고 문헌에는 원저의 불어판과 영어판을 모두 기술했다. 또한 번역서가 없어 이용 불가능한 경우도 두 가지 있다. Le Magazine Litteraire에 실린 들뢰즈의 기사1994b와 가타리의 책 『안티 오이디푸스에 대하여Ecrits pour L'Anti Oedipe』2004와 연관이 있다.

7. 주라비쉬빌리2003와 소바냐르그Sauvagnargues2005는 들뢰즈의 사유에 초점을 맞추어 글을 썼고, 들뢰즈와 가타리 사이에 가까운 관계를 주장했다.

8. 들뢰즈와 가타리의 철학이 어떻게 교육의 현장에 쓰여왔는가에 관심을 갖고 있는 누구나 사용할 수 있는 몇 가지 흥미로운 사례들이 있다. 예를 들어, 카우스투브 로이Kaustuv Roy2003, 2005는 한 혁신 도시 학교에서 실천과 함께 실험에 들뢰즈의 철학이 사용된 교육과정 이론 안에서 가치 있는 현장 연구를 했다. 재현과 재인으로의 교육과정은 '유목적 공간'의 창조로 인해 여기서 도전을 받고 있었고, 교사들, 교사교육자들과 학생들은 이 개념을 통해 새롭게 생각하고, 말하고, 행동하고 표현할 수 있었다. 이나 세메츠키Inna Semetsky2003, 2004a, 2004b는 들뢰즈의 개념을 적용하여 교실 실제와 관련된 다양한 연구를 했다. 그녀는 들뢰즈와 듀이Dewey를 흥미로

운 방식으로 접속하게 하기도 했다.

9. 연구팀 CERFI(Centre d'etude, de recherche et de formation instituionnelles)는 300명 이상의 정신과 의사, 심리학자, 교사, 도시 계획 설계자, 건축가, 경제학자, 영화 제작자, 학자들과 그 외의 사람들이 참여하는 제도적 연구 집단으로 FGERI(Federation des groupes d'etudes et de recherches institutionnelles)으로부터 생겨났다. CERFI는 가타리가 1966년에 설립한 'Recherches 저널'을 출판했다.

10. 개념에 대한 상세한 참조는 각각의 장마다 제시될 것이다.

3장 유아교육의 미시정치학과 분할성

1. 이것과 관련해 페미니스트 학자들을 위한 흥미로운 시작이 있을 수 있다. 예를 들어, 엘리자베스 그로스Elisabeth Grosz[1995]는 현대 페미니스트의 연구 관점에 들뢰즈와 가타리의 철학을 고려하는 것이 도전적인 과제가 될 것이라고 주장한다. 그녀는 페미니스트 비평과 저항 실제practices들은 갇혀 있는 곳에서 벗어나 주체에 대해서 이야기하고, 이미 확고하게 정해진 남성-여성의 이원론을 벗어나는 새로운 방식이 필요하다고 했다. 그녀는 페미니스트 비평과 저항 실제들이 들뢰즈와 가타리의 철학에 나타난 시간과 공간에 대한 다른 생각들에 의지하는 데에는 어려움이 있을 것이라고 주장했다. 노르웨이 베르겐에서 열린 세미나에서[2007. 5] 그로스는 들뢰즈와 가타리의 주장이 니체, 베르그송 그리고 스피노자를 기반으로 어떻게 성적 차이가 만들어졌는지에 대해 다른 관점을 제안했다고 말했다. 대조, 모순, 부정 혹은 유사analogy를 통한 차이가 아닌 내적인 차이로서. 페미니스트들에게는 매우 중요한 여성성female sex의 지위에 의문을 가짐에 따라, 다음과 같은 방법이 답이 될 수 있다. "'나'는 나의 다음 경험이 가능하게 하는 성the sex이 될 것이다"[그로스의 노르웨이 베르겐 강연[2007. 5]에서 인용].

2. 또한 하트와 네그리의 『제국Empire』[2002]을 보면 그들은 근대성에 대한 비판을 통해 포스트모던과 포스트식민주의 이론이 근대성의 오직 한 부분-초월성 논리 logic of transcendence 다루기에만 초점을 둔다고 주장했다. 그들은 근대성의 다른 부분, 즉 매우 혁명적인 내재성에 대한 논리를 설명하지 않는다. 하트와 네그리에 따르면, 내재성의 논리를 통해 현대 통치를 설명할 때 이 이론들은 효과적으로 기능하

지 못한다. 왜냐하면 저항의 운동을 근대성의 한 양식의 그늘로 여기기 때문이다. 그것의 초월성 논리이고 질서의 감시이다. 오늘날 사회가 더 이상 이 초월적 질서를 통해 작동하지 않고 통치되지 않는다면, 근대성의 매우 혁명적인 방식, 즉 욕망의 조율과 창조의 내재적 논리를 깨우고 전용해왔다면, 그들은 이 비평이 얼마나 효과적이었을까 하고 생각했다. 하트와 네그리에 따르면, 심지어 이 이론들이 통치의 초월적 힘을 유지하고 강화하는 위험을 갖고 있을 수 있다.

> 우리는 포스트모더니스트와 포스트식민주의자들이 비평의 현대 대상을 적절하게 인지하는 것에 실패했기 때문에, 즉 오늘날의 실제 적을 오해하고 있기 때문에 결국 막다른 길로 끝날지도 모른다는 것을 우려한다. 만약 이러한 비평가들(그리고 우리 자신)이 설명하고 주장하기 위해 그렇게 애쓴 현대적 형태의 권력이 더 이상 우리 사회에서 패권을 쥐지 못한다면? 만약 이러한 이론들이 지배의 지난 형태의 잔여들에 매우 열심히 대항하여 현재 그들에게 다가오는 새로운 형태를 인지하지 못한다면? 비평의 의도된 대상인 지배력이 어떤 포스트모더니스트의 도전 과제든지 무력화시키려는 방식으로 변이되어왔다면? 다시 말해, 권력의 새로운 전형, 즉 포스트모던 통치가 이러한 이론가들이 기념하는 근대 전형과 규칙을 혼합적이고 단편적인 주체성의 차별적인 위계를 통해 대체하게 된다면? 이 경우, 통치의 근대적 형태는 더 이상 쟁점이 되지 않을 것이며 포스트모더니스트와 포스트식민주의의 평형적으로 보이는 전략들은 어려움을 겪는 것이 아니라 사실 통치의 새로운 전략들과 일치하며 자신도 모르게 그것들을 강화시킬 것이다.|Hardt & Negri, 2002: 137-138

포스트모던과 포스트식민주의 시대에 떠오른 이슈들에 대한 관계뿐만 아니라 현대 경제학과 정치학의 특징들과 관련해, 본 연구는 유아교육 분야에 이러한 특징들을 접속시킨 것보다 더 깊이 있는 연구를 할 수 있는 대단한 잠재성을 갖고 있다. 이러한 프로젝트에 관심이 있다면 네그리의 『혁명을 위한 시간Time for Revolution』2003과 하트와 네그리의 『제국Empire』2002에서 흥미로운 자원들을 참고할 수 있다.

3. 사건에 대해 더 읽고 싶고, 지속적인 의미 생산이 하나의 문제를 둘러싼 전체 문화와 학습, 문제에 어떻게 접속하는지를 알고 싶고, 어떻게 사건을 처음부터 결정되어 있고 제공되는 해결책, 지식, 방법보다 더 중요한 것으로 여기게 되었는지가 궁금하다면 5장을 참고하라. 이 경우에 사건은 '좋은 실제'에 대한 총체적 사고로 향하는 완전히 다른 접근이자, '좋은 실제'를 의식적이고 합리적인 작업으로 보는 사

고와도 완전히 다른 접근이다.

4. 본 연구의 외부의 어떤 것에 접근 가능한 것이다. 즉 '지속 가능한 발전'의 개발적 운동에 접근할 수 있다. 삶에 대해 심미적으로 접근하는 것을 통해 마음의 문제, 사회와 환경을 동시에 이슈화할 필요성에 대해 생각하는 가타리의 사고방식은 운동 내에서 행해지는 노력을 불러일으키는 흥미로운 관점인 듯하다. 이 프로젝트에 관심이 있다면 『카오스모시스: 윤리-심미적 패러다임Chaosmosis: An Ethico-Aesthetic Paradigm』[1995]에서 아마도 흥미로운 자원들을 얻을 수 있을 것이다.

4장 페다고지 실천학과 초험적 경험론

1. 모니카 빈터렉Monica Vinterek[Journal of Research in Teacher Education, 2004: 3-4]의 교수행위라는 새로운 학문 분야의 출발점과 발전과정을 간략히 소개했다.

2. 들뢰즈와 가타리도 급진적 경험론이라 말했다.[Deleuze & Guattari, 1994: 47]

3. 초월성과 초월론자 그리고 내재성과 내재적 사상가로 분류하여 기술했다. 그러나 내재성과 초월성에 딱 맞는 설명은 아니다. 이분법적 설명이 다소 유리하기 때문에 선택한 방법이다. 들뢰즈와 가타리는 내재성과 초월성은 각각 존재할 수 없다고 했다. 미시와 미시정치학의 개념도 서로 연관 지어 설명하고 있다. 이전 책에서 초월성과 내재성을 다룬 적이 있으며 집학적, 강도 높은, 예측할 수 없는 실험을 이야기했고 초월성에 대해서는 낮게 평가하는 것 같다.

4. 욕망은 무의식적 생산물로 그리고 감응은 몸과 관련해 설명함으로써 새로운 사고에 대한 모형을 제시하고 있으며 6장에서 자세히 볼 수 있다(사고의 무의식과 몸).

5. 내재성의 평면은 매우 복잡한 개념으로 어떤 과학적 방법으로도 설명하기가 매우 어렵다. 사고가 발생하는 어떤 경계에 대한 것으로 보인다. 내재성의 평면은 운동성을 가지고 있기도 하다. 복잡한 개념으로 4장에서는 자세히 설명하지 않았다. 선험론적 경험론과 관련지어 의식과 경험에 관한 설명에서 기술했다.

6. 들뢰즈와 가타리의 철학과 현상학에 관한 차이를 잠깐 언급하나, 주목적이 아니다. 이 책은 들뢰즈와 가타리가 철학과 역사에서 어떤 입장에 있는지를 설명하는 것이 아니기 때문이다. 유아교육에서 이들의 이론을 설명하려는 것이다. 들뢰즈와 가타리에 따르면1994: 44-47 현상학은 대상과 주체를 분리하여 설명할 수 없다고 했다. 그렇기보다는 현상학은 주체의 살아 있는 경험에서 초월성에 관한 것이다. 들뢰즈와 가타리는 내재성에 대한 설명으로 이를 보충하고 있다. 고정된 것은 아무것도 없다. 끊임없이 변해갈 뿐이다. 지속적인 생산으로 세상과 주체를 본다면 대상과 주체 간의 이분법적 분리는 불가능하다.

『철학은 무엇인가?』1994: 44-47에서 들뢰즈와 가타리는 철학의 역사 속에서 초월성에 관한 세 가지 전략을 세웠다. 첫째, 플라톤, 둘째, 데카르트, 셋째, 살아 있는 경험에 대한 현상학 연구들의 설명을 가지고 주체의 문제를 설명하고 있다. 그러나 여전히 현상학은 본질과 의식적 주체, 초월성의 담론을 포기하지 않는다. 이 장에서는 초험적 경험론에 대해 설명하는 것이다. 이론과 실제 간의 관계를 설명할 때 초험적 경험론이 도움이 되기 때문이다.

7. 들뢰즈/가타리와 다른 프랑스 철학자, 데리다 등의 이론들을 가져오는 것이 가능할 것이다. 그러나 이들을 비교하고 설명하는 것이 목적은 아니다. 우선 들뢰즈와 가타리 그리고 데리다는 프랑스 철학자로 그들은 이미 복잡한 관련성을 가지고 있다. 그리고 이 책은 유아교육에 들뢰즈와 가타리의 연구를 적용하여 설명해보는 것이다. 들뢰즈와 가타리 그리고 데리다의 개념들을 비교 설명하는 것은 추후 작업으로 넘기겠다.

패튼Patton과 프로테비Protevi2003와 스미스Smith1999도 프랑스 철학자이다. 데리다를 포함해 내재성을 설명한 학자들은 후설과 칸트, 들뢰즈와 가타리는 니체와 스피노자 등의 이론을 설명했다. 스미스는 이 둘을 비교했는데 초월성/내재성에 대해 데리다와 들뢰즈는 서로 생각이 달랐다. 그는 이 둘의 사상에 대해서 논했다.

8. 이후 6장을 보라.

9. 나는 동료인 안 아베르크Ann Aberg, 유아학교 교사와 공동연구자와 함께 이 강좌를 시작했다.

10. 들뢰즈와 푸코의 관계에 대해서는 명확히 드러난 것이 없다. 이 둘의 관계에 대한 시도도 없었다. 푸코의 책과 들뢰즈가 쓴 푸코의 책 등을 통해 둘 간의 우정

을 확인할 수 있을 뿐이다. 들뢰즈와 푸코는 소통을 한 것이 분명하다. 그러나 서로 생각을 나눴지만 다른 방식을 택하고 있었다. 1977년 출판된 들뢰즈가 푸코에게 쓴 편지와 이후 푸코의 글(1976) 그리고 푸코의 책 등에서 서로는 완전히 이해함을 알 수 있다. 들뢰즈는 매우 지지적이고 친밀한 태도로 푸코에게 편지를 썼다. 푸코의 권력의 개념과 들뢰즈의 욕망의 개념에서 차이를 발견할 수 있다.

들뢰즈에게 권력은 삶의 부분이다. 다양한 방식으로 영향을 받고 권력에 의해 규제되기도 하며 지식과 관련되어 우리를 지배하는 담론이 된다. 그러나 들뢰즈는 욕망, 특히나 배치된 욕망 없이 권력을 가질 수는 없다고 했다. 그것은 단지 구성 요소 중의 하나일 뿐이다. 권력은 욕망의 결과의 한 요소일 뿐이다.

물론 배치는 권력의 요소를 가지고 있다(여기서는 봉건적 의미의 권력). 그렇다고 하여 이를 배치의 다른 요소들로 둘 필요는 없다. 첫 번째 축에서 욕망의 배치는 일어나고 다른 상태와 구분되며(이는 푸코가 말한 형성과 다양성과 유사한) 명확해진다. 다른 축에서는 영토, 재영토화, 탈영토화 등이 발생하는데 이는 배치를 따르게 된다. [……] 권력의 성질은 늘 진취적이라는 것인데 따라서 재영토화될 가능성이 높다. 권력의 성질은 배치의 한 요소라 할 수 있다. 또한 배치는 탈영토화를 포함한다. 간략히 말해 권력 자체가 배치된다기보다는 욕망이 배치되는 과정 속에서 권력이 하나의 장으로 작동하는 것이다.Deleuze, 1994b: 60-61. 번역본에서

욕망의 배치를 정의하면서 운동과 탈(재)영토화를 설명했다. 권력은 재영토화 운동에 작동한다고 할 수 있다. 이에 대해 들뢰즈의 관심은 배치가 늘 재영토화하는 운동과 관련된다는 점이었다. 우리가 사는 세계에서는 항상 그 체계에서부터 도망가고 싶은 혹은 어떠한 틈이 생기기 마련이다. 들뢰즈가 사회를 정의함에 있어 권력 또는 안정적인 구조 등이 첫 번째 관심은 아니었다. 그에게는 이러한 구조가 늘 새어 나가거나 혹은 탈출하고 싶은 그것이라는 사실이 중요했다.

나에게 있어: 사회란, 그 자체로 계약되어 있는 그것이라기보다는 새어 나감 혹은 탈출하는 그 자체에 더 많은 초점이 있다. 모든 곳에는 틈이 있고 탈주선이 있기 마련이다. [……] 저항은 나에게 있어 중요한 문제가 아니다. 탈주선은 기본적으로 불굴의 투지와 같은 것이다. 욕망은 사회를 견고하게 하지만 그것이 권력의 문제라기보다는 배치의 과정에 생기는 것으로 꽉 막혀 있는 상태이다. 이에 대한 푸코의 공포를 이해한다. 그러나 탈주선에 있어 욕망의 배치와

관련하여 그것은 변두리에 있는 것이 아니다. 대상으로 인한 그 어떤 경계에 대한 반대의 개념으로 본인들 스스로를 여기 혹은 거기 등의 변두리에 두게 되는 그러한 경계의 선에 대한 반대 개념이라 할 수 있다. 탈주선은 윤회(순환) 와 토너먼트 그리고 재코딩을 가능하게 한다. 그래서 나는 저항이 필요 없다고 생각한다. 사회의 모든 것은 틈이 있으며 탈영토화되고 있다.Deleuze, 1994b: 61-62, 번역본에서

사회 구조를 이해하는 데에는 두 가지 출발점이 있다. 이것이 연구를 시작하면서 푸코의 아이디어를 이야기한 것이며The Care of the Self Volume 3 of The History of Sexuality, 1986 3장에서 욕망과 욕망의 배치를 언급했고, 6장에서도 기술했다. 두 번째는 구조에서 틈이 생기고 탈출하고픈 것이 권력의 두 번째 역할이 될 것이다.

5장 교육적 기록

1. 사건은 '이것(임)'으로 불릴 수도 있다.Deleuze & Guattari, 2004: 287

2. 사건은 들뢰즈의 시간에 대한 개념과 연관된다. 시간에 대해서는 에필로그에서 다루었다. 5장에서 사건은 언어와 언어적 명제와의 관련성 속에서만 설명되었다. 주체의 운동성과 학습과정을 설명하기 위한 목적으로 다루었고 대안적 방법으로 설명되었다.

3. 들뢰즈는 데카르트의 유명한 이야기 왁스 실험을 분석하여 설명했다. 그러나 들뢰즈는 왁스 자체에는 관심이 없었고, 그의 실험에 관심이 있었다.Deleuze, 2004b: 17

4. 여기서 말하고 싶은 중요한 사실은 들뢰즈는 끊임없이 '존재' 혹은 '존재하기'를 피하고 'insisting' 혹은 'becoming(되기)'를 주장한다는 것이다. 이것은 의미 sense의 생산성과 매 순간의 진리에 초점을 둘 때 가능하다(에필로그를 읽어보라).

5. 들뢰즈는 니체의 글을 통해 영향을 받기도 했지만, 그는 니체를 다원주의 혹은 경험론자라 했다. 왜냐하면 엄청난 사건의 순간을 믿지 않았다 했는데 그것보다는 각 사건들의 순간이 모이고 모여서 이루어지는 그 무엇을 생각했다고 했다.

6. 모니카 상드의 논문2008에서 그녀는 'Marcia Sa Cavalcante Schuback'의 세미나에서 영감을 받아 방법에 대한 정의를 사용했다.

7. 소바냐르그2005에 따르면, 지속적으로 개념의 모호성 혹은 좀 더 다른 점들에 주의를 기울여라. 이것을 맥락화하면서.

개념의 모호성 혹은 좀 더 다른 점에 주의를 기울이면 정교한 설명을 가능하게 한다. 현재 이루어지는 많은 논쟁, 글, 참고 기록들이 문제의 특성을 설명할 수 있다. 따라서 그러한 환경이 필요하다.Sauvagnargues, 2005: 258, 번역본에서

8. 'Something happen' 혹은 'quelque chose se passe'는 언제나 누구와 만나든지 자주 사용한 표현이다. 클레르 파르네Boutang, 2004의 초기 인터뷰에서 들뢰즈는 그가 경험했던 마주침의 순간에 대해 이야기했다.The Fold, Leibniz and the Baroque, 1993 들뢰즈는 많은 편지에서 지금 이 순간 편지를 접고 자신이 하는 일에 집중해 지금 자신이 하는 일에 대해 써보라고 했다. 들뢰즈는 '뭔가 일어나고' 있는 마주침의 순간, 사건에 대해서 늘 이야기하고 있었다.

9. 윤리와 관련하여 고려할 필요가 있다. 4장에서 이론과 실제 간의 관계에 대해서 이야기했는데 이론은 또 다른 실제를 설명하는 하나의 실제이다. 또한 '연구자 역할'에 대해서도 고려해야 한다. 연구 참여자들에 대한 매너를 잘 고려해야 할 것이다.

10. 유아교육 분야에서 벡1992과 마수미2005가 깊이 있는 연구를 진행했다. 아동과 미래를 고려할 때 유아교육은 매우 중요한 영역이다.

6장 욕망의 배치와 유아교육

1. 프로젝트는 다섯 명의 아이들을 대상으로 했지만, OHP 프로젝터와 기록 자료들이 교실 가운데 있었기 때문에 그 외 다른 아이들도 각자의 방식으로 그것들을 활용했다.

2. 가타리Guattari는 그의 책 『*Chaosmosis: An Ethico-Aesthetic Paradigm*』1995에서 자신은 프로이트Freud가 말한 정신psyche의 발견discovery을 발명invention이라

고 부르기를 선호하며, 여기에 어떠한 평가적 또는 가치 절하하려는 의도는 없다고 기술했다. 정신을 발견이라고 보면 의문을 가질 것이 없지만, 정신을 발견이 아닌 발명으로 본다면 전체적인 그림은 완전히 달라진다. 정신을 발견되는 것으로 본다면, 정신은 이미 존재하는 그리고 발견되기를 기다리는 무언가로 이해될 수 있다. 그러나 이를 발명으로 해석할 경우, 정신은 더 이상 이미 존재하는 것이 아니고 주체 내에 본래 있던 것이 될 수 없으며, 프로이트가 만든 구성 개념으로 여겨질 수 있다. 프로이트를 평가절하 하지 않는다는 가타리의 의도가 정신을 변치 않는 혹은 본질적인 진실로 본다는 것을 뜻하지는 않는다. 그는 정신의 발명적인 특성들이 수년에 걸쳐 퇴색되었으며, 초기의 신선함과 창의성이 무색할 만큼 독단적으로 구조화된 형태로 변해왔음을 지적했다.Guattari, 1995: 10

3. 들뢰즈와 가타리가 특정 시대적 상황에서 정신분석학을 다뤘다는 점에 주목할 필요가 있다. 그 이후 현대 정신분석학은 오이디푸스 콤플렉스 외에 다양한 분야를 광범위하게 다루고 있다. 이 연구에서는 유아교육기관에서 어떻게 욕망이 이해되고 또 나타나는지를 설명하기 위해 들뢰즈와 가타리의 저술들과 정신분석학을 연결 지었을 뿐이다.

4. 가타리는 보르드La Borde 클리닉에서 정신분석학자로 일하면서 다른 방식을 시도했다. 그는 자신의 경험을 바탕으로, 『Chaosmosis: An Ethico-Aesthetic Paradigm』1995에서 어떻게 해석의 악순환을 끊을 수 있는지 예를 들어가며 설명했다. 그는 '새로운 윤리미학적 패러다임ethico-aesthetic paradigm'을 소개했다. 이러한 패러다임에서 그는 심리학이 발명한 해석 스키마에 의존하지 않고, 정신분석학자와 내담자의 관계를 창조의 행위로 보았다. 정신분석학자는 윤리적인 선택을 해야 하며, 그 선택은 정신분석학자의 존재론적 관점에 따라 달라진다. 내담자의 문제를 과학의 대상으로 삼고 이미 그 문제를 알고 있는 것처럼 설명하고 해석하려 한다면, 정신분석학자는 내담자를 정상적으로normal 만들기 위해 미리 만들어놓은 치료법을 쓰게 될 것이다. 이와는 달리, 정신분석학자 자신과 내담자, 그리고 내담자의 문제를 구성과 창조라고 볼 수 있다. 예를 들어, '말이 났으니 하는 말인데en passant', '나는 운전면허증을 갖고 싶어I think I would like to take a driving licence'와 같은 말에서도 무언가를 시도하고자 하는 의미means가 담겨 있는 것으로 해석할 수 있다. 이와같이 언뜻 보기에 사소한 문장일지라도 그것은 도구, 즉 내담자가 재생산의 악순환을 끊고 완전히 새로운 삶의 방식을 만들어내기 위한 도구로 사용될 수 있다. 이를테면 다른 사람이나 풍경을 보게 되었다든가, 새로운 감각이나 운동 기술을 평가하

게 되었다거나 하는 그러한 새로운 삶의 방식을 만들어내는 도구가 될 수 있다. 가타리는 내담자를 대상으로 볼 것인지 아니면 내담자와 함께 창조적인 생산에 동참할 것인지를 선택하는 것이 중요하다고 언급했다.

물론, 나는 정신분석학을 예술 작업에 비유하거나 정신분석학자를 예술가와 동일시하는 것은 아니다! 나는 단지 실존체existential registers가 심미적 질서aesthetic order를 자체적으로 가지고 있다는 것을 강조할 뿐이다. 우리는 중요한 윤리적 선택을 해야 한다. 주체를 대상화하고, 구체화하고, "과학화scientifise' 할 것인지, 아니면 주체를 창의적 과정이라는 차원으로 이해할 것인지를 선택해야 한다.Guattari, 1995: 13

5. 아니면, 유아교육이 발달심리학을 선택하고 사용해온 방식이라고 말할 수도 있겠다. 거듭 말하지만, 발달심리학에 근거하여 국지적이고 경험적으로 판단 내리지 말아야 한다. 유아교육기관에서 거론되었던 발달심리학의 이론들에는 변화가 있었고 수많은 의미senses나 방향성directions에서 비판을 받아왔다.

6. '문화의 재생산자, 동일성identity의 재생산자, 지식의 재생산자로서의 아동'을 보는 개념과 비교해보라.

7. '본성을 지닌 아동the natural children'의 개념과 비교해보라.

8. 아마도 이 시점에서, 들뢰즈와 가타리가 정치적 상황에서의 개인/사회의 관계를 어떻게 생각했는지 상기해볼 필요가 있다. 본타와 프로테비Bonta & Protevi 2004는 들뢰즈와 가타리가 사회과학에 남긴 업적 중 하나를 '복잡성 이론complexity theory'을 이용한 방식이라고 보았다. 복잡성 이론은 유기체, 비유기체, 사회적인 것에 이르기까지 여러 다양한 종류의 시스템이 외부 요인이나 조직자organizing agents에 의존하지 않고 어떻게 동시에 다양한 수준의 내적 복잡성과 체계화된 행동을 구성하는지에 대한 탐구이다. 이 이론에서 시스템은 자기-조직적이고 자기-생산적이다. 항상성을 가지거나 정해진 방식에 따르지 않는다. 시스템은 무작위로 생산하고 자유롭고 열린 방식으로 조직된다. 본타와 프로테비는 들뢰즈와 가타리가 정치적인 상황에 사용한 복잡성 이론으로 인해 사회과학 연구의 중요 난제 중 하나인 구조/주체structure/agency의 논쟁을 없애고 새로운 관점을 첨가하게 되었다고 말한다. 본타와 프로테비에 따르면, 구조와 주체로 나누어서 보는 이원론dualism을 극복하기 위

한 많은 시도들, 특히 기든스Giddens[1984]가 시도했으나, 여전히 많은 의문점들이 해결되지 않은 채 남아 있으며 각각의 가능성과 이 분야에 미치는 구조와 주체의 영향, 그리고 사회과학 연구의 목적에 대한 논쟁 역시 여전히 지속되고 있다. 그들은 들뢰즈와 가타리의 연구가 어떻게 구조/주체 논쟁과 관련이 있는지, 그리고 그들이 어떻게 각각의 의견이 일축되지 않은 채 그들의 생각을 추가해나갈 수 있었는지, 더 나아가 그들이 어떻게 새로운 방식으로 작업하고 조합하며 각 측의 중요한 특성들을 끌어내 더욱 풍요롭게 했는지 등을 보여준다. 그들은 일반계 이론General Systems Theory(Parsons)의 기능주의/자연주의functionalist/naturalist variants 또는 그의 계승자로서 '반시학적 이론autopoetic theory(Luhman)', 레비-스트로스Levi-Strauss 학파의 구조주의 또는 '포스트모더니즘 추종자들postmodernist variants'이라는 네 가지 입장을 들면서 구조주의적 측면을 기술했다. 그들은 주체와 관련해서는 반실증주의인 해석학과 최근 새롭게 발전된 '저항이론resistance practices'을 언급했다.

본타와 프로테비는 들뢰즈와 가타리가 시스템을 어떠한 메커니즘이나 질서를 가지고 작동하는 것으로 설명했다는 점에서 기능주의자라고 불릴 수 있다고 보았다. 그러나 들뢰즈와 가타리는 이러한 질서나 메커니즘적 행위가 이미 주어지고 결정된 것이라고 보지는 않았다. 그들은 무작위적으로 생산하며 자유롭고 열린 방식으로 체계화하는 확장 가능한 것으로 시스템을 보았다. 본타와 프로테비에 따르면, 들뢰즈와 가타리는 그들이 유기체뿐만 아니라 비유기체의 시스템을 묘사할 때도 그러한 개념을 사용한다는 점에서 자연주의자naturalist라고도 볼 수 있다고 말한다. 하지만 들뢰즈와 가타리는 인간 주체가 자연적인 것 또는 유기체적인 생물학적 의미로 고정되는 것은 거부했다.

레비-스트로스와 포스트모던 계승자들의 구조주의적 입장과 관련하여, 본타와 프로테비는 들뢰즈와 가타리가 기호에 대한 의문과 이것이 사회과학 연구에 끼치는 영향에 대해 새롭고 다른 방식을 취하고 있다고 말한다. 정치적으로 영향을 받은 복잡성 이론의 사용과 기호에 대한 의미sense나 참조reference에 대한 새로운 생각으로 인해, 들뢰즈와 가타리는 본타와 프로테비가 일컬은 '포스트모던의 한계postmodernist trap', 즉 기호들이 기표작용연쇄signifying chain에 위치함으로써 다른 기표들과의 관계 속에서만 이해될 수 있다는 관점을 경계했다. 즉 복잡성 이론을 적용하여 자기-조직 과정에서 나타나는 의미sense의 차이들에 대한 심리적, 생물학적 체계의 가능성을 주장한 것이다. 그렇게 주장함으로써 기호는 더 이상 언어적 실체entities로 환원되지 않으며, 의미sense or meaning는 더 이상 기표작용연쇄signifying chain의 끊임없는 논리 내에 머무르지 않게 되었다.

주체와 관련해서 본타와 프로테비는 해석학과 같은 반실증주의anti-positivist

variants와 최근 발달한 다양한 '저항이론'을 언급했다. 본타와 프로테비에 의하면, 들뢰즈와 가타리는 인간 주체들이 그들 자신과 세계를 창조하는 데 참여할 수 있다고 확신했다. 그러나 그들은 복잡계에서 일어나는 비결정적인 운동과 매우 유사한 운동을 통해서 인간, 혹은 어떠한 생명체, 동물, 심지어 비유기체적 생명체까지도 세계의 창조에 참여한다고 보지는 않았다. 본타와 프로테비는 들뢰즈와 가타리가 인간 주체가 그들 자신과 세상을 창조해내는 가능성을 확신했고, 주체성의 수준 이상의 출현 가능성도 부정하지는 않았다고 보았다. 시스템은 단순히 개인 행위의 합 이상의 것이다.

결국, 정치적 상황에 적용한 복잡성 이론에서 기호는 물질적 과정과 물질 출현의 시발점이 되고, 그리고 그러한 이론은 "욕망하는 기계desiring machines"를 주체성으로 그리고 주체성을 사회적 기계로 확장시킨다. ATP(『천 개의 고원』)는 "구조"라는 개념으로부터 탈출하는 길을 안내해준다. 여기서 말하는 구조는 평형을 유지할 수 있는 자기조절력 또는 포스트모던 학자들이 표현한 "전제군주적 기표체계signifier imperialism"이며, 자연의 법칙에 저항하고 사회구조로부터 벗어나 있는 개개인에게 주어진 신비스러운 예외로서의 "주체agency"의 의미를 포함하고 있다.Bonta and Protevi, 2004: 6

9. 아마도 이것은 또한 『천 개의 고원A Thousand Plateaus』2004에서 '배치물agencement'이라는 개념이 강조된 이유이다. 왜냐하면 욕망을 구성주의로 설명함으로써 욕망을 자발적 혁명spontanéisme으로 이해했던 책, 『안티 오이디푸스Anti-Oedipus』 이후 나타난 오해를 줄일 수 있었다. 『안티 오이디푸스』에 관한 오해는 이후 제시된 클레르 파르네의 인터뷰를 참고하라.Boutang, 2004

10. 기표기계A-signifying machine는 들뢰즈가 자신에 대한 혹독한 비판에 답하면서 사용한 개념이다. 그는 책을 읽는 두 가지 다른 방식을 이야기하기 위해 이 개념을 사용했다. 사람들은 책을 기표상자signifying box로 취급해서 그곳에 정보가 들어 있다고 여기고 그것을 해석하려고 한다. 또 다른 방식은 책을 하나의 작은 기표기계로 보는 것으로, 사람들은 그 기계가 작동하고 있는지를 질문한다. 그런 질문을 하지 않는다면 책을 던져버리거나 다른 책을 찾아오라고 들뢰즈는 말한다. 당신이 책을 읽을 때 무슨 일이 일어나거나 일어나지 않는가는 그 책에 들어 있는 어떠한 정보나 의사소통과는 아무런 상관이 없다는 뜻이다. 이런 의미에서 책 읽기는 독자와 책의 마주침, 그 이상의 것이다.Deleuze, 1995a

Åberg, A. and Lenz Taguchi, H. (2005) Lyssnandets pedagogik ('A Pedagogy of Listening'), Stockholm, Liber förlag.

Agamben, G. (1999) Potentialities: Collected Essays in Philosophy, Stanford CA: Stanford University Press.

Ahlström, K.-G. and Kallós, D. (1996) 'Svensk forskning om lärarutbildning. Problem och frågeställningar i ett komparativt perspektiv'('Swedish research on teacher education. Problems and questions in a comparative perspective'), Pedagogisk Forskning i Sverige (Pedagogical Research in Sweden), 1(2), 65–88.

Anderson, L. (1982) 'Big Science, Songs from United States I–IV', LP.

Barsotti, A., Dahlberg, G., Göthson, H. and Åsén, G. (1993) 'Pedagogik i en föränderlig omvärld–ett samarbetsprojekt med Reggio Emilia' ('Education in a Changing World–a project in cooperation with Reggio Emilia'). Forskningsprogram. HLS, Institutionen för barn- och ungdomsvetenskap, Avdelningen för barnpedagogisk forskning i Solna.

Barsotti et al. (forthcoming) Transculturalism and Communication, Stockholm: Stockholm University.

Beck, U. (1992) Risk Society: Towards a New Modernity, London: Sage.

Blackman, L. and Walkerdine, V. (2001) Mass Hysteria Critical Psychology and Media Studies, New York: Palgrave.

Bloch, M., Holmlund, K., Moqvist, I. and Popkewitz, T. (2003) (eds) Governing Children, Families and Education: Restructuring the Welfare State, New York: Palgrave McMillan.

Bonta, M. and Protevi, J. (2004) Deleuze and Geophilosophy: A Guide and Glossary, Edinburgh: Edinburgh University Press.

Boutang, P.-A. (2004) 'L'abécédaire de Gilles Deleuze' with C. Parnet, DVD Paris: Editions Montparnasse.

Cannella, G. (1997) Deconstructing Early Childhood Education: Social Justice and Revolution, New York: Peter Lang Publishing.

Carlgren, I. (1996a) 'Lärarutbildningen som yrkesutbildning' 'Teacher education as vocational training'), in Utbildnings departementet (Swedish Department for Education) Lärarutbildning i förändring (Teacher Education in Transformation),

Ds 1996: 16, Stockholm: Fritzes.

Carlgren, I. (1996b) 'Skolans utveckling och forskning' ('School's development and research'), in Utbildnings departementet (Swedish Department for Education) Lärarutbildning i förändring (Teacher Education in Transformation), Ds 1996: 16, Stockholm: Fritzes.

Dahlberg, G. (2003) 'Pedagogy as a loci of an ethics of an encounter', in M. Bloch, K. Holmlund, I. Moqvist and T. Popkewitz (eds) Governing Children, Families and Education: Restructuring the Welfare State, New York: Palgrave McMillan.

Dahlberg, G. and Bloch, M. (2006) 'Is the power to see and visualize always the power to control?', in T. Popkewitz, K. Pettersson, U. Olsson and J. Kowalczyk (eds) "The Future is not what it appear stobe". Pedagogy, Genealogy and Political Epistemology. In honour and inmemory of Kenneth Hultqvist, Stockholm: HLS Förlag.

Dahlberg, G. and Hultqvist, K. (2001) (eds) Governing the Child in the New Millennium, London: Routledge Falmer.

Dahlberg, G. and Lenz Taguchi, H. (1994) Förskola och skola-om två skilda traditioner och visionen om en mötesplats ('Preschool and school–two different traditions and a vision of an encounter'), Stockholm: HLS Förlag.

Dahlberg, G. and Moss, P. (2005) Ethics and Politics in Early Childhood Education, Oxfordshire: Routledge Falmer.

Dahlberg, G. and Olsson, L. M. (forthcoming) The Magic of Language–Young Children's Relations to Language, Reading and Writing, Stockholm University. Dahlberg, G. and Theorell, E. (forthcoming) Children's Dialogue with Nature–The Challenges of the Knowledge Society and the Possibilities for Learning, Stockholm University.

Dahlberg, G., Moss, P. and Pence, A. (2007) Beyond Quality in Early Childhood Education and Care: Postmodern Perspectives, 2nd edn. London: Falmer Press.

Damkjaer, C. (2005) The Aestethics of Movement: Variations on Gilles Deleuze and Merce Cunningham. Doctoral thesis. Stockholm: Stockholm University.

DeLanda, M. (2002) Intensive Science and Virtual Philosophy, London: Continuum.

Deleuze, G. (1953) Empirisme et subjectivité. Essai sur la nature humaine selon Hume, collection 'Épiméthée', Paris: Presses Universitaires de France.

Deleuze, G.(1962) Nietzsche et la philosophie, collection 'Bibliothèque de philosophie contemporaine', Paris: Presses Universitaires de France'.

Deleuze, G. (1965) Nietzsche, Paris: Presses Universitaires de France.

Deleuze, G. (1966) Le bergsonism, collection 'SUP-Le Philosophe', Paris: Presses Universitaires de France.

Deleuze, G. (1968a) Différence et Répétition, collection 'Épiméthée', Paris: Presses

Universitaires de France.

Deleuze, G. (1968b) Spinoza et le problème de l'expression, collection 'Critique', Paris: Les Éditions de Minuit.

Deleuze, G. (1969) Logique du sens, Paris: Les Éditions de Minuit.

Deleuze, G. (1970) Spinoza. Philosophie pratique, Paris: Les Éditions de Minuit, revised and extended 2nd edn (1981).

Deleuze, G. (1972) 'Hume', in La Philosophie: De Galilée à Jean Jacques Rousseau, Paris: Les Éditions de Minuit.

Deleuze, G. (1983a) Nietzsche and Philosophy, trans. Hugh Tomlinson, London: Athlone Press.

Deleuze, G. (1983b) Cinéma 1, L'Image-Mouvement, Paris: Les Éditions de Minuit.

Deleuze, G. (1985) Cinema 2, L'Image-Temps, Paris: Les Éditions de Minuit.

Deleuze, G. (1986) Foucault, collection 'Critique', Paris: Les Éditions de Minuit.

Deleuze, G. (1988a) Spinoza: Practical Philosophy, trans. Robert Hurley, San Fransisco: City Light Books.

Deleuze, G. (1988b) Foucault, trans. Séan Hand, Minneapolis, MN: University of Minnesota Press.

Deleuze, G. (1988c) Le Pli, Leibniz et le baroque, collection 'Critique', Paris: Les Éditions de Minuit.

Deleuze, G. (1989) Cinema 2 The Time-Image, trans. Hugh Tomlinson and Robert Galeta, London: Athlone Press.

Deleuze, G. (1990) Pourparlers, Paris: Les Éditions de Minuit.

Deleuze, G. (1991) Empiricism and Subjectivity, trans. Constantin Boundas, New York: Columbia University Press.

Deleuze, G. (1992a) Cinema 1 The Movement-Image, trans. Hugh Tomlinson and Barbara Habberjam, London: Athlone Press.

Deleuze, G. (1992b) Expressionism in Philosophy: Spinoza, trans. Martin Joughin, New York: Zone Books.

Deleuze, G. (1993) The Fold, Leibniz and the Baroque, trans. Tom Conley, London: Athlone Press.

Deleuze, G. (1994a) Difference and Repetition, trans. Paul Patton, London: Athlone Press.

Deleuze, G. (1994b) 'Désir et plaisir' ('Desire and Pleasure'), Le Magazine Litteraire, 325, 58–65.

Deleuze, G. (1995a) Negotiations, trans. Martin Joughin, New York: Columbia University Press.

Deleuze, G. (1995b) 'L'Immanence: Une vie', Philosophie, 47, Les Éditions de Minuit.

Deleuze, G. (2001) Pure Immanence: Essays on a Life, trans. A. Boyman, New York:

Urzone.

Deleuze, G. (2002) L'île déserte et autres textes. Textes et entretiens 1953–1974, Paris: Les Éditions de Minuit.

Deleuze, G. (2004a) Desert Islands and Other Texts 1953–1974 (ed. D. Lapoujade), trans. Michael Taormina, Los Angeles: Semiotext(e).

Deleuze, G. (2004b) The Logic of Sense, trans. Mark Lester, London: Continuum.

Deleuze, G. (2006) Bergsonism, trans. Hugh Tomlinson and Barbara Habberjam, Brooklyn, NY: Zone Books.

Deleuze, G. and Guattari, F. (1972) L'Anti-Oedipe. Capitalisme et schizophrénie, collection 'Critique', Paris: Les Éditions de Minuit.

Deleuze, G. and Guattari, F. (1980) Mille plateaux. Capitalisme et schizophrénie 2, collection 'Critique', Paris: Les Éditions de Minuit.

Deleuze, G. and Guattari, F. (1984) Anti-Oedipus: Capitalism and Schizophrenia, trans. Robert Hurley, Mark Seem and Helen R. Lane, London: The Athlone Press.

Deleuze, G. and Guattari, F. (1991) Qu'est-ce que la philosophie?, Paris: Les Éditions de Minuit.

Deleuze, G. and Guattari, F. (1994) What is philosophy? trans. Hugh Tomlinson and Graham Burchill, London: Verso.

Deleuze, G. and Guattari, F. (1999) A Thous and Plateaus: Capitalism & Schizophrenia, London: The Athlone Press.

Deleuze, G. and Guattari, F. (2004) A Thous and Plateaus: Capitalism and Schizophrenia, trans. Brian Massumi, 2nd edn. London: Continuum.

Deleuze, G. and Parnet, C. (1977) Dialogues, Paris: Flammarion.

Deleuze, G. and Parnet, C. (1987) Dialogues, trans. Hugh Tomlinson and Barbara Habberjam, London: Athlone Press.

Elfström, I. (forthcoming) Pedagogisk Dokumentation och/eller Individuella Utvecklingsplaner-om att synliggöra och bedöma förskolebarns kooperativa och enskilda lärande('Pedagogical Documentation and/or Individual Development plans–making visible and assessing preschool children's cooperative and individual learning'), manuscript for doctoral thesis, Stockholm University.

Erixon Arreman, I. (2002) 'Pedagogiskt arbete–En social konstruktion för att fylla en social funktion'('Pedagogical work–A social construction for a social function'), Tidskrift för lärarutbildning och forskning (Journal of Research in Teacher Education), 1, 39–58.

Fendler, L. (2001) 'Educating flexible souls', in K. Hultqvist and G. Dahlberg (eds) Governing the Child in the New Millennium, London: Routledge Falmer.

Foucault, M. (1963) Naissance de la clinique, Paris: Presses Universitaires de France.

Foucault, M. (1973) The Birth of the Clinic: An Archaeology of Medical Perception, trans. A. M. Sheridan Smith, London: Tavistock Publications.

Foucault, M. (1975) Surveiller et punir: Naissance de la prison, Paris: Éditions Gallimard.

Foucault, M. (1976) La Volonté de savoir, Paris: Éditions Gallimard.

Foucault, M. (1977) Discipline and Punish: The Birth of the Prison, trans. Alan Sheridan, London: Allen Lane.

Foucault, M. (1979) The History of Sexuality: Volume1. An Introduction. trans. Robert Hurley, London: Allen Lane.

Foucault, M. (1984a) L'Usage des plaisirs, Paris: Éditions Gallimard.

Foucault, M. (1984b) Le souci de soi, Paris: Éditions Gallimard.

Foucault, M. (1984c) 'Preface', in G. Deleuze and F. Guattari, Anti-Oedipus: Capitalism and Schizophrenia, London: Continuum.

Foucault, M. (1985) The Use of Pleasure: Volume 2 of The History of Sexuality, trans. Robert Hurley, New York: Vintage Books.

Foucault, M. (1986) The Care of the Self: Volume 3 of The History of Sexuality, trans. Robert Hurley, New York: Pantheon Books.

Foucault, M. (2002) 'Les intellectuels et le pouvoir' in G. Deleuze, L'île déserte et autres textes. Textes et entretiens 1953–1974, Paris: Les Éditions de Minuit.

Foucault, M. (2004) Desert Islands and Other Texts 1953–1974 (ed. D. Lapoujade), trans. Michael Taormina, Los Angeles: Semiotext(e).

Giddens, A. (1984) The Constitution of Society: Outline of the Theory of Structuration, Berkeley: University of California Press.

Giudici, C., Rinaldi, C. and Krechevsky, M. (2001) (eds) Making Learning Visible: Children as Individual and Group Learners, Cambridge, MA: Project Zero and Reggio Emilia: Reggio Children.

Grosz, E. (1995). Space, Time and Perversion: Essays on the politics of bodies, New York: Routledge.

Guattari, F. (1992) Chaosmose, Paris: Éditions Galilée; trans. Paul Bains and Julian Pefanis (1995) Chaosmosis an ethico-aesthetic paradigm, Bloomington and Indianapolis: Indiana University Press.

Guattari, F. (1995) Chaosmosis an ethico-aesthetic paradigm, trans. Paul Bains and Julian Pefanis, Bloomington, IN: Indiana University Press.

Guattari, F. (2004) Ecrits pour L'Anti-OEdipe ('Writings for Anti-Oedipus'), Paris: Éditions Lignes & Manifestes.

Gustafsson, B., Hermerén, G. and Petersson, B. (2006) 'Good Research Practice–What is it? Views, guidelines and examples', Vetenskapsrådets rapportserie, Swedish Research Council. Online. Available HTTP: <http://www.vr.se/mainmenu/researchethics.html> (accessed 10 January 2007).

Hardt, M. and Negri, A. (2002) Empire, Cambridge, MA: Harvard University Press.

Hultqvist, K. (1990) Förskolebarnet en konstruktion för gemenskapen och den individuella frigörelsen ('The preschool child a construction for the spirit of community and the emancipation of the individual'), Stockholm: Symposion.

Lenz Taguchi, H. (2000) Emancipation och motstånd: Dokumentation och kooperativa läroprocesser i förskolan ('Emancipation and resistance: Documentation and co-operative learning processes in the preschool'). Doctoral thesis. Stockholm: LHS Förlag.

Lind, U. (2005) 'Identity and Power, "Meaning", Gender and Age: Children's creative work as a signifying practice', Contemporary Issues in Early Childhood 6(3), 256–268.

Lind, U. (forthcoming) Blickens ordning. Bildspråk och estetiska lärprocesser som kunskapsform och kulturform ('The order of seeing: Pictorial language and aesthetic learning processes as forms of knowledge and culture'), manuscript for doctoral thesis, Stockholm University.

MacNaughton, G. (2005) Doing Foucault in Early Childhood Studies: Applying Post-structural Ideas, New York: Routledge.

Massumi, B. (2002) Parables for the Virtual: Movement, Affect, Sensation, Durham NC: Duke University Press.

Massumi, B. (2003) 'Navigating Movements: An Interview with Brian Massumi', 21cMagazine, 2, 1–25. Online. Available HTTP: <http://www.21magazine. com/issue2/massumi.html> (accessed 29 March 2006).

Massumi, B. (2005) 'Peur, dit le spectre'('Fear says the spectrum'), Multitudes, 23, 135–152. Montigny le Bretonneux: Multitudes. Online. Available HTTP: <http://multitudes.samizdat.net/spip.php?article2241> (accessed 22 February 2007).

Moulier Boutang, Y. (2005) 'Les vieux habits neufs de la République. En défense d'émeutiers prétendument "insignifiants"' ('The new old clothes of the Republic. Defending the supposedly "insignificant" rioters'), Multitudes, 23, 5–11. Montigny le Bretonneux: Multitudes. Online. Available HTTP: <http:// multitudes.samizdat. net/spip.php?article2220> (accessed 22 February 2007).

Mozère, L. (1992) Le Printemps des Crèches: histoire et analyse d'un mouvement ('Springtime in the crèche. The history and analysis of a movement'), Paris: L'Harmattan.

Mozère, L. (2002) 'Devenir-enfant Narrative'('Becoming-child Narrative'), paper presented at Reconceptualizing Early Childhood Education Conference, Tempe, AZ, January.

Mozère, L. (2006) 'What's the Trouble with Identity? Practices and Theories from France', Contemporary Issues in Early Childhood, 7(2), 109–118.

Mozère, L. (2007a) 'In Early Childhood: What's language about?', Educational Philosophy and Theory, 39(3), 291–299.

Mozère, L. (2007b) '"Du côté" des jeunes enfants ou comment appréhender le désir en sociologie?' ('On children's side or how to understand desire in sociology'), in G. Brougère and M. Vandenbroeck (eds) Repenser l'éducation des jeunes enfants ('Rethinking early childhood education'), Bruxelles: Peter Lang.

Mozère, L. (2007c) 'Devenir-enfant' ('Becoming-child'), in L. Mozère (ed.) Gilles Deleuze et Félix Guattari: Territoire et Devenir ('Territory and Becoming'), Strasbourg: Éditions du Portique.

Negri, A. (2003) Time for Revolution, London: Continuum.

Nordin-Hultman, E. (2004) Pedagogiska miljöer och barns subjekts skapande ('Pedagogical environments and children's construction of subjectivity'). Doctoral thesis. Stockholm: Liber Förlag.

Patton, P. and Protevi, J. (2003) Between Deleuze and Derrida, London: Continuum.

Popkewitz, T. and Bloch, M. (2001) 'Administering freedom: a history of the present–rescuing the parent to rescue the child for society', in K. Hultqvist and G. Dahlberg (eds) Governing the Child in the New Millennium, London: Routledge Falmer.

Querrien, A. (2005) 'Défendre la société contre tous les racismes'('Defending society against all kinds of racisms'), Multitudes, 23, 13–19. Montigny le Bretonneux: Multitudes. Online. Available HTTP: <http://multitudes. samizdat.net/spip. php?article2221> (accessed 22 February 2007).

Rajchman, J. (2001) The Deleuze Connections, Massachusetts: MIT.

Reggio Children (1997) Shoe and Meter, Reggio Emilia: Reggio Children.

Rinaldi, C. (2005) In Dialogue with Reggio Emilia: Listening, Researching and Learning, London: Routledge.

Rose, N. (1999) Powers of Freedom: Reframing Political Thought, Cambridge: Cambridge University Press.

Roy, K. (2003) Teachersin Nomadic Spaces: Deleuze and Curriculum, New York: Peter Lang.

Roy, K. (2005) 'On Sense and Nonsense: Looking Beyond the Literacy Wars', Journal of Philosophy of Education, 39(1), 99–111.

Sand, M. (2008) Konsten att gunga: experiment som aktiverar mellanrum ('Space in motion: the art of activating space in between'), doctoral thesis.

Sauvagnargues, A. (2005) Deleuze et l'art ('Deleuze and art'), collection 'Lignes d'art', Paris: Presses Universitaires de France.

Semetsky, I. (2003) 'The problematics of human subjectivity: Gilles Deleuze and the Deweyan legacy', Studies in Philosophy and Education, 22, 211–225.

Semetsky, I. (2004a) 'Becoming-Language/Becoming-Other: Whence ethics?', Educational Philosophy and Theory, 36(3), 313–325.

Semetsky, I. (2004b) 'The Role of Intuition in Thinking and Learning: Deleuze and the pragmatic legacy', Educational Philosophy and Theory, 36(4), 433–454.

Smith, D. W. (2003) 'Deleuze and Derrida, Immanence and Transcendence: Two Directions in Recent French Thought', in P. Patton and J. Protevi (eds) Between Deleuze and Derrida, London: Continuum.

Smith, K. (2005) 'Rhizoanalysis: a tactic for creating new co-ordinates for observation as a political practice for social justice', in G. Mac Naughton, Doing Foucault in Early Childhood Studies: applying post-structural ideas, New York: Routledge.

Spindler, F. (2006)'Att förlora fotfästet : om tänkandets territorier'('To lose one's foothold: about the territories of thinking'), in S. Gromark and F. Nilsson (eds) Utforskande arkitektur, Stockholm: Axl Books.

Umeå Universitet (2005) 'Studieplan för forskarutbildning i Pedagogiskt arbete vid Umeå Universitet' ('Curriculum for postgraduate studies in Pedagogical work at Umeå University'), (Fastställd 2000-05-08) Umeå.

Vinterek, M. (2004) 'Pedagogiskt arbete. Ett forskningsområde börjar anta en tydlig profil' ('Pedagogical work. A research field begins to take on a clear profile') Tidskrift för lärarutbildning och forskning (Journal of Research in Teacher Education), 3–4, 73–90.

Walkerdine, V. (1997) Daddy's Girl Young Girls and Popular Culture, London: Macmillan Press.

Wenzer, J. (2004) 'The Deterritorialization of the Being Child', in H. Brembeck, B. Johansson and J. Kampman (eds) Beyond the Competent Child: Exploring Contemporary Childhoods in the Nordic Welfare Societies, Frederiksberg: Roskilde University Press.

Wenzer, J. (2007) Resonanser: en neomaterialistisk analys av independent scenen i Göteborg ('Resonances: a neo-materialist analysis of the indie scene in Gothenburg'). Doctoral thesis. Gothenburg: Gothenburg University.

Zourabichvili, F. (2003) Le vocabulaire de Deleuze ('Deleuze's vocabulary'), collection 'Vocabulaire de…', Paris: Editions Ellipses.

formalized school system-형식적 학
교제도

G
governing-통치, 지배
group-subject-주체집단

I
idea-관념, 이념, 아이디어
identity-동일성, 정체성, 아이덴티티
image-이미지
immanence-내재성
indication-지시
intensity-강도
inventiveness-발명

L
lack-결핍, 결여
leakage-틈
life-생명, 삶
lifelong learning-평생학습
line-선
line of flight-탈주선
line of segmentarity-분할선
linear segmentarity-선형적 분할성
local-현장, 지역

M
machined desire-기계화된 욕망
macro-political-거시정치적
manifestation-표시
micro-politic(s)-미시정치(학)
milieu-환경
modern-근대의
modern society-근대사회
modification-변용
modulation-조율, 변조

mole-몰
molecular-분자적
morality-도덕
movement-운동(성), 움직임
multiplicity-다양체

N
needs욕구
nomadic thinking-유목적 사유/사고
nonsense-난센스
nonconscious-비의식

O
object-대상, 객체
ordering-word-명령어
organ-기관
organization-기관화
orthodox thought-통념적 사유

P
pedagogical documentation-교육적
기록(자료)
pedagogical work-페다고지 실천학
pedagogy-교육, 페다고지
pedagogy of listening-경청의 교육학
plane-면, 구도
position-위치, 포지션
positioning-위치시키기, 포지셔닝
positionality-위치성
post-modern society-후기근대사회
post-structural discourse analysis
-후기구조적 담론 분석
potential-잠재적인
potentiality-잠재성
power-힘, 권력
practice-실제
pragmatics-화용론

problem-문제
production-생산
project work-프로젝트

Q
quanta(quantum)-양자, 量子
question-질문

R
radical constructivism-급진적 구성
　주의
reaction-반응
real-실재
reduction-환원
regime of sign-기호체계
registration-등록
relational field-관계적 장
representation-재현
reproducer-재생산자
resonation-공명
reterritorialization-재영토화
reterritorialized line-재영토화된 선
rhizome-리좀
rigid line-견고한 선

S
schooling-학교교육
segment-선분, 분할
segmentarity-분할성
self-자아
selves-자아들
sensation-감각
sense-의미
sign-기호
signification-의미작용, 의미화
signifying regime-기표체계
singular-특이한

singularity-특이성
speech act-발화행위
Stockholm Institute of Education-
　스톡홀름 사범대학
structuralism-구조주의
style-양식, 스타일
subject-주체
subjectivity-주체성
substance-실체
supple line-유연한 선
symbol-상징

T
territorialization-영토화
territory-영토
thought-사고, 사유
transcendental-초험적
transcendence-초월성
transcendent-초월적
transcendental empiricism-초험적 경
　험론
transmission-전수
truth-진리

U
unconscious-무의식
univocal-일의적

V
vision-시각
visualization-시각화
virtual-잠재적
virtuality-잠재성

W
wild-야생의

삶의 행복을 꿈꾸는 교육은 어디에서 오는가?

● **교육혁명을 앞당기는 배움책 이야기** 혁신교육의 철학과 잉걸진 미래를 만나다!

한국교육연구네트워크 총서

01 핀란드 교육혁명
한국교육연구네트워크 엮음 | 320쪽 | 값 15,000원

02 일제고사를 넘어서
한국교육연구네트워크 엮음 | 284쪽 | 값 13,000원

03 새로운 사회를 여는 교육혁명
한국교육연구네트워크 엮음 | 380쪽 | 값 17,000원

04 교장제도 혁명
한국교육연구네트워크 엮음 | 268쪽 | 값 14,000원

05 새로운 사회를 여는 교육자치 혁명
한국교육연구네트워크 엮음 | 312쪽 | 값 15,000원

06 혁신학교에 대한 교육학적 성찰
한국교육연구네트워크 엮음 | 308쪽 | 값 15,000원

07 진보주의 교육의 세계적 동향
한국교육연구네트워크 엮음 | 324쪽 | 값 17,000원
2018 세종도서 학술부문

08 더 나은 세상을 위한 학교혁명
한국교육연구네트워크 엮음 | 404쪽 | 값 21,000원
2018 세종도서 교양부문

09 비판적 실천을 위한 교육학
이윤미 외 지음 | 448쪽 | 값 23,000원
2019 세종도서 학술부문

10 마을교육공동체운동: 세계적 동향과 전망
심성보 외 지음 | 376쪽 | 값 18,000원

11 학교 민주시민교육의 세계적 동향과 과제
심성보 외 지음 | 308쪽 | 값 16,000원

12 학교를 민주주의의 정원으로 가꿀 수 있을까?
성열관 외 지음 | 272쪽 | 값 16,000원

한국교육연구네트워크 번역 총서

01 프레이리와 교육
존 엘리아스 지음 | 한국교육연구네트워크 옮김
276쪽 | 값 14,000원

02 교육은 사회를 바꿀 수 있을까?
마이클 애플 지음 | 강희룡·김선우·박원순·이형빈 옮김
356쪽 | 값 16,000원

03 비판적 페다고지는 세상을 변화시킬 수 있는가?
Seewha Cho 지음 | 심성보·조시화 옮김
280쪽 | 값 14,000원

04 마이클 애플의 민주학교
마이클 애플·제임스 빈 엮음 | 강희룡 옮김
276쪽 | 값 14,000원

05 21세기 교육과 민주주의
넬 나딩스 지음 | 심성보 옮김 | 392쪽 | 값 18,000원

06 세계교육개혁: 민영화 우선인가 공적 투자 강화인가?
린다 달링-해먼드 외 지음 | 심성보 외 옮김 | 408쪽 | 값 21,000원

07 콩도르세, 공교육에 관한 다섯 논문
니콜라 드 콩도르세 지음 | 이주환 옮김
300쪽 | 값 16,000원

08 학교를 변론하다
얀 마스켈라인·마틴 시몬스 지음 | 윤선인 옮김
252쪽 | 값 15,000원

09 존 듀이와 교육
짐 개리슨 외 지음 | 김세희 외 옮김
372쪽 | 값 19,000원

10 진보주의 교육운동사
윌리엄 헤이스 지음 | 심성보 외 옮김
324쪽 | 값 18,000원

11 사랑의 교육학
안토니아 다더 지음 | 유성상 외 옮김
412쪽 | 값 22,000원

혁신학교
성열관·이순철 지음 | 224쪽 | 값 12,000원

행복한 혁신학교 만들기
초등교육과정연구모임 지음 | 264쪽 | 값 13,000원

서울형 혁신학교 이야기
이부영 지음 | 320쪽 | 값 15,000원

대한민국 교사, 어떻게 가르칠 것인가?
윤성관 지음 | 320쪽 | 값 15,000원

아이들을 어떻게 가르칠 것인가
사토 마나부 지음 | 박찬영 옮김 | 232쪽 | 값 13,000원

모두를 위한 국제이해교육
한국국제이해교육학회 지음 | 364쪽 | 값 16,000원

● **비고츠키 선집 시리즈** 발달과 협력의 교육학 어떻게 읽을 것인가?

생각과 말
레프 세묘노비치 비고츠키 지음
배희철·김용호·D. 켈로그 옮김 | 690쪽 | 값 33,000원

도구와 기호
비고츠키·루리야 지음 | 비고츠키 연구회 옮김
336쪽 | 값 16,000원

어린이 자기행동숙달의 역사와 발달 I
L.S. 비고츠키 지음 | 비고츠키 연구회 옮김
564쪽 | 값 28,000원

어린이 자기행동숙달의 역사와 발달 II
L.S. 비고츠키 지음 | 비고츠키 연구회 옮김
552쪽 | 값 28,000원

어린이의 상상과 창조
L.S. 비고츠키 지음 | 비고츠키 연구회 옮김
280쪽 | 값 15,000원

비고츠키와 인지 발달의 비밀
A.R. 루리야 지음 | 배희철 옮김 | 280쪽 | 값 15,000원

정서학설 I
L.S. 비고츠키 지음 | 비고츠키 연구회 옮김
584쪽 | 값 35,000원

수업과 수업 사이
비고츠키 연구회 지음 | 196쪽 | 값 12,000원

비고츠키의 발달교육이란 무엇인가?
비고츠키교육학실천연구모임 지음 | 412쪽 | 값 21,000원

비고츠키 철학으로 본 핀란드 교육과정
배희철 지음 | 456쪽 | 값 23,000원

성장과 분화
L.S. 비고츠키 지음 | 비고츠키 연구회 옮김
308쪽 | 값 15,000원

연령과 위기
L.S. 비고츠키 지음 | 비고츠키 연구회 옮김
336쪽 | 값 17,000원

의식과 숙달
L.S 비고츠키 | 비고츠키 연구회 옮김
348쪽 | 값 17,000원

분열과 사랑
L.S. 비고츠키 지음 | 비고츠키 연구회 옮김
260쪽 | 값 16,000원

성애와 갈등
L.S. 비고츠키 지음 | 비고츠키 연구회 옮김
268쪽 | 값 17,000원

흥미와 개념
L.S. 비고츠키 지음 | 비고츠키 연구회 옮김
408쪽 | 값 21,000원

관계의 교육학, 비고츠키
진보교육연구소 비고츠키교육학실천연구모임 지음
300쪽 | 값 15,000원

비고츠키 생각과 말 쉽게 읽기
진보교육연구소 비고츠키교육학실천연구모임 지음
316쪽 | 값 15,000원

교사와 부모를 위한 비고츠키 교육학
카르포프 지음 | 실천교사번역팀 옮김
308쪽 | 값 15,000원

혁신교육, 철학을 만나다
브렌트 데이비스·데니스 수마라 지음
현인철·서용선 옮김 | 304쪽 | 값 15,000원

혁신교육 존 듀이에게 묻다
서용선 지음 | 292쪽 | 값 14,000원

다시 읽는 조선 교육사
이만규 지음 | 750쪽 | 값 33,000원

대한민국 교육혁명
교육혁명공동행동 연구위원회 지음
224쪽 | 값 12,000원

경쟁을 넘어 발달 교육으로
현광일 지음 | 288쪽 | 값 14,000원

독일 교육, 왜 강한가?
박성희 지음 | 324쪽 | 값 15,000원

핀란드 교육의 기적
한넬레 니에미 외 엮음 | 장수명 외 옮김
456쪽 | 값 23,000원

한국 교육의 현실과 전망
심성보 지음 | 724쪽 | 값 35,000원

● 교과서 밖에서 만나는 역사 교실 상식이 통하는 살아 있는 역사를 만나다

 전봉준과 동학농민혁명
조광환 지음 | 336쪽 | 값 15,000원

 남도의 기억을 걷다
노성태 지음 | 344쪽 | 값 14,000원

 응답하라 한국사 1·2
김은석 지음 | 356쪽·368쪽 | 각권 값 15,000원

 즐거운 국사수업 32강
김남선 지음 | 280쪽 | 값 11,000원

 즐거운 세계사 수업
김은석 지음 | 328쪽 | 값 13,000원

 강화도의 기억을 걷다
최보길 지음 | 276쪽 | 값 14,000원

 광주의 기억을 걷다
노성태 지음 | 348쪽 | 값 15,000원

 선생님도 궁금해하는
한국사의 비밀 20가지
김은석 지음 | 312쪽 | 값 15,000원

 걸림돌
키르스텐 세룹-빌펠트 지음 | 문봉애 옮김
248쪽 | 값 13,000원

 역사수업을 부탁해
열 사람의 한 걸음 지음 | 388쪽 | 값 18,000원

 진실과 거짓, 인물 한국사
하성환 지음 | 400쪽 | 값 18,000원

 우리 역사에서 사라진
근현대 인물 한국사
하성환 지음 | 296쪽 | 값 18,000원

 꼬물꼬물 거꾸로 역사수업
역모자들 지음 | 436쪽 | 값 23,000원

 즐거운 동아시아사 수업
김은석 지음 | 240쪽 | 값 15,000원

 노성태, 역사의 길을 걷다
노성태 지음 | 324쪽 | 값 17,000원

 혁신학교
역사과 교육과정과 수업 이야기
황현정 지음 | 240쪽 | 값 15,000원

 교과서 밖에서 배우는 역사 공부
정은교 지음 | 292쪽 | 값 14,000원

 팔만대장경도 모르면 빨래판이다
전병철 지음 | 360쪽 | 값 16,000원

 빨래판도 잘 보면 팔만대장경이다
전병철 지음 | 360쪽 | 값 16,000원

 영화는 역사다
강성률 지음 | 288쪽 | 값 13,000원

 친일 영화의 해부학
강성률 지음 | 264쪽 | 값 15,000원

 한국 고대사의 비밀
김은석 지음 | 304쪽 | 값 13,000원

 조선족 근현대 교육사
정미량 지음 | 320쪽 | 값 15,000원

 다시 읽는 조선근대 교육의 사상과 운동
윤건차 지음 | 이명실·심성보 옮김 | 516쪽 | 값 25,000원

  음악과 함께 떠나는 세계의 혁명 이야기
조광환 지음 | 292쪽 | 값 15,000원

 논쟁으로 보는 일본 근대 교육의 역사
이명실 지음 | 324쪽 | 값 17,000원

 다시, 독립의 기억을 걷다
노성태 지음 | 320쪽 | 값 16,000원

 한국사 리뷰
김은석 지음 | 244쪽 | 값 15,000원

 경남의 기억을 걷다
류형진 외 지음 | 564쪽 | 값 28,000원

 어제와 오늘이 만나는 교실
학생과 교사의 역사수업 에세이
정진경 외 지음 | 328쪽 | 값 17,000원

우리 역사에서 왜곡되고 사라진
근현대 인물 한국사
하성환 지음 | 348쪽 | 값 18,000원

● 4·16, 질문이 있는 교실 마주이야기 통합수업으로 혁신교육과정을 재구성하다!

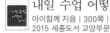

통하는 공부
김태호·김형우·이경석·심우근·허진만 지음
324쪽 | 값 15,000원

내일 수업 어떻게 하지?
아이함께 지음 | 300쪽 | 값 15,000원
2015 세종도서 교양부문

인간 회복의 교육
성래운 지음 | 260쪽 | 값 13,000원

교과서 너머 교육과정 마주하기
이윤미 외 지음 | 368쪽 | 값 17,000원

수업 고수들
수업·교육과정·평가를 말하다
박현숙 외 지음 | 368쪽 | 값 17,000원

도덕 수업, 책으로 묻고 윤리로 답하다
울산도덕교사모임 지음 | 320쪽 | 값 15,000원

체육 교사, 수업을 말하다
전용진 지음 | 304쪽 | 값 15,000원

교실을 위한 프레이리
아이러 쇼어 엮음 | 사람대사람 옮김
412쪽 | 값 18,000원

마을교육공동체란 무엇인가?
서용선 외 지음 | 360쪽 | 값 17,000원

교사, 학교를 바꾸다
정진화 지음 | 372쪽 | 값 17,000원

함께 배움
학생 주도 배움 중심 수업 이렇게 한다
니시카와 준 지음 | 백경석 옮김 | 280쪽 | 값 15,000원

공교육은 왜?
홍섭근 지음 | 352쪽 | 값 16,000원

자기혁신과 공동의 성장을 위한
교사들의 필리버스터
윤양수·원종희·장군·조경삼 지음 | 280쪽 | 값 14,000원

함께 배움 이렇게 시작한다
니시카와 준 지음 | 백경석 옮김 | 196쪽 | 값 12,000원

함께 배움 교사의 말하기
니시카와 준 지음 | 백경석 옮김 | 188쪽 | 값 12,000원

교육과정 통합, 어떻게 할 것인가?
성열관 외 지음 | 192쪽 | 값 13,000원

학교 혁신의 길, 아이들에게 묻다
남궁상운 외 지음 | 272쪽 | 값 15,000원

미래교육의 열쇠, 창의적 문화교육
심광현·노명우·강정석 지음 | 368쪽 | 값 16,000원

주제통합수업,
아이들을 수업의 주인공으로!
이윤미 외 지음 | 392쪽 | 값 17,000원

수업과 교육의 지평을 확장하는 수업 비평
윤양수 지음 | 316쪽 | 값 15,000원
2014 문화체육관광부 우수교양도서

교사, 선생이 되다
김태은 외 지음 | 260쪽 | 값 13,000원

교사의 전문성, 어떻게 만들어지나
국제교원노조연맹 보고서 | 김석규 옮김
392쪽 | 값 17,000원

수업의 정치
윤양수·원종희·장군 지음 | 280쪽 | 값 14,000원

학교협동조합,
현장체험학습과 마을교육공동체를 잇다
주수원 외 지음 | 296쪽 | 값 15,000원

거꾸로 교실,
잠자는 아이들을 깨우는 수업의 비밀
이민경 지음 | 280쪽 | 값 14,000원

교사는 무엇으로 사는가
정은균 지음 | 292쪽 | 값 15,000원

마음의 힘을 기르는 감성수업
조선미 외 지음 | 300쪽 | 값 15,000원

작은 학교 아이들
지경준 엮음 | 376쪽 | 값 17,000원

아이들의 배움은 어떻게 깊어지는가
이시이 준지 지음 | 방지현·이창희 옮김
200쪽 | 값 11,000원

대한민국 입시혁명
참교육연구소 입시연구팀 지음 | 220쪽 | 값 12,000원

교사를 세우는 교육과정
박승열 지음 | 312쪽 | 값 15,000원

전국 17명 교육감들과 나눈 교육 대담
최창의 대담·기록 | 272쪽 | 값 15,000원

들뢰즈와 가타리를 통해 유아교육 읽기
리세롯 마리엣 올슨 지음 | 이연선 외 옮김
328쪽 | 값 17,000원

학교 민주주의의 불한당들
정은균 지음 | 276쪽 | 값 14,000원

프레이리의 사상과 실천
사람대사람 지음 | 352쪽 | 값 18,000원
2018 세종도서 학술부문

혁신학교, 한국 교육의 미래를 열다
송순재 외 지음 | 608쪽 | 값 30,000원

페다고지를 위하여
프레네의 『페다고지 불변요소』 읽기
박찬영 지음 | 296쪽 | 값 15,000원

노자와 탈현대 문명
홍승표 지음 | 284쪽 | 값 15,000원

선생님, 민주시민교육이 뭐예요?
염경미 지음 | 244쪽 | 값 15,000원

어쩌다 혁신학교
유우석 외 지음 | 380쪽 | 값 17,000원

미래, 교육을 묻다
정광필 지음 | 232쪽 | 값 15,000원

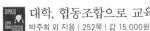
대학, 협동조합으로 교육하라
박주희 외 지음 | 252쪽 | 값 15,000원

입시, 어떻게 바꿀 것인가?
노기원 지음 | 306쪽 | 값 15,000원

촛불시대, 혁신교육을 말하다
이용관 지음 | 240쪽 | 값 15,000원

라운드 스터디
이시이 데루마사 외 엮음 | 224쪽 | 값 15,000원

미래교육을 디자인하는 학교교육과정
박승열 외 지음 | 348쪽 | 값 18,000원

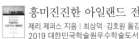
흥미진진한 아일랜드 전환학년 이야기
제리 제퍼스 지음 | 최상덕·김호원 옮김 | 508쪽 | 값 27,000원
2019 대한민국학술원우수학술도서

폭력 교실에 맞서는 용기
따돌림사회연구모임 학급운영팀 지음
272쪽 | 값 15,000원

그래도 혁신학교
박은혜 외 지음 | 248쪽 | 값 15,000원

학교는 어떤 공동체인가?
성열관 외 지음 | 228쪽 | 값 15,000원

교사 전쟁
다나 골드스타인 지음 | 유성상 외 옮김
468쪽 | 값 23,000원

시민, 학교에 가다
최형규 지음 | 260쪽 | 값 15,000원

교육과정, 수업, 평가의 일체화
리사 카터 지음 | 박승열 외 옮김 | 196쪽 | 값 13,000원

학교를 개선하는 교장
지속가능한 학교 혁신을 위한 실천 전략
마이클 풀란 지음 | 서동연·정효준 옮김 | 216쪽 | 값 13,000원

공자뎐, 논어는 이것이다
유문상 지음 | 392쪽 | 값 18,000원

교사와 부모를 위한
발달교육이란 무엇인가?
현광일 지음 | 380쪽 | 값 18,000원

교사, 이오덕에게 길을 묻다
이무완 지음 | 328쪽 | 값 15,000원

낙오자 없는 스웨덴 교육
레이프 스트란드베리 지음 | 변광수 옮김
208쪽 | 값 13,000원

끝나지 않은 마지막 수업
장석웅 지음 | 328쪽 | 값 20,000원

경기꿈의학교
진흥섭 외 지음 | 360쪽 | 값 17,000원

학교를 말한다
이성우 지음 | 292쪽 | 값 15,000원

행복도시 세종,
혁신교육으로 디자인하다
곽순일 외 지음 | 392쪽 | 값 18,000원

나는 거꾸로 교실 거꾸로 교사
류광모·임정훈 지음 | 212쪽 | 값 13,000원

교실 속으로 간 이해중심 교육과정
온정덕 외 지음 | 224쪽 | 값 13,000원

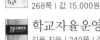
교실, 평화를 말하다
따돌림사회연구모임 초등우정팀 지음
268쪽 | 값 15,000원

학교자율운영 2.0
김용 지음 | 240쪽 | 값 15,000원

학교자치를 부탁해
유우석 외 지음 | 252쪽 | 값 15,000원

국제이해교육 페다고지
강순원 외 지음 | 256쪽 | 값 15,000원

선생님, 페미니즘이 뭐예요?
염경미 지음 | 280쪽 | 값 15,000원

평화의 교육과정 섬김의 리더십
이준원·이형빈 지음 | 292쪽 | 값 16,000원

학교를 살리는 회복적 생활교육
김민자·이순영·정선영 지음 | 256쪽 | 값 15,000원

 교사를 위한 교육학 강의
이형빈 지음 | 336쪽 | 값 17,000원

 새로운학교 학생을 날게 하다
새로운학교네트워크 총서 02 | 408쪽 | 값 20,000원

 세월호가 묻고 교육이 답하다
경기도교육연구원 지음 | 214쪽 | 값 13,000원

 미래교육, 어떻게 만들어갈 것인가?
송기상·김성천 지음 | 300쪽 | 값 16,000원
2019 세종도서 교양부문

 교육에 대한 오해
우문영 지음 | 224쪽 | 값 15,000원

 혁신교육지구 현장을 가다
이용운 외 4인 지음 | 344쪽 | 값 18,000원

 배움의 독립선언, 평생학습
정민승 지음 | 240쪽 | 값 15,000원

 교육혁신의 시대
배움의 공간을 상상하다
함영기 외 지음 | 264쪽 | 값 17,000원

 서울의 마을교육
이용윤 외 지음 | 352쪽 | 값 18,000원

 평화와 인성을 키우는 자기우정
따돌림사회연구모임 우정팀 지음 | 240쪽 | 값 15,000원

 수포자의 시대
김성수·이형빈 지음 | 252쪽 | 값 15,000원

 혁신학교와 실천적 교육과정
신은희 지음 | 236쪽 | 값 15,000원

 삶의 시간을 잇는 문화예술교육
고영직 지음 | 292쪽 | 값 16,000원

 혐오, 교실에 들어오다
이혜정 외 지음 | 232쪽 | 값 15,000원

 혁신교육지구와 마을교육공동체는
어떻게 만들어지는가?
김태정 지음 | 376쪽 | 값 18,000원

 선생님, 특성화고 자기소개서
어떻게 써요?
이지영 지음 | 322쪽 | 값 17,000원

 학생과 교사, 수업을 묻다
전용진 지음 | 344쪽 | 값 18,000원

 혁신학교의 꽃, 교육과정 다시 그리기
안재일 지음 | 344쪽 | 값 18,000원

 학습격차 해소를 위한 새로운 도전
보편적 학습설계 수업
조윤정 외 지음 | 225쪽 | 값 15,000원

 물질과의 새로운 만남
베로니카 파치니-케처바우 지음 | 240쪽 | 값 15,000원

 미래교육을 열어가는
배움중심 원격수업
이윤서 외 지음 | 332쪽 | 값 17,000원

● 살림터 참교육 문예 시리즈 영혼이 있는 삶을 가르치는 온 선생님을 만나다!

 꽃보다 귀한 우리 아이는
조재도 지음 | 244쪽 | 값 12,000원

 성깔 있는 나무들
최은숙 지음 | 244쪽 | 값 12,000원

 아이들에게 세상을 배웠네
명혜정 지음 | 240쪽 | 값 12,000원

 밥상에서 세상으로
김흥숙 지음 | 280쪽 | 값 13,000원

 우물쭈물하다 끝난 교사 이야기
유기창 지음 | 380쪽 | 값 17,000원

 오천년을 사는 여자
염경미 지음 | 272쪽 | 값 16,000원

 선생님이 먼저 때렸는데요
강병철 지음 | 248쪽 | 값 12,000원

 서울 여자, 시골 선생님 되다
조경선 지음 | 252쪽 | 값 12,000원

 행복한 창의 교육
최창의 지음 | 328쪽 | 값 15,000원

 북유럽 교육 기행
정애경 외 14인 지음 | 288쪽 | 값 14,000원

 시험 시간에 웃은 건 처음이에요
조규선 지음 | 252쪽 | 값 15,000원

 다정한 교실에서 20,000시간
강정희 지음 | 296쪽 | 값 16,000원

●더불어 사는 정의로운 세상을 여는 인문사회과학 사람의 존엄과 평등의 가치를 배운다

밥상혁명
강양구·강이현 지음 | 298쪽 | 값 13,800원

도덕 교과서 무엇이 문제인가?
김대용 지음 | 272쪽 | 값 14,000원

자율주의와 진보교육
조엘 스프링 지음 | 심성보 옮김 | 320쪽 | 값 15,000원

민주화 이후의 공동체 교육
심성보 지음 | 392쪽 | 값 15,000원
2009 문화체육관광부 우수학술도서

갈등을 넘어 협력 사회로
이창언·오수길·유문종·신윤관 지음
280쪽 | 값 15,000원

동양사상과 마음교육
정재걸 외 지음 | 356쪽 | 값 16,000원
2015 세종도서 학술부문

교과서 밖에서 배우는 철학 공부
정은교 지음 | 280쪽 | 값 14,000원

교과서 밖에서 배우는 사회 공부
정은교 지음 | 304쪽 | 값 15,000원

교과서 밖에서 배우는 윤리 공부
정은교 지음 | 292쪽 | 값 15,000원

한글 혁명
김슬옹 지음 | 388쪽 | 값 18,000원

우리 안의 미래교육
정재걸 지음 | 484쪽 | 값 25,000원

왜 그는 한국으로 돌아왔는가?
황선준 지음 | 364쪽 | 값 17,000원
2019 세종도서 교양부문

공간, 문화, 정치의 생태학
현광일 지음 | 232쪽 | 값 15,000원

인공지능 시대의 사회학적 상상력
홍승표 지음 | 260쪽 | 값 15,000원

동양사상과 인간 그리고 사회
이현지 지음 | 418쪽 | 값 21,000원

장자와 탈현대
정재걸 외 지음 | 424쪽 | 값 21,000원

놀자선생의 놀이인문학
진용근 지음 | 380쪽 | 값 185,000원

포스트 코로나 시대, 예술과 정치
현광일 지음 | 288쪽 | 값 16,000원

좌우지간 인권이다
안경환 지음 | 288쪽 | 값 13,000원

민주시민교육
심성보 지음 | 544쪽 | 값 25,000원

민주시민을 위한 도덕교육
심성보 지음 | 500쪽 | 값 25,000원
2015 세종도서 학술부문

교과서 밖에서 배우는 인문학 공부
정은교 지음 | 280쪽 | 값 13,000원

오래된 미래교육
정재걸 지음 | 392쪽 | 값 18,000원

대한민국 의료혁명
전국보건의료산업노동조합 엮음 | 548쪽 | 값 25,000원

교과서 밖에서 배우는 고전 공부
정은교 지음 | 288쪽 | 값 14,000원

전체 안의 전체 사고 속의 사고
김우창의 인문학을 읽다
현광일 지음 | 320쪽 | 값 15,000원

카스트로, 종교를 말하다
피델 카스트로·프레이 베토 대담 | 조세종 옮김
420쪽 | 값 21,000원

일제강점기 한국철학
이태우 지음 | 448쪽 | 값 25,000원

한국 교육 제4의 길을 찾다
이길상 지음 | 400쪽 | 값 21,000원
2019 세종도서 학술부문

마을교육공동체 생태적 의미와 실천
김용련 지음 | 256쪽 | 값 15,000원

교육과정에서 왜 지식이 중요한가
심성보 지음 | 440쪽 | 값 23,000원

식물에게서 교육을 배우다
이차영 지음 | 260쪽 | 값 15,000원

왜 전태일인가
송필경 지음 | 236쪽 | 값 17,000원

한국 세계시민교육이 나아갈 길을 묻다
유네스코태평양 국제이해교육원 지음 | 260쪽 | 값 18,000원

코로나 시대,
마을교육공동체 운동과 생태적 교육학
심성보 지음 | 280쪽 | 값 17,000원

포스트 코로나 시대의 교육
성열관 외 지음 | 224쪽 | 값 15,000원

● 평화샘 프로젝트 매뉴얼 시리즈 학교폭력에 대한 근본적인 예방과 대책을 찾는다

학교폭력 어떻게 만들어지는가
문재현 외 지음 | 300쪽 | 값 14,000원

아이들을 살리는 동네
문재현 · 신동명 · 김수동 지음 | 204쪽 | 값 10,000원

학교폭력, 멈춰!
문재현 외 지음 | 348쪽 | 값 15,000원

평화! 행복한 학교의 시작
문재현 외 지음 | 252쪽 | 값 12,000원

왕따, 이렇게 해결할 수 있다
문재현 외 지음 | 236쪽 | 값 12,000원

마을에 배움의 길이 있다
문재현 지음 | 208쪽 | 값 10,000원

젊은 부모를 위한 백만 년의 육아 슬기
문재현 지음 | 248쪽 | 값 13,000원

별자리, 인류의 이야기 주머니
문재현 · 문한뫼 지음 | 444쪽 | 값 20,000원

우리는 마을에 산다
유양우 · 신동명 · 김수동 · 문재현 지음
312쪽 | 값 15,000원

동생아, 우리 뭐 하고 놀까?
문재현 외 지음 | 280쪽 | 값 15,000원

누가, 학교폭력 해결을 가로막는가?
문재현 외 지음 | 312쪽 | 값 15,000원

코로나 19가 앞당긴 미래, 마을에서 찾는 배움길
문재현 외 지음 | 308쪽 | 값 16,000원

● 남북이 하나 되는 두물머리 평화교육 분단 극복을 위한 치열한 배움과 실천을 만나다

10년 후 통일
정동영 · 지승호 지음 | 328쪽 | 값 15,000원

선생님, 통일이 뭐예요?
정경호 지음 | 252쪽 | 값 13,000원

분단시대의 통일교육
성래운 지음 | 428쪽 | 값 18,000원

김창환 교수의 DMZ 지리 이야기
김창환 지음 | 264쪽 | 값 15,000원

한반도 평화교육 어떻게 할 것인가
이기범 외 지음 | 252쪽 | 값 15,000원

포괄적 평화교육
베티 리어든 지음 | 강순원 옮김 | 252쪽 | 값 17,000원

● 창의적인 협력 수업을 지향하는 삶이 있는 국어 교실 우리말 글을 배우며 세상을 배운다

중학교 국어 수업 어떻게 할 것인가?
김미경 지음 | 340쪽 | 값 15,000원

토론의 숲에서 나를 만나다
명혜정 엮음 | 312쪽 | 값 15,000원

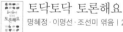
토닥토닥 토론해요
명혜정 · 이명선 · 조선미 엮음 | 288쪽 | 값 15,000원

인문학의 숲을 거니는 토론 수업
순천국어교사모임 엮음 | 308쪽 | 값 15,000원

어린이와 시
오인태 지음 | 192쪽 | 값 12,000원

수업, 슬로리딩과 함께
박경숙 외 지음 | 268쪽 | 값 15,000원

언어던
정은균 지음 | 268쪽 | 값 15,000원
2019 세종도서 교양부문

민촌 이기영 평전
이성렬 지음 | 508쪽 | 값 20,000원

감각의 갱신, 화장하는 인민
남북문학예술연구회 | 380쪽 | 값 19,000원

참된 삶과 교육에 관한
생각 줍기